Friedrich Weissensteiner
Die rote Erzherzogin

SERIE PIPER

Zu diesem Buch

Erzherzogin Elisabeth Marie, die Tochter des unglücklichen Kronprinzen Rudolf, war eine der schillerndsten Persönlichkeiten des Hauses Habsburg: Von ihrer Mutter, Stephanie von Belgien, vernachlässigt, wird sie von ihrem Großvater und Vormund Franz Joseph verwöhnt. Doch das extravagante Lieblingskind des alten Kaisers entwickelt sich gar nicht nach höfischem Geschmack, denn Elisabeth hat die rebellischen und liberalen Neigungen ihres Vaters geerbt. Neunzehnjährig stürzt sie sich unüberlegt in eine bald unglückliche Ehe mit einem aristokratischen Lebemann. Zahlreiche Liebesaffären und schließlich die Scheidung liefern der Presse Stoff für Klatschgeschichten. Mit dem Ende der Monarchie in Österreich sprengt Elisabeth denn auch die letzten Fesseln der Konvention: Zusammen mit dem sozialdemokratischen Lehrer und Politiker Leopold Petznek kehrt sie ihrem bisherigen Dasein radikal den Rücken. Aus der Erzherzogin Elisabeth wird die Genossin Petznek.

Friedrich Weissensteiner, geboren 1927 in Großpertholz / Niederösterreich. Er studierte Anglistik und Geschichte. 1950 trat er in den Schuldienst ein und war von 1974 bis 1987 Direktor eines Bundesgymnasiums in Wien. Zahlreiche Veröffentlichungen zur Geschichte Österreichs.

Friedrich Weissensteiner
Die rote Erzherzogin

Das ungewöhnliche Leben der Tochter
des Kronprinzen Rudolf

Versuch einer Biographie

Mit 21 Abbildungen

Piper München Zürich

Von Friedrich Weissensteiner liegen in der Serie Piper außerdem vor:
Franz Ferdinand (1532)
Reformer, Republikaner und Rebellen (1954)

Ungekürzte Taschenbuchausgabe
Piper Verlag GmbH, München
1. Auflage März 1993
5. Auflage Dezember 2000
© 1982 Österreichischer Bundesverlag
Gesellschaft m.b.H., Wien
Umschlag: Büro Hamburg
Stefanie Oberbeck, Isabel Bünermann
Foto Umschlagvorderseite: Sammlung Friedrich Rauch / Interfoto
Foto Umschlagrückseite: Peter W. Nikolaus, Wien
Satz: Österreichischer Bundesverlag, Wien
Druck und Bindung: Clausen & Bosse, Leck
Printed in Germany   ISBN 3-492-21527-0

Inhaltsverzeichnis

	Seite
Vorwort	7
1. Leider nur eine Tochter	13
2. Das ungleiche Kronprinzenpaar	23
3. Mayerling und die Folgen	34
4. Erzsis überstürzte Vermählung	65
5. Eine unheilvolle Verbindung	89
6. Unerbittlicher Ehezwist	117
7. Genossin Windisch-Graetz	134
8. Gezeiten des Schicksals	146
9. Leben im Ausgedinge	177
10. Gichtgeplagt dem Tod entgegen	196
11. Nachbeben und Nachklänge	215

Anhang	223
1. Verzeichnis der benützten Archive	223
2. Personen, die mir Auskunft gaben und/oder Material beistellten	223
3. Zeitungen und Zeitschriften, die ich eingesehen habe	223
4. Benützte Literatur (Auswahl)	224
5. Personenregister	225

Vorwort

Elisabeth Marie, geb. Erzherzogin von Österreich, war die einzige Tochter des Kronprinzen Rudolf. Als sie 1883 zur Welt kam, war die Ehe des liberal gesinnten habsburgischen Thronerben mit der äußerlich reizlosen, tiefgläubigen, konservativen Stephanie von Belgien noch intakt. Bei der Gegensätzlichkeit ihrer Charaktere und Anschauungen hatte das kaum jemand erwartet. Ein paar Jahre später hatte sich das Kronprinzenpaar hoffnungslos auseinandergelebt. 1889 setzte der Thronfolger im Jagdschloß Mayerling seinem Leben ein Ende.

Die Vormundschaft über die fünfjährige Erzherzogin, die zur Halbwaise geworden war, übernahm der neunundfünfzigjährige kaiserliche Großvater. Die Kronprinzessin versuchte auf langen Reisen ihr Ehemartyrium zu vergessen. Franz Joseph kümmerte sich, soweit es seine Zeit erlaubte, persönlich um die Erziehung und Ausbildung seiner Enkelin. Er verhätschelte die einzige Tochter seines einzigen Sohnes, an dessen Tod er sich möglicherweise innerlich mitschuldig fühlte. Er erfüllte ihr jeden Wunsch, sah ihr vieles nach. Die kleine Erzherzogin wurde so zum Schrecken ihrer Erzieher.

Elisabeth Marie wuchs zu einer eigenwilligen, extravaganten, willensstarken Persönlichkeit heran, die sich schon früh gegen das starre Hofzeremoniell, gegen die bedrückende geistige Enge und die Eintönigkeit des Hoflebens auflehnte. Das rebellische Erbe des Vaters mag hiebei eine (nicht unbedeutende) Rolle gespielt haben.

Am 22. März 1900 heiratete Stephanie von Belgien den ungarischen Grafen Elemer Lonyay und begann damit ein neues Leben. Zwei Jahre später stürzte sich ihre Tochter Elisabeth Marie mit (zunächst) widerwilliger Zustimmung des Kaisers in eine unbedachte Ehe. Ihr Auserwählter war der um zehn Jahre ältere Otto Graf zu Windisch-Graetz. Der bildhübsche

Ulanenoffizier, den sie sich nach ihrem ersten Hofball partout in den Kopf gesetzt hatte, war ihr nicht nur dem Stande nach unebenbürtig. Er war ein aristokratischer Bonvivant ohne tiefere geistige Interessen und Neigungen. Jagd, Reitsport und Polospiel bildeten seinen Lebensinhalt. Die verwöhnte, eigensinnige Kronprinzentochter, die vor ihrer Heirat auf alle Thronfolgerechte verzichtet hatte, mußte bald erkennen, daß Otto Windisch-Graetz nicht der richtige Partner für sie war. Schon nach einigen Jahren verdüsterte sich der Ehehimmel. Es gab Zerwürfnisse, Streit um das Vermögen, das die Kaiserenkelin in den Lebensbund mitgebracht hatte. Schließlich gingen Elisabeth und Otto Windisch-Graetz ihre eigenen Wege. Erzsi*, wie man sie seit ihren Kindertagen nannte, leistete sich einen Flirt nach dem anderen und unterhielt zum U-Boot-Kapitän Egon Lerch ein offenes Liebesverhältnis. Fürst Windisch-Graetz wandelte gleichfalls auf amourösen Abenteuerpfaden. Der gesellschaftliche Skandal war perfekt, die ehelichen Extravaganzen des Fürstenpaares sorgten nicht nur in den Hof- und Adelskreisen der Monarchie für beliebten, abwechslungsreichen Gesprächsstoff.

Auf Wunsch des Kaisers wurde ein Versöhnungsversuch unternommen, der den Bestand der völlig zerrütteten Ehe vorübergehend sicherte. Nach dem Tod Franz Josephs und dem Ende des Ersten Weltkrieges gab es dann allerdings von beiden Seiten keine Rücksichtnahmen mehr. Im Jänner 1919 reichte Otto Windisch-Graetz die Ehescheidungsklage ein. Es begann ein jahrelanger, würdeloser Streit um die der Ehe entsprossenen vier Kinder, der in aller Öffentlichkeit und mit allen Mitteln geführt wurde. Die Kronprinzentochter, die sich vom Kaiserhaus und der Hofgesellschaft geistig längst losgesagt hatte, suchte bei der sozialdemokratischen Arbeiterschaft Schutz und Hilfe. Als im März 1921 Otto Windisch-Graetz die Übergabe der beiden jüngsten Kinder an ihn gerichtlich exekutieren ließ, verhinderten die Arbeiter von Schönau an der Triesting und Umgebung die Auslieferung. Der Bruch der Fürstin mit der Vergangenheit war damit auch äußerlich endgültig vollzogen.

In den schweren Tagen der Nachkriegszeit lernte die Erzherzogin dann auch jenen Mann kennen, dem sie fortan bis an

* Abkürzung von Erzsébet (Ungarisch für Elisabeth)

sein Lebensende treu verbunden blieb: den sozialdemokratischen Lehrer und Politiker Leopold Petznek. Die Ehe mit Otto
Windisch-Graetz wurde 1924 von Tisch und Bett geschieden.
Die Enkelin des Kaisers Franz Joseph trat der Sozialdemokratischen Partei bei, begleitete ihren Lebensgefährten zu Kundgebungen, Aufmärschen und Versammlungen und betätigte
sich bei den Kinderfreunden und in der sozialdemokratischen
Frauenbewegung. Aus der Fürstin war die Genossin Windisch-Graetz geworden.

Ihr zweites Leben brachte der ehemaligen Erzherzogin
Glück und Erfüllung. Leopold Petznek war ein feiner, kultivierter Mann von vornehmster Gesinnung, ein vollendeter Ka-
valier, ein Grandseigneur vom Scheitel bis zur Sohle. Die Lebensgemeinschaft zwischen der Kaiserenkelin und dem Sohn
armer Kleinbauern war erfüllt von gegenseitiger Achtung, von
Harmonie und reifer Menschlichkeit.

Das Schicksal schlug trotzdem hart zu: im Februar 1934
wanderte Leopold Petznek für fünf Monate in das Gefängnis,
1944 brachten ihn die Nazis in das Konzentrationslager Dachau. Als er nach Kriegsende schwer herzleidend in die Heimat
zurückkehrte, hausten in dem kleinen Palais, das seine Lebensgefährtin 1930 angekauft hatte, russische Soldaten. Im Herbst
1945 ließ sich die französische Besatzungsmacht in der Biedermeiervilla im 14. Wiener Gemeindebezirk häuslich nieder.
Elisabeth Windisch-Graetz und Leopold Petznek, die 1948 ihren Lebensbund vor dem Standesamt legalisiert hatten, mußten
fast ein Jahrzehnt in einem in der Nähe gelegenen Notquartier
zubringen. Es war stark bombenbeschädigt und so feucht, daß
sich das schwere Gichtleiden der „roten Erzherzogin" bis zur
Gehunfähigkeit steigerte. Nach der Rückkehr in die gewohnte
Umgebung war dem Ehepaar Petznek nur noch eine kurze Zeit
gemeinsamen Glückes gegönnt. Am 27. Juli 1956 starb Erzsis
vielgeliebter Gatte an seinem Herzleiden.

Nach dem Tod ihres Mannes führte Elisabeth Petznek ein
völlig zurückgezogenes Leben. An den Rollstuhl gefesselt, war
sie auf die Hilfsbereitschaft und die Obsorge der wenigen Bediensteten angewiesen, die ihr die Treue hielten. Sie las viel,
hörte Radio, empfing dann und wann Besuche und gab ihre ge-
wohnten strikten Anweisungen. Ihre ganze Liebe, ihr ganzes
Herz gehörte ihren Schäferhunden. Die Welt kümmerte sich

um sie, sie kümmerte sich um die Welt nicht mehr. Dem Tod begegnete sie wie dem Leben: tapfer, furchtlos, majestätisch. Einsam und verlassen, nur noch von ihren treuesten Bediensteten, Pepi Steghofer und Paul Mesli, umsorgt, entschlief sie am frühen Nachmittag des 16. März 1963. Sechs Tage später wurde sie auf dem Hütteldorfer Friedhof begraben. Ihrem Sarg folgten kaum mehr als fünfzig Trauergäste. Unter ihnen befanden sich neben den nächsten Angehörigen sozialistische Mandatare und SPÖ-Abordnungen aus dem Triestingtal. Ein Kranz mit schwarz-gelber Schleife, von einem ehemaligen k. u. k. Offizier niedergelegt, erinnerte an eine Vergangenheit, der sie längst abgeschworen hatte. Die Trauerfeier war kurz und schlicht. Die Gruft, in der sie neben ihrem Gatten bestattet wurde, blieb auf ihren Wunsch unbeschriftet. Kompromißlos wie sie immer war, wollte sie Pilgerzüge Neugieriger zu ihrem Grab hintanhalten. Wie vieles in ihrem Leben hat sie über ihren Tod hinaus auch das erreicht. Ihre letzte Ruhestätte kennen nur noch ein paar Eingeweihte.

Das ungewöhnliche Leben der Kronprinzentochter nachzuzeichnen, das über acht Jahrzehnte währte und die politischen und gesellschaftlichen Wandlungen eines ungewöhnlichen Zeitalters facettenreich reflektiert, ist das Anliegen dieses Buches. Die Lieblingsenkelin des Kaisers Franz Joseph war die einzige Habsburgerin, die mit ihrer aristokratischen Vergangenheit radikal brach, die ihre natürlichen Rechte als Frau und Mutter gegen eine übelwollende Hofkamarilla, einen rücksichtslosen Ehemann und eine patriarchalische Gesellschaftsordnung tapfer und konsequent verteidigte.

Von einem unbändigen Drang nach persönlicher Unabhängigkeit beseelt, fand sie nach einer skandalumwitterten ersten Lebenshälfte in ihrem zweiten Lebensabschnitt ihr seelisches Gleichgewicht, Glück und Zufriedenheit mit einem gleichgestimmten und -gesinnten Partner. Unbekümmert um Konvention und üble Nachrede, gestaltete sie, von den Zeitumständen begünstigt, vorurteilslos ein neues Dasein nach ihrem eigenen Geschmack und gewann an menschlichem Format. Dazu gehörten Mut, Unbeirrbarkeit und ein beinahe männliches Durchsetzungsvermögen.

Elisabeth Windisch-Graetz-Petznek hatte neben guten Charaktereigenschaften viele Schwächen. Das kann und soll nicht verschwiegen werden. Sie war flatterhaft (in ihrer Jugend), unbeherrscht, starrköpfig, sie konnte barsch und derb sein. Aber sie war eine eigenständige, unverwechselbare Persönlichkeit, eine Frau von unbändiger Willenskraft und unbeugsamem Selbstbewußtsein. Das erklärt, warum die Konvention an ihr zerbrach und nicht sie an ihr.

Als ich mich dazu entschloß, ein Buch über die Kronprinzentochter zu schreiben, stieß ich bei meinem Ersuchen um Unterstützung mancherseits auf staunendes Kopfschütteln, auf Unverständnis und eisige Ablehnung. Mein Vorhaben schien an ein Tabu zu rühren. In der Tat ist es bemerkenswert, daß über Elisabeth Windisch-Graetz bislang lediglich zwei Schlüsselromane, ein verklausuliertes Theaterstück und Zeitungsartikel zu verschiedenen Anlässen publiziert worden sind. Es wurde bisher kein Versuch unternommen, das Leben dieser interessanten Frau historisch zu erforschen. Dieser Umstand ließ von allem Anfang an mit Schwierigkeiten rechnen. Ich bin ihnen zur Genüge begegnet. Durch das Entgegenkommen, das Verständnis und die Unterstützung zahlreicher freundlicher Menschen ist es mir jedoch gelungen, in mühsamer, jahrelanger Kleinarbeit so viel Quellenmaterial zusammenzutragen, daß eine authentische Darstellung dieses außergewöhnlichen Lebens möglich ist. Natürlich gibt es in diesem Lebensbericht auch Lücken. Ich scheue mich nicht, das einzugestehen. Die Erziehung der Erzherzogin ist nicht dokumentierbar. Sehr schwierig gestalteten sich auch die Forschungen über den zweiten Lebensabschnitt der Fürstin, da es darüber nur wenige persönliche und archivalische Aufzeichnungen gibt. Die Dokumente, die ich einsehen konnte, und die zahlreichen Mitteilungen, die ich von vielen Seiten erhalten habe, ermöglichen jedoch eine Rekonstruktion der wichtigsten Stationen auch dieser Daseinshälfte.

Die Archive, die ich benützt, die Bücher und Zeitungen, die ich gelesen, die Personen, mit denen ich gesprochen habe, sind im Quellenverzeichnis namentlich ausgewiesen. Ich danke vor allem meinen Gesprächspartnern, die mir wichtige Hinweise gegeben und wertvolle Aufzeichnungen zur Verfügung gestellt haben, für ihre Hilfsbereitschaft. Mein Dank gilt natürlich auch den Damen und Herren der von mir in Anspruch genommenen Archive und Bibliotheken, insbesondere Frau Dr. Isabella

Ackerl (Allgemeines Verwaltungsarchiv), Herrn Dr. Peter Broucek (Kriegsarchiv), Herrn Generaldirektor Dr. Rudolf Neck (Haus-, Hof- und Staatsarchiv), Herrn Dr. Wolfgang Mayer (Wiener Stadtarchiv) und Herrn Dr. Eckart Früh (Zeitungsausschnittsarchiv der Kammer für Arbeiter und Angestellte, Wien). Nicht zuletzt muß ich meiner Frau Dank sagen. Sie hat mich auf meinen vielen Fahrten zu den verschiedensten „Schauplätzen" begleitet und stets ein offenes Ohr für alle Probleme gehabt, die sich bei der Entstehung und Abfassung dieses Buches ergeben haben.

Friedrich Weissensteiner

1. Leider nur eine Tochter

Im Frühjahr 1883 stand es nach längerem Hoffen und Bangen, nach vielem Rätselraten und Kopfschütteln am Wiener Hof endgültig fest, daß die Kronprinzessin guter Hoffnung war. Seit der glanzvollen Vermählung des Thronfolgers mit der sechzehnjährigen Stephanie von Belgien im Mai 1881 waren immerhin fast zwei Jahre verstrichen. Zwei Jahre, in denen die Ehe des ungleichen Paares nicht nur von Harmonie geprägt war. Auch dem Kaiser, der sich neben den Staatsgeschäften stets um das Wohl und Wehe seiner Familie kümmerte, blieb das nicht verborgen. Umso größer war seine Freude über die gute Nachricht. Ein Kind, so glaubte er, würde den unsteten Rudolf enger an seine Gattin binden. Stephanie glaubte das auch. Seit sie dem Thronfolger ihre Schwangerschaft mitgeteilt hatte, behandelte er sie spürbar freundlicher, beinahe zärtlich. Er sorgte sich neuerdings sogar um sie. „Gebe gut acht auf Dich und den Waclaw (Tschechisch für Wenzel. Rudolf ersehnte einen Knaben)", schrieb er ihr, „sei vorsichtig und denke an mich." Die Hoffnung auf Nachwuchs beglückte ihn.

Die Geburt eines (erhofften) Thronerben und alles, was damit einherging, war am Kaiserhof eine Staatsaktion, die nach einem streng festgelegten Zeremoniell ablief. Das freudige Ereignis wurde Monate vorher der Öffentlichkeit kundgemacht, der Geburtsort fixiert. Die hohe Dame, unter deren Herzen das neue Leben keimte, mußte sich an Vorschriften halten, die ihren Bewegungsspielraum empfindlich einengten. Auch Stephanie sollte das bald erfahren. Sie durfte in Schloß Laxenburg, wo sie ihr erstes Kind zur Welt zu bringen hatte, weder reiten noch Tennis spielen, noch Wagenfahrten unternehmen. Alles, was man ihr gestattete, waren leichte Spaziergänge im Park, die sie persönlich nicht sehr schätzte. So wurden ihr die langen Monate der Schwangerschaft zum unliebsamen Aufenthalt in jenem unbequemen, ungeliebten kaiserlichen Palast im Süden Wiens, in dem sie nach ihrer Hochzeit ein paar Wochen zugebracht hatte. Mit Beklemmung dachte sie daran zurück. Um die Gedanken an diese schweren Tage zu verscheuchen, las sie viel, schrieb Briefe und traf Vorbereitungen für ihre Niederkunft. Sie ließ Wäsche und Spielzeug kaufen, suchte das Personal für die Kindskammer aus und hielt nach einer Amme Ausschau. Sie engagierte für diesen wichtigen Posten schließlich Frau Antonie Tomaschek, die Witwe eines Schokolademachers aus Prag, die fünfundzwanzig Jahre im Dienst des Fürsten Adolf Auersperg gestanden war und somit reiche Erfahrung in ihren Beruf mitbrachte.

Als das Frühjahr zum Sommer wurde, machte sich das Kind in ihrem Schoß immer stärker bemerkbar. „Meine Gesundheit ist so gut wie möglich", schrieb Stephanie um diese Zeit an ihre Schwester Louise. „Der Wenzel bewegt sich viel und recht stark, was mir manchmal unangenehm ist und mir den Schlaf raubt."

Und dann war es schließlich soweit. Am Abend des 1. September 1883 soupierte die Kronprinzessin gerade mit ihrer Mutter, Königin Marie Henriette, die aus Belgien angereist war, und dem Kronprinzen im Speisesaal des Schlosses, als die Wehen einsetzten. Sofort zog sich Stephanie in ihr Schlafgemach zurück, wo sie von Leibarzt Hofrat Dr. Carl Braun und ihrer Leibhebamme, Frau Schächner, betreut wurde.

Die Nachricht von der bevorstehenden Geburt verbreitete sich in Windeseile. „Der gesamte dienstfreie Hofstaat und die Dienerschaft", berichtete das kaisertreue Illustrierte Wiener Extrablatt eilfertig am nächsten Tag seinen Lesern, „eilten in das Gotteshaus und erflehten die Gnade des Allmächtigen für die Kronprinzessin." Während der ganzen Nacht herrschte gespannte Erwartung. Das Extrablatt weiter: „Die Sterne erblichen, der Morgen graute und noch immer keine Entscheidung. Sechs Uhr. Schließlich hieß es, daß das freudige Ereignis in kürzester Zeit zu erwarten sei. Peinigende Ungeduld im pochenden Herzen harrte man weiter. Endlich, eine Viertelstunde nach sieben. Ordonnanzen stürmen durch den Park, in hastigen, abgerissenen Worten, nach rechts und links die Glücksbotschaft verkündend: die hohe Frau hat eine Prinzessin geboren."

Heute, nach einhundert Jahren, klingt das wie im Märchen.

Das offizielle Statement über die Geburt der Kronprinzentochter nimmt sich dagegen wesentlich nüchterner aus. „Ihre
k. u. k. Hoheit, die durchlauchtigste Kronprinzessin Erzherzogin Stephanie", so hieß es da, „sind heute, den 2. September,
um 7 Uhr 15 Minuten früh, zu Laxenburg glücklich von einer
Erzherzogin entbunden worden. Höchstdieselbe, sowie das
durchlauchtigste neugeborene Kind befinden sich wohl."
Der Kronprinz, der in einem Nebenzimmer die Geburt seines ersten Kindes abgewartet hatte, eilte zu seiner Frau und
drückte ihr einen Kuß auf die Stirn, konnte jedoch offenbar
seine Enttäuschung darüber, daß es ein Mädchen war, nicht
verbergen. „Die Bestürzung des Kronprinzen war schmerzlich", schrieb Stephanie Jahrzehnte später in ihren Memoiren,
„er hatte bestimmt einen Thronerben erwartet."
Rudolf benachrichtigte sofort den Kaiser in Schönbrunn
und die Kaiserin, die sich in Mürzsteg aufhielt. Der belgische
Hof wurde von Königin Henriette verständigt. Und nun wurde
das fein ausgeklügelte Zeremoniell abgespult, das auch den ab-
gebrühtesten Untertanen im ganzen Kaiserreich die Bedeutung
des Ereignisses akustisch und optisch nahebringen sollte. In der
Residenz, in Prag und Budapest, in Lemberg, Salzburg, Triest
und den anderen großen Städten der Monarchie wurden 21 Geschützsalven abgefeuert (bei der Geburt eines Erzherzogs wären es 104 gewesen). Im Stephansdom fand ein feierliches Tedeum statt, an dem sämtliche in Wien weilenden Minister und
die Mitglieder des Kaiserhauses teilnahmen. Die Kirchenglok-
ken wurden geläutet, es gab Fackelzüge und Aufmärsche des
Militärs. Am Abend erstrahlte die Residenz im Glanz der Lichter.
Der Kaiser zeigte sich bei einem derartigen Anlaß stets von
seiner nobelsten Seite. Er spendete 50 000 Gulden zur Grün-
dung eines Asylhauses für Kinder armer, mittelloser Eltern, das
den Namen der Kronprinzessin tragen sollte, schenkte der
Stadt Wien Schloß Weinzierl an der Erlauf zur Errichtung eines
Jugendasyls und forderte in einem Handschreiben den Justizminister auf, Begnadigungsanträge „für rücksichtswürdige
Sträflinge mit möglichster Beschleunigung" einzubringen. Die
Justiz handelte unverzüglich. Zweihundertzwei Gesetzesbre-
chern wurden ihre Strafen ganz oder teilweise nachgesehen. So
öffnete die Geburt einer Erzherzogin selbst die Gefängnistore.

Der Jubel über das freudige Ereignis, von dem alle Zeitungen berichteten, beflügelte das dichterische Gemüt so manches Zeitgenossen. Ein gewisser Herr Weyl schrieb ein „Wiegenlied" voll Honigsüße für die Kronprinzentochter:

Wiegenlied für Elisabeth

Du ruhst gebettet, warm und weich
Oh holdes Kind! schlaf ein.
Das ganze weite Österreich
Soll Deine Wiege sein!

Beschützt wird sorgsam Tag und Nacht
Dein kindlich Paradies,
Die Liebe von Millionen wacht
Für Dich, o schlummere süß!

Der gold'nen Wiege Traumrevier,
Auf daß es Dich beglückt,
Hat es, des Volkes Liebe Dir
Mit Rosen reich geschmückt!

Und Rosen werden blühn ringsum
Vom Himmel reich beschert,
Mit Dir ist ja im Kaiserthum
Der Frühling eingekehrt!

Dein Großpapa Franz Joseph heißt
Und Rudolf Dein Papa,
In Dir vereint sich Beider Geist
Mit Anmuth der Mama!

Du ruhst gebettet warm und weich
Durch Völkerlieb! Schlaf ein!
Das ganze weite Österreich
Wird Deine Wiege sein!

Die „Völkerlieb" schlug der Erzherzogin und dem Kaiserhaus freilich nicht so ungestüm und allgemein entgegen, wie es uns der Reimschmied weismachen will. Ein paar Tage nach der Geburt der Prinzessin kursierte in Wien ein Flugblatt folgenden Inhaltes:

„Ekelhaft ist das Treiben dieser Mamelucken bei dem

‚freudigen Ereignisse', wo sich niemand freut als das privilegierte Diebsgesindel in Frack und Uniform. Wer sollte sich auch freuen? Gewiß nicht das Volk. Der Schwindel kostet wieder einige Millionen Gulden und das Volk hat kaum trockenes Brot für die Kinder. Wie viele tausende fleißiger und nützlicher Frauen sehen mit Kummer und Sorgen der Stunde ihrer Entbindung entgegen, nehmen sich das Leben oder werden zu Mörderinnen ihrer eigenen Kinder aus Hunger und Nahrungssorge, und da sollte das Volk in freudiger Stimmung sein, weil ein Frauenzimmer, das zufällig einen gekrönten Tagedieb – dessen ganzes Verdienst darin besteht, daß er nicht mit langen Ohren und graubehaartem Fell zur Welt gekommen – geheiratet hat und seit fast zwei Jahren schwanger sein soll? – Lächerlich!"

Das Flugblatt schloß mit dem Aufruf: „Nieder mit allen Tyrannen und Schergen! Nieder mit allen Ausbeutern und Volksbetrügern!"

Dieses Pamphlet zeigt unverblümt die Kehrseite der sozialen Medaille. Während die Kronprinzessin in Schloß Laxenburg ihr erstes Kind in „Samt und Seide" zur Welt brachte – noch wußte sie nicht, daß es ihr einziges bleiben sollte –, lebten zehntausende Familien in Not und Elend, bangten viele werdende Mütter ihrer Entbindung entgegen. Damals starben in Wien von tausend Kindern 340 im ersten Lebensjahr, ein Fünftel davon an Tuberkulose. In Budapest und anderen Städten der Monarchie war die Sterblichkeitsziffer noch höher.

In der Arbeiterschaft gärte es. So scharten sich am Tag der Geburt der Kronprinzentochter, wie das „Illustrierte Wiener Extrablatt" verschämt berichtet, trotz behördlichen Verbotes 1 500 Arbeiter in der Schönbrunner Straße zu einer Versammlung zusammen. Es kam zu einem Zusammenstoß mit der Polizei, die „wegen Renitenz und unanständigen Benehmens" fünf Verhaftungen vornahm. Im Dezember 1883 wurde in Floridsdorf der Polizeiagent Hlubek von einem radikalen Sozialdemokraten erschossen. Die nächsten Opfer waren im Jänner 1884 ein Geldwechsler und ein Polizeibeamter. Die Regierung, die eine Verschwörung gegen die Staatsgewalt vermutete, reagierte mit der Verhängung des Ausnahmezustandes. Aber diese Gewalttaten waren lediglich Verzweiflungsakte einiger Außenseiter, ein Protest gegen das himmelschreiende Massenelend. Die Industriearbeiterschaft lebte in unbeschreiblichen Verhältnissen. Mehrere Familien hausten mitunter in einem einzigen Raum, der Mietzins verschlang ein Viertel des Einkommens. Die Löhne standen im umgekehrten Verhältnis zur Länge des Arbeitstages. Im Ziegelwerk des Ringstraßenmillionärs Heinrich Drasche verdiente ein Arbeiter im Sommer durchschnittlich sechs bis sieben Gulden pro Woche. Sie wurden größtenteils in Wertmarken ausbezahlt, die in der teuren Werkskantine eingelöst werden mußten. Viele Menschen waren unterernährt, die hygienischen Verhältnisse ließen beinahe alles zu wünschen übrig. Wohl gab es eine private und kirchliche Caritas, Wohltätigkeitsveranstaltungen und die ersten Ansätze einer staatlichen Sozialpolitik. Aber die sozialen Mißstände wurden dadurch (zunächst) nicht aus der Welt geschafft.

Der Kaiser sah das alles, wußte darum. Er war persönlich wohltätig, hatte aber doch kein rechtes Verständnis für das Elend und die Nöte der Arbeiter. Soziale Ideen lagen ihm fern. Mit dem Sozialismus, der am politischen Horizont heraufdämmerte, wußte er überhaupt nichts anzufangen. Aber auch der fortschrittliche, sozial gesinnte Kronprinz stand den im Entstehen begriffenen politischen Massenbewegungen, der Sozialdemokratie und den Christlichsozialen, fremd und ratlos gegenüber. Hätten Kaiser und Thronfolger am 2. September 1883 auch nur geahnt, daß die Habsburgerin, die an diesem Tag das Licht der Welt erblickte, einmal eine überzeugte Sozialdemokratin werden würde, sie hätten es nicht zu fassen, sie hätten diesen Gedanken nicht zu ertragen vermocht.

Die Taufe der Erzherzogin war für den 5. September 1883 anberaumt. Es war ein trüber, regnerischer Tag. Ein herbstlicher Wind jagte schwere Wolkenmassen über das Firmament. Laxenburg präsentierte sich aber trotz des Sauwetters in Festkleidung. Alle Häuser trugen Fahnenschmuck, der Bahnhof war reich dekoriert. Fünfundzwanzig Jahre zuvor, bei der Taufe des Kronprinzen, war es nicht anders gewesen. Damals hatte sich der Kaiser sehr nobel gezeigt. Und auch diesmal spendierte Franz Joseph der Gemeinde 2 000 Gulden. Die Laxenburger wußten die Gunst des Kaisers, von der viele von ihnen nicht schlecht lebten, zu schätzen. Sie säumten trotz des Regens die Straße vom Bahnhof zum Schloß, um der bevorstehenden Auffahrt des gesamten Kaiserhofes und der übrigen Teilnehmer an der Feierlichkeit beizuwohnen.

Vier Hof-Separatzüge brachten die geladenen Gäste vom Südbahnhof nach Laxenburg, von wo sie mit Equipagen zum Taufort gefahren wurden. Die Zeremonie war für ein Uhr nachmittag angesetzt. Vor der festgesetzten Stunde versammelten sich der Apostolische Nuntius, der königlich belgische Gesandte, die Minister, die Mitglieder des österreichischen Reichsrates und der ungarischen Magnatentafel, die geheimen Räte, die Kämmerer und die Generalität in dem als Taufkapelle adaptierten Speisesaal des Schlosses und begaben sich auf die für sie bestimmten Plätze. Der Saal war mit rotem Samt drapiert und von vier Kristallustern erleuchtet. Die Erzherzöge und Erzherzoginnen nahmen in den chinesischen Zimmern des Saaltraktes Aufstellung, die Obersten Hofämter, der Generaladjutant seiner Majestät sowie die Begleitung der allerhöchsten und höchsten Herrschaften warteten im Cercle-Zimmer auf den Beginn der Feierlichkeit. Als alles bereitstand, erstattete der k. k. Erste Obersthofmeister Seiner k. u. k. Apostolischen Majestät Meldung. Nun setzte sich der Zug in Richtung Taufsaal in Bewegung. An der Spitze schritt die erzherzogliche Obersthofmeisterin mit dem durchlauchtigsten Kind, das auf einen Tragsessel aus der Zeit Maria Theresias gebettet war. Ihr folgten der Obersthofmeister, die beiden Kämmerer fürstlichen Standes, Ihre Majestäten der Kaiser, die Kaiserin, die Königin der Belgier, sowie Ihre k. u. k. Hoheiten der durchlauchtigste Kronprinz Erzherzog Rudolf und die durchlauchtigste Frau Erzherzogin Marie Valerie, die übrigen Herren Erzherzöge und Frauen Erzherzoginnen sowie die Schar der anderen höchsten Würdenträger. Beim Eintritt in den Saal ertönten, sehr gedämpft, Pauken und Trompeten. Der k. k. Erste Obersthofmeister schritt mit dem höchsten Täufling an den mit Blumen geschmückten und von einem Baldachin aus rotem Samt überragten Altar heran, wo er vom Fürsterzbischof von Wien und dessen zahlreicher Assistenz erwartet wurde. Der Allerhöchste Taufpate, die Kaiserin, stellte sich neben den Ersten Obersthofmeister. Auf Elisabeth waren in diesem Augenblick, wie so oft, alle Blicke gerichtet. Sie trug eine Robe aus nilgrauer Seide mit einer doppelreihigen Spitzenmantille, eine Schleppe mit mehreren Falten, hohe weiße Handschuhe und ein graues Kapotthütchen. Das schöne Haar hochgesteckt, sah die sechsundvierzigjährige extravagante Gemahlin des Kaisers noch immer blendend aus. Nun stellte der Fürsterzbischof die Tauffragen, die von der Patin beantwortet wurden. Dann folgte der eigentliche Taufakt. Das Kind erhielt die Namen Elisabeth Marie Henriette Stephanie Gisela. Nach Beendigung der Zeremonie wurde der Täufling aus dem Saal getragen. Die im Nebensaal aufgestellte Hofmusikkapelle sang das Tedeum, die hohe Taufgemeinde verließ unter gedämpftem Trompeten- und Paukenschall den Saal. Der Allerhöchste Hof begab sich sodann in ein angrenzendes Appartement, wo der Kaiser und seine nächsten Angehörigen die Glückwünsche der Gäste entgegennahmen. Der Cercle (Empfang) war um zwei Uhr beendet. Eine halbe Stunde später fuhren die Teilnehmer am Festakt in die kaiserliche Residenz zurück.

In Wien war aus Anlaß der Taufe der Kronprinzentochter die internationale elektrische Ausstellung in der Rotunde für die Bevölkerung auf Kosten der Stadtverwaltung frei zugänglich. In den Vororten wurde an die Armen Geld und Holz verteilt. Es war ein Tropfen auf einen heißen Stein und im Vergleich zu den Geschenken, die die Geburt den Kaiser ansonsten kostete, ein Pappenstiel. Allein der Smaragdschmuck, den er seiner Schwiegertochter schenkte, wurde mit 40 000 Gulden in Rechnung gestellt.

Dann trat der Alltag wieder in seine Rechte. Der Kaiser setzte sich hinter seinen Schreibtisch und erledigte mit nimmermüder Emsigkeit Akten. Mitte September war er bei der Schlußsteinlegung des Neuen Rathauses zugegen, Anfang Dezember eröffnete er das neue, im Stil eines griechischen Tempels errichtete Parlamentsgebäude gegenüber der Hofburg.

Der Kronprinz verweilte ganz gegen seine Gewohnheit einige Tage geruhsam an der Seite seiner Gemahlin. Erst am 8. September gelüstete es ihn nach einem Jagdausflug. Er scheint sich im übrigen rasch damit abgefunden zu haben, daß ihm nur eine Tochter geboren worden war. Stephanie genoß ihr Mutterglück. „Du kannst Dir nicht vorstellen", schrieb sie an ihre Schwester, „wie brav und lieb Elisabeth ist. Sie ist mein Glück und meine Freude. Sie lacht immer und weint selten."

Jahrzehnte später erinnert sie sich in ihren Memoiren ein wenig verklärt an diese erste Zeit mit ihrer Tochter: „Hatte ich

Die österreichische Kaiserfamilie

einen freien Augenblick, so eilte ich zu meinem Kind und nahm es in meine Arme; es war köstlich mit ihm zu spielen . . . das reizende Baby im Bad strampeln zu sehen, seinen rosigen, kleinen Körper zu bewundern, sein Einschlafen zu beobachten . . ." Zu dem Zeitpunkt, zu dem sie das niederschrieb, sprachen Mutter und Tochter längst kein Wort mehr miteinander. Sie lebten in zwei verschiedenen Welten, die kein Weg, keine Brücke verband.

2. Das ungleiche Kronprinzenpaar

Als der zweiundzwanzigjährige Kronprinz Anfang März 1880 Wien verließ, um über München und Brüssel zu seiner in Irland weilenden Mutter zu reisen, wie es offiziell hieß, war ihm nicht ganz wohl zumute. Die offizielle Lesart stimmte nämlich mit dem Zweck der Reise nicht (ganz) überein. Rudolf begab sich auf Brautschau. Aber nur er und ein paar Eingeweihte am österreichischen und belgischen Hof wußten es. Der Thronfolger des Hauses Habsburg-Lothringen hatte schon einige solcher „Besichtigungstouren" hinter sich. Er war in Spanien gewesen, in Portugal und in Sachsen. Aber die Prinzessinnen, die man ihm als Bräute zugedacht hatte, hatten ihm samt und sonders nicht gefallen. Rudolf war wählerisch. Vor allem aber hatte er trotz seiner Jugend, was Frauen betraf, schon einiges hinter sich. Er führte in Prag, wo er stationiert war, ein kurzweiliges, lockeres Leben. Und das alles sollte jetzt ein Ende haben? Aber wer weiß, vielleicht war auch die belgische Königstochter, die der Kaiser diesmal für ihn hatte aussuchen lassen, eine taube Nuß. Man würde sehen. Unter den einundzwanzig Personen, die er nach Belgien mitnahm, befand sich jedenfalls auch seine damalige Geliebte, „eine junge hübsche und fesche Jüdin", Schauspielerin am Badener Stadttheater.

Am belgischen Königshof war man über die Aussicht, die noch nicht sechzehnjährige Prinzessin Stephanie mit dem Thronerben eines der angesehensten Herrscherhäuser Europas verheiraten zu können, hocherfreut. Graf Bohuslav Chotek, der österreichisch-ungarische Gesandte in Brüssel, dem die heikle Mission zugefallen war, bei König Leopold II. in dieser Angelegenheit vorzufühlen, berichtete am 19. Februar 1880 dem Kaiser streng geheim: „Seine Majestät der König schien über meine Mittheilung ganz entzückt und bat mich in gehobener Stimmung, vor allem Euer Majestät Seinen tiefergebenen

Dank auszusprechen für die zarte und freundliche Behandlung des Gegenstandes und dafür, daß allerhöchstdieselben den Blick auf seine Tochter zu werfen und dieser Verbindung, wenn sie Seiner kaiserlichen Hoheit dem Kronprinzen zusagen würde, die eventuelle Zustimmung allergnädigst zu gewähren geruht haben. Ihre Majestät die Königin schien tief ergriffen und gerührt."

Dementsprechend herzlich war auch der Empfang Rudolfs. König Leopold sandte seinem zukünftigen Schwiegersohn einen Hofgalazug bis an die Landesgrenze entgegen und fand sich mit seinem Bruder, dem Grafen von Flandern, persönlich auf dem Bahnhof zum Empfang ein. Der hohe Gast wurde in das Königliche Palais geleitet, wo am Abend nach der Ankunft ein intimes Familiendiner stattfand. Bei dieser Festlichkeit sah der erfahrene, von den Frauen verwöhnte Kronprinz die pausbäckige, kindlich aussehende Stephanie, die damals „weder Fisch noch Fleisch war", wie Königin Marie Henriette es formulierte, zum ersten Mal. Sie machte auf ihn einen positiven Eindruck. Man muß sich das einmal überlegen. Das Prinzeßlein, das da neben ihm saß und das seine Frau werden sollte, die Monarchin in spe eines großen Reiches, gefiel ihrem zukünftigen Gemahl nicht sonderlich, von imponieren gar nicht erst zu reden. Sie machte auf ihn lediglich einen positiven Eindruck. Man kann dem Kronprinzen dieses zurückhaltende erste Urteil freilich nicht verargen. Die kaum sechzehnjährige Stephanie war 1880 ein unreifes, unfertiges Mädchen. Sie hatte weiches, blondes Haar, ein treuherziges, naives Durchschnittsgesicht, eine schlanke Taille und einen unbestreitbar schönen weißen Teint. Sie war nicht hübsch und sie war nicht besonders hübsch angezogen. Das hellblaue Kleid, das sie anhatte, wirkte nicht sehr elegant, die Maiglöckchen, die man ihr in das Haar geflochten hatte, betonten die Kindhaftigkeit ihrer Erscheinung. Der Kronprinz entschied sich trotzdem für sie. Vielleicht war es gerade die mädchenhafte Unschuld dieses blutjungen Geschöpfes, an der der Frauenkenner Gefallen fand.

Da die belgische Königstochter über den eigentlichen Zweck des Besuches bereits informiert war und den Kronprinzen liebenswürdig und charmant fand, stand der geplanten Verbindung des Paares nichts mehr im Wege.

Die eigentliche Brautwerbung ging am 7. März 1880, dem

dritten Tag von Rudolfs Aufenthalt, in Szene. An diesem herrlich schönen Sonntag stand ein Besuch des königlichen Lustschlosses Laeken mit seinen riesigen Gewächshäusern auf dem Programm. Nachdem der hohe Gast beides in Augenschein genommen und man gemeinsam die Messe gehört hatte, luden der König und seine Gemahlin zum Dejeuner. Graf Chotek, der die Ehre hatte, daran teilzunehmen, unterhielt sich angeregt mit der neben ihm sitzenden Stephanie. Er berichtete später dem Kaiser darüber: „Die Prinzessin macht den Eindruck blühender Gesundheit ... Höchstdieselbe hat eine reizende Haltung, huldvolle Würde, geistreichen Ausdruck ... Ihre Conversation ist ebenso rührend kindlich als geistreich, tactvoll und über die Jahre."

Das war natürlich ein wenig geschmeichelt, aber es kam der Wahrheit einigermaßen nahe. Wer zwischen den Zeilen zu lesen verstand – und der Kaiser war dazu gewiß imstande –, konnte sich unschwer vorstellen, wie unausgereift die Prinzessin war. Franz Joseph machte das aber wohl nicht viel aus. Auch die Kaiserin, seine Sissy, war noch blutjung gewesen (kaum sechzehn!), als er sich in sie verliebte. Wenn Rudolf sich für die belgische Königstochter entschieden hatte, dann konnte es ihm nur recht sein. Das belgische Königshaus gehörte zwar nicht zu den alteingesessenen europäischen Dynastien, aber es war katholisch. Und das war schließlich die Hauptsache. Für den Kronprinzen des Hauses Habsburg-Lothringen kam nur eine Frau aus einer katholischen Herrscherfamilie in Frage.

Die Kaiserin stand dem Eheprojekt ablehnend gegenüber. Sie fand, daß Rudolf für eine Ehe noch zu jung sei, und sie hatte eine Abneigung gegen die Coburger. Den Kaiser kümmerte das nicht sehr. Er wußte, daß sich Elisabeth, wie zumeist, den gegebenen Tatsachen beugen würde. Indessen lief in Schloß Laeken an diesem 7. März 1880 alles nach Wunsch. Nach dem Dejeuner, bei dem eine gewisse nervöse Spannung herrschte, ließ die Tischgesellschaft die beiden jungen Herrschaften „bei offenen Flügeltüren im Nebenzimmer allein", wie Graf Chotek dem Kaiser später berichtete. Der Kronprinz, der die Situation offenbar rasch erfaßte, nützte die Gelegenheit zur Werbung. Stephanie schildert das Ereignis in ihren Memoiren aus der Distanz eines halben Jahrhunderts mit überraschender Lebendigkeit: „Er küßte mir die Hand", schreibt sie, „sprach mich deutsch an und erzählte mir von meiner Schwester Louise, die er verehre (Louise war mit Philipp von Sachsen-Coburg, einem Jagdgefährten Rudolfs, verheiratet. Anm. d. Verf.). Dann sagte er mir einige schmeichelhafte, aber sehr förmliche Worte, und schon nach einigen Minuten stellte er die große Frage, die über unsere Zukunft entscheiden sollte. Hierauf reichte er mir den Arm, und so näherten wir uns unseren Eltern und baten sie, unsere Verlobung zu segnen. Hocherfreut küßten sie ihren zukünftigen Schwiegersohn und erlaubten uns, fortan Du zu sagen."

Das Tête-à-Tête hatte wenig mehr als fünf Minuten gedauert. Fünf Minuten, in denen die Weichen für ein ganzes Leben, für ein großes Reich mit Millionen Untertanen gestellt wurden. Die versammelte Gesellschaft brachte dem jungverlobten Paar ihre Glückwünsche dar. Dann wurden der Kaiser, die Kaiserin und andere Persönlichkeiten von der Verlobung verständigt.

Die Freude über die Nachricht war in der kaiserlichen Familie geteilt. Der Kaiser zeigte sich darüber höchst befriedigt, Rudolfs Schwestern reagierten, ihrem Alter entsprechend, verschieden. Die vierundzwanzigjährige Gisela „heulte wie ein Kettenhund", die kleine, zwölf Jahre alte Marie Valerie konnte es nicht fassen, daß sich der Bruder, „der sie so oft seckierte", verlobt hatte. Die Kaiserin erblaßte, als sie das Telegramm las, in welchem ihr die Verlobung ihres Sohnes mitgeteilt wurde. Sie schien zu ahnen, daß eine unreife, sechzehnjährige Prinzessin für ihren flatterhaften, labilen Rudolf nicht die richtige Partnerin sein konnte. Ihre bösen Ahnungen sollten sich allzubald bestätigen.

Der Kronprinz teilte seine Verlobung dem deutschen Kaiser Wilhelm II., dem bayrischen König sowie seinem Regiment mit und erwärmte sich von Tag zu Tag mehr für seine Braut. Oder er tat zumindest so: „Ich habe gefunden, was ich gesucht habe", schrieb er noch am Verlobungstag an seinen Erzieher, Feldmarschalleutnant Latour. „Stephanie ist hübsch, gut, gescheit, sehr vornehm und wird eine treue Tochter und Unterthanin ihres Kaisers und eine gute Österreicherin werden. Ich bin sehr glücklich und zufrieden." Ob er es wirklich so meinte, wie er es niederschrieb, bleibe dahingestellt.

Die Verlobung des durchlauchtigsten Kronprinzen und der durchlauchtigsten Prinzessin wurde am 8. März 1880 offiziell der Geistlichkeit, dem Diplomatischen Corps, den hohen Militärs und den Ministern, die sich im königlichen Schloß versammelt hatten, verkündet. Das Brautpaar wurde begeistert umjubelt, Brüssel hatte einen großen Tag. Das Volk feierte mit Blumen und Transparenten die zweitälteste Tochter seines Königs als zukünftige Kaiserin.

Die regierende Kaiserin von Österreich traf am 11. März, von ihrem Jagdaufenthalt in Irland kommend, zur Gratulation in Brüssel ein. Sie wurde am Bahnhof vom Brautpaar und der belgischen Königsfamilie erwartet. Elisabeth stellte in ihrem dunkelblauen, zobelverbrämten Kostüm, was Aussehen und Auftreten betraf, die junge, unvorteilhaft gekleidete Braut spielend in den Schatten. Ihre Hofdame, Gräfin Marie Festetics, konnte es sich nicht verkneifen, hernach ein wenig böswillig festzustellen: „Der Kronprinz sah nicht sehr glücklich aus, und seine Braut machte einen ungünstigen Eindruck. Sie war bekanntlich noch sehr jung, sehr lang mit großen Gliedern . . . Sie sah aus wie ein Albino, sie hatte kleine schlaue Augen, die rot umrandet waren, und angenehm war nur ihr schöner, weißer Teint. Ich bin auch heute noch der Ansicht, daß der Kronprinz eingefangen wurde von dem sehr klugen König Leopold II. und wie ich glaube beeinflußt von seinem Obersthofmeister Graf Bombelles."

Die Kaiserin, die von den Belgiern stürmisch gefeiert wurde, blieb nicht lange. Offizielle Auftritte ödeten sie an. Rudolf blieb noch knappe vierzehn Tage in Belgien. Es gab noch einiges zu erledigen. Vor allem mußte wegen der Verwandtschaft des Paares der Papst um Ehedispens ersucht werden, die Leo XIII. ohne weiteres erteilte. Dann reiste der Kronprinz über Wien in seine Garnisonsstadt Prag zurück, wo er nach seiner längeren Abwesenheit von der Bevölkerung mit großer Herzlichkeit willkommen geheißen wurde.

Die Hochzeit des Kronprinzen mit der reizlosen Stephanie von Belgien wurde für den 15. Februar 1881 in Aussicht genommen. Das Jahr, das zwischen Verlobung und Heirat lag, war ausgefüllt mit Aktivitäten verschiedenster Art. Zunächst einmal wurde die Braut von König Leopold in einem Schnellsiederverfahren auf die vielfältigen Aufgaben vorbereitet, die auf sie warteten. Sie wohnte offiziellen Empfängen und Banketten bei, lernte Ungarisch, Walzer tanzen, hörte Vorlesungen über Literatur und Staatswissenschaften und wurde in die Geheimnisse der Philosophie eingeweiht. Viel reifer wurde die Prinzessin dadurch gewiß nicht. Inzwischen traf man an den beiden Höfen umfangreiche Vorbereitungen für die Vermählung. König Leopold und Franz Joseph schlossen einen Ehevertrag. Die Mitgift seitens des Papas wurde mit 100 000 Gulden österreichischer Währung festgesetzt, zu der der Kaiser eine „Widerlage" in gleicher Höhe beisteuerte. Nicht minder ansehnlich war die Brautausstattung, die neben Juwelen aller Art die berühmten Brüsseler Spitzen, kostbarste Toiletten und „Weißzeug" umfaßte. Der Gesamtwert des Schmuckes allein wird im Trousseau-Verzeichnis mit 612 225 Francs beziffert. Kaiserin Elisabeth, die sich bei jeder Gelegenheit über ihre zukünftige Schwiegertochter mokierte, war bei ihrer Hochzeit vergleichsweise eine arme Maus. Weitere Vorbereitungsarbeiten betrafen Rudolfs und Stephanies künftigen Wohnsitz in der Prager Burg auf dem Hradschin und den Empfang des Jubelpaares in Wien. Ein Komitee unter dem Vorsitz des Architekten Otto Wagner arbeitete Pläne für die Beleuchtung und Dekorierung der Straßen, insbesondere der Ringstraße, aus. Alles lief auf Hochtouren. Da platzte plötzlich die Bombe. Das belgische Königspaar sagte den geplanten Vermählungstermin kurzfristig ab. Grund: Ihre Tochter sei für eine Ehe körperlich noch nicht reif.

Die Verstimmung am Wiener Hof war groß. Der Kronprinz schäumte, die Kaiserin war verärgert. Lediglich der Kaiser bewies auch in dieser Situation seine sprichwörtliche Langmut. Schließlich wurde die Trauung für den 10. Mai terminisiert. Und dabei blieb es dann auch, obwohl Stephanie, wie sie später berichtet, auch zu diesem Zeitpunkt „noch nicht herangereift war".

Anfang Mai bestieg die belgische Königstochter wehmütigen Herzens den Zug, der sie in die ferne Kaiserstadt an der Donau bringen sollte. Der Abschied von der Heimat fiel ihr schwer. Sie legte ihr Leben in die Hände eines Mannes, den sie kaum kannte, zu dem sie weder geistig noch charakterlich paßte, dessen Launen und Eskapaden man ihr verheimlicht hatte. Wäre ihr all das bewußt gewesen, hätte sie geahnt, was ihr bevorstand, sie hätte die Fahrt in die Stadt der Tänzer und Geiger mit noch gemischteren Gefühlen angetreten. Ein Zurück, eine Rücknahme des Eheversprechens, wäre aber wohl auch dann ganz gewiß nicht mehr möglich gewesen.

Der Kronprinz entbot seiner Verlobten und ihrem zahlreichen Gefolge in Salzburg den ersten Willkommensgruß. Er trug Generaluniform und wirkte nervös. Die Stadt war für den hohen Besuch bestens gerüstet. Die Häuser waren beflaggt, auf Straßen und Plätzen konzertierten Musikkapellen. Nach einem Galadiner in der Residenz gab es am Abend eine verschwenderische Festbeleuchtung und einen prachtvoll inszenierten Fackelzug, bei dem die tausend Fackelträger die Buchstaben S und R formierten.

Am nächsten Tag ging die Fahrt nach Wien weiter, wo der Hofzug auf die Minute pünktlich am Westbahnhof eintraf. Franz Joseph erwartete seine zukünftige Schwiegertochter auf dem Perron. Als sie dem Waggon entstieg, umarmte und küßte er sie und hieß sie mit freundlichen Worten willkommen. Keine Geste, kein Mienenspiel verriet, ob sie ihm gefiel oder nicht. Der Kaiser war ein Mann der Beherrschung. Während seiner achtundsechzigjährigen Regierungszeit verlor er nur in ganz wenigen Augenblicken die Herrschaft über sich selbst.

Nach der offiziellen Begrüßungszeremonie am Bahnhof fuhren die Hofequipagen an einem dichtgedrängten Menschenspalier vorbei zum Schloß Schönbrunn. In der Großen Galerie der prachtvollen kaiserlichen Sommerresidenz wurden die jugendliche Braut und ihre Eltern vom Hofstaat begrüßt. Der Empfang war von förmlicher, zurückhaltender Korrektheit. Die Erzherzöge und Erzherzoginnen, die Obersthofmeister und Palastdamen musterten das linkische, pubertär wirkende Mädchen, das am Arm des Kronprinzen den Raum betrat und ihnen streng der Rangordnung nach die Hand reichte, mit prüfenden Blicken. Ihr Urteil fiel nicht sehr wohlwollend aus. Die Gräfin Festetics vermerkte mit bissiger Geringschätzung in ihrem Tagebuch: „Sie ist gar nicht timide, sehr banal, so merkwürdig abgerichtet . . . Schön ist nur ihre Haut an ihr, der Verstand fehlt, glaube ich, vollkommen."

Fürst Khevenhüller schrieb noch kürzer angebunden: „An der Kronprinzessin ist nicht viel, fadblond, wenig Haare, Gesicht ohne Ausdruck, Nase lang."

Auf den Empfang in Schönbrunn folgte ein Hofball, bei

dem Eduard Strauß die Hofmusikkapelle dirigierte, eine vielumjubelte Praterfahrt des Brautpaares, die wegen des riesigen Menschenandranges abgebrochen werden mußte, ein Galadiner im Redoutensaal. Der kaiserliche Hof demonstrierte seinen Reichtum, inszenierte mit Raffinement die ganze Pracht der Donaustadt. Die Wiener hatten ihr Spektakel.

Und dann war schließlich der große Tag da, der Tag der Trauung des ungleichen Paares. Die Trauungszeremonie war für elf Uhr in der Augustinerkirche festgesetzt. Der Einzug des illustren Brautpaares, der kaiserlichen und königlichen Majestäten, der ausländischen Fürstlichkeiten, der Mitglieder des Diplomatischen Corps in die festlich dekorierte Kirche nahm eine geschlagene Stunde in Anspruch und wurde viel bestaunt. Gräfin Festetics in ihrem Tagebuch: „Der Zug war wundervoll, die Kaiserin ganz unbeschreiblich in ihrer Anmut, Hoheit und Ergriffenheit, der Kaiser ganz bei der Sache, eher geschäftsmäßig in seinem hohen Pflichtgefühl . . . In der Kirche war es wirklich blendend und feierlich. Schauerlich feierlich . . .“

Die Trauung wurde vom Fürsterzbischof von Prag, Kardinal Fürst Schwarzenberg, vollzogen, dem dreißig Erzbischöfe und Bischöfe assistierten. Nach einem feierlichen Hochamt und der Traurede des Kardinals stellte dieser die schicksalentscheidende Frage. Der Kronprinz sprach ein sehr ernstes, trauriges, sehr leises Ja, Stephanie schrie das ihre beinahe. So jedenfalls hörte es die Gräfin Festetics. Die Kronprinzessin hielt diesen entscheidenden Augenblick in ihrem Leben später folgendermaßen fest: „Dann erscholl unser beider feierliches ‚Ja‘. Wir wechselten die Ringe . . . In diesem Augenblick erzitterten die Kirchenfenster von dröhnenden Geschützsalven, alle Glocken der Stadt erklangen und verkündeten weit hinaus über die ganze Hauptstadt die feierliche Eheschließung . . . Die Regimentskapellen spielten die Hymnen beider Länder . . . Ich war Kronprinzessin von Österreich-Ungarn.“

Vom Kronprinzen ist keine Äußerung über die Feierlichkeit überliefert. Er schwieg. Er wird gewußt haben, warum.

Nach der Trauung nahm das Hochzeitspaar in der Hofburg die Glückwünsche der dort zahlreich versammelten Gratulanten entgegen. Dann schlug für Stephanie die Stunde des Abschieds von ihren Angehörigen. Bevor sie mit ihrem Gemahl in einem zweispännigen Hofwagen die kaiserliche Residenz verließ, verabschiedete sie sich schluchzend von ihren Eltern und Vertrauten. Die blutjunge belgische Königstochter fuhr einem neuen, ungewissen Leben entgegen.

Die Hochzeitsfahrt des jungvermählten Paares – von einer Reise kann man bei Gott nicht sprechen – dauerte nicht länger als eine Stunde und endete im Schloß Laxenburg. Dazu Stephanie: „Es war neblig und trüb. Fröstelnd und völlig erschöpft, lehnte ich in den Kissen des Wagens. Allein mit einem Mann, den ich kaum kannte, überkam mich im Zwielicht des hereinbrechenden Abends ein Gefühl furchtbarer Bangigkeit. Die Stunde schien nicht enden zu wollen. Der Wagen rollte zwischen Feldern auf einsamer Straße durch eine reizlose, melancholische Gegend. Matt nur erhellten die Laternen des Wagens den Weg. Wir wußten uns nichts zu sagen, wir waren uns völlig fremd. Vergeblich wartete ich auf ein zärtliches oder liebevolles Wort, das mich aus meiner Stimmung erlöst hätte. Meine Ermüdung, vermischt mit den verworrenen Empfindungen von Furcht und Einsamkeit, steigerte sich zu einer schweren, hoffnungslosen Verzweiflung."

In Laxenburg angekommen, half Rudolf seiner jungen Frau galant aus dem Wagen und geleitete sie in ihre Appartements. Die vierzehn Räume, die das Kronprinzenpaar bewohnte, lagen im sogenannten „Blauen Hof". Sie waren für die Flitterwochen des Thronerben und seiner jungen Frau neu tapeziert und mit neuen Möbeln ausgestattet worden. Wohnkomfort, wie wir ihn heute für selbstverständlich halten, boten sie keinen. Es gab keine Teppiche, keine Fauteuils, keine Badezimmer, kein Wasserklosett, keinen Toilettetisch. Die einzige Waschgelegenheit war ein Lavoir auf einem dreibeinigen Schemel. Stephanie war darüber alles andere als entzückt. Sie hatte sich das Schloß und die Ausstattung der Räume ganz anders vorgestellt, stilvoller, kultivierter, fürstlicher. Ihre Enttäuschung, die sie sich jedenfalls nicht anmerken ließ, war abgrundtief. In einem Zustand quälender Niedergeschlagenheit, aber fiebernd vor Erregung gab sich die jungfräuliche Braut ihrem liebeserfahrenen Gemahl hin. Rudolf machte sie ungestüm zur Frau, ohne Verständnis, ohne Gefühl für ihre Sehnsucht nach Rücksicht nehmender Zärtlichkeit. Mit Schaudern erinnert sich Stephanie in ihren Memoiren an die Brautnacht: „Welche Nacht! Welche

31

Qual, welcher Abscheu! Ich hatte nichts gewußt, man hatte mich als ahnungsloses Kind zum Altar geführt. Meine Illusionen, meine jugendlichen Träumereien waren vernichtet. Ich glaubte an meiner Enttäuschung sterben zu müssen."

Es war der trostlose Beginn einer leidvollen Ehe.

Die Verbindung der beiden ungleichen Partner schien zumindest nach außen hin zunächst freilich recht gut zu klappen. Stephanie gab sich alle Mühe, die neue Rolle, die ihr durch ihre Heirat mit dem Thronerben eines Großreiches zugefallen war, mit Anstand und Würde zu spielen. Sie begleitete ihren Gemahl auf seinen zahlreichen Reisen durch die Kronländer und in das Ausland, schüttelte Hände, machte Besuche, empfing Gäste, gab Audienzen, hielt Cercle. Das Repräsentieren machte ihr sichtlich Spaß, der Glanz ihrer Stellung beglückte sie. Sie wurde selbstsicherer, gelöster, reifer.

Der Kronprinz seinerseits bemühte sich anfänglich um ein gutes Verhältnis zu seiner Frau. Wenn man der Echtheit seiner Gefühle, die er in Briefen an seine Freunde zum Ausdruck brachte, Glauben schenken darf, war er sogar in sie verliebt. So schrieb er ein halbes Jahr nach der Hochzeit an Latour: „Ich war nie so glücklich, wie heuer im Sommer, wo ich, umgeben von einer beseligenden Häuslichkeit, ruhig meine Vorstudien zur ‚Orientreise' machen konnte. Stephanie ist gescheit, sehr aufmerksam und feinfühlend, voller Ambitionen, eine Enkelin Louis Philippes und eine Coburg! Mehr brauche ich Ihnen nicht zu sagen! Ich bin sehr in sie verliebt, und sie ist die einzige, die mich zu vielem verleiten könnte!"

Auch Stephanie schwelgte vorerst im Glück. „Rudi ist wirklich ein Mustergatte", schrieb sie im Mai 1882 an ihre Schwester Louise. „Wir verstehen uns wunderbar. Mit einem Wort, liebe Schwester, ich bin glücklich."

Diese Flitterwochenseligkeit verflog allerdings sehr rasch und machte zunehmender Entfremdung Platz. Der Kronprinz, seit jeher Liebesabenteuern nicht abhold, wurde seiner Gemahlin bald überdrüssig. Die „kühle Blonde" aus Belgien, die mit zunehmenden Jahren immer mehr in Noblesse und Eleganz machte, war nicht sein Idealtyp. Für feine Damen hatte Rudolf wenig übrig. Er favorisierte das süße, romantisch veranlagte Wiener Mädel, das leichtfertig-frivole, vollblütige weibliche Vorstadtgeschöpf, das Charme mit Sinnlichkeit, Schlagfertigkeit mit Witz verband und mit dem man in der Sprache des Volkes schäkern konnte. Der Kronprinz war im Heurigenlokal genauso zu Hause wie in der Hofburg, er fühlte sich dort höchstwahrscheinlich sogar wohler, jedenfalls aber freier und unbeengter. Für Stephanie war die Vorstadt eine Welt, die sie nicht verstand, die sie verabscheute. „Man saß bis zum Morgengrauen an ungedeckten, schmutzigen Tischen", schrieb sie nach der einzigen Vorstadttour, auf der sie Rudolf begleitete, „neben uns spielten Fiakerkutscher Karten, pfiffen und sangen. Man tanzte, Mädchen sprangen auf Tische und Sessel und sangen immer wieder die gleichen sentimental-ordinären Schlager . . . Ich begriff nicht, was der Kronprinz daran fand."

Die Kronprinzessin mißbilligte nicht nur den Umgang ihres Gemahles mit Heurigensängern, Fiakern und Vorstadtdamen. Sie hatte auch kein Verständnis für die liberalen Ansichten und intellektuellen Ambitionen Rudolfs, für seine Reformideen, seinen Antiklerikalismus, seine Geringschätzung des Adels. In dem Maße, in dem sie in die Rolle der hocharistokratischen Granddame hineinwuchs, die auf Attitüde und Würde, auf Repräsentation und Zeremoniell Wert legte, wuchs die Kluft zwischen ihr und dem unkonventionellen, sittlich haltlosen Thronfolger. Zwar bemühte man sich lange Zeit, nach außen hin die Fiktion einer einträchtigen Ehe aufrechtzuerhalten. Aber allmählich fielen auch diese Hemmungen.

Von einer beinahe krankhaften Eifersucht geplagt, machte Stephanie ihrem Mann heftige Szenen, setzte bei jeder Gelegenheit seine Reputation herab, stellte ihn in aller Öffentlichkeit bloß. Stephanies Schwester Louise, die häufig Zeugin dieser peinlichen Auftritte war, meint erklärend: „Die beiden Naturen paßten nicht zusammen, beide herrschsüchtig, unversöhnlich, und so faßte die Entfremdung bald tiefe Wurzeln. Jähzornig waren sie beide und es spielten sich unerquickliche Szenen ab, bis zur Unverzeihlichkeit verletzten sich beide . . ."

Schließlich nahmen die beiden Ehepartner überhaupt keine Rücksicht mehr aufeinander. Sie gingen häufig getrennt auf Reisen, sie mieden den persönlichen Kontakt. Rudolf betäubte sich mit zahlreichen flüchtigen Bekanntschaften, mit Champagner und Morphium. Er trug sich mit Scheidungsgedanken. Als er sich am 30. Jänner 1889 in Mayerling eine Kugel in den Kopf schoß, löste er damit auch sein Eheproblem.

3. Mayerling und die Folgen

Kronprinz Rudolf war schon ein paar Jahre vor seinem Freitod ein Selbstmordkandidat. Dies wird aus zahlreichen Äußerungen von ihm selbst, von Freunden und Bekannten mehr als deutlich. Schon als junger Mann von vierundzwanzig Jahren bemerkte Rudolf Moritz Szeps gegenüber (Szeps war Chefredakteur des „Neuen Wiener Tagblattes" und einer seiner engsten Vertrauten): „Ich suche von Zeit zu Zeit nach einer Gelegenheit, einen Sterbenden zu sehen und seine letzten Atemzüge zu belauschen. Es ist das immer für mich ein merkwürdiger Anblick, und von allen den Personen, die ich sterben gesehen habe, ist jede auf eine andere Weise gestorben. Ich betrachte auch aufmerksam die sterbenden Thiere und ich suche auch meine Frau an diesen Anblick zu gewöhnen. Man muß mit den letzten Notwendigkeiten des Lebens rechnen lernen."

Gedanken dieser Art sind selbst aus dem Munde einer so sensiblen Persönlichkeit wie der des Kronprinzen ungewöhnlich und merkwürdig. Ein normal veranlagter, gesunder junger Mensch sucht nicht einmal „von Zeit zu Zeit nach einer Gelegenheit, die letzten Atemzüge eines Sterbenden zu belauschen".

Rudolf hatte zu dem Zeitpunkt, zu dem er diese makabre Bemerkung machte, keine nennenswerten persönlichen Probleme. Wenn er sich dennoch so intensiv mit dem Tod beschäftigte, so läßt dies auf eine möglicherweise vererbte Todesbereitschaft schließen, auf eine natürliche Disposition zur Flucht aus dem Leben. Oder war die Todessehnsucht des Kaisersohnes, die in den Monaten und Wochen vor seinem Selbstmord geradezu pathologische Züge annahm, nur der Ausdruck eines typisch österreichischen Leidens am Leben? Man wird diese Frage nicht zwingend beantworten, das Verhältnis des Kronprinzen zum Tod nicht mit letzter Gültigkeit aufklären können.

Dazu bedürfte es einer genauen medizinischen Kenntnis des kronprinzlichen Seelenlebens. Aber ein psychiatrisches Gutachten über Rudolf existiert nicht. Sigmund Freuds Lehre steckte in den achtziger Jahren des vorigen Jahrhunderts noch in den Anfängen. Die Psychoanalyse war noch nicht geboren. Und so sind alle diesbezüglichen Feststellungen bestenfalls reizvolle intellektuelle Spielereien.

Dem aufmerksamen Beobachter konnte es dennoch nicht verborgen bleiben, daß sich der Thronfolger in den letzten Jahren vor seinem Tod physisch und psychisch merklich veränderte. Dazu der Kunsthistoriker Eduard Leisching: „Öfter sah ich den Kronprinzen in seinen letzten Lebensjahren, in der Zeit seines rasch fortschreitenden moralischen und körperlichen Verfalles. Man merkte ihm sein ausschweifendes Leben an, deutlich trug er die Züge eines Trinkers und schwer nervösen Menschen an sich."

Der Grund für die auffallende Veränderung in der Persönlichkeitsstruktur Rudolfs war delikater Natur. Im Frühjahr 1886 war der Kronprinz ernstlich erkrankt. In Hofkreisen sprach man von Rheuma und Gelenksschmerzen. Die Ärzte rieten zu einem Erholungsaufenthalt auf der Insel Lacroma. Die Kronprinzessin, die ihn begleitete, erkrankte einen Monat später. Stephanie in ihren Memoiren: „Nur wenige Tage konnte ich mich des herrlichen Aufenthaltes erfreuen, dann erkrankte auch ich schwer. Wochenlang lag ich, noch immer ahnungslos, mit namenlosen Schmerzen zu Bett. Professoren aus Wien und Triest erklärten, ich litte an einer Bauchfellentzündung. Ich selbst ahnte den Grund meines Leidens nicht. Auf hohen Befehl wurde alles vertuscht, die Ärzte auf Schweigen beeidigt. Erst später entdeckte ich und erfuhr ich, daß der Kronprinz an meinem Leiden schuld war. Auch ihn hatte die furchtbare Seuche erfaßt, die noch vor niemandem, sei er geringen Standes oder auf den Höhen des Throns geboren, Halt macht, sofern ihr Leichtsinn oder fluchwürdiges Erbe Tür und Tor öffnet . . . Louise war meine einzige Vertraute, niemand sonst, selbst meine Eltern ahnten nicht die volle Wahrheit."

Was die Kronprinzessin damals (noch) nicht wußte, wußte Rudolf und jener Teil der Zeitgenossen, der Krankheitssymptome richtig zu deuten verstand: hinter den von den Ärzten diagnostizierten Gelenksschmerzen, dem „Blasenkatarrh" und der „Bauchfellentzündung" verbarg sich eine venerische Krankheit, die sich der lebenslustige Kronprinz bei einem seiner zahlreichen Liebesabenteuer geholt hatte. Aufgrund medizinisch-klinischer Gutachten nimmt man heute an, daß Rudolf an Gonorrhöe litt. Die Ärzte behandelten die Krankheit mit den damals bekannten Mitteln, mit Kokainzäpfchen und Morphium. Ob die Erkrankung völlig ausgeheilt werden konnte, läßt sich nicht mit Bestimmtheit sagen. Sie verursachte jedenfalls Schmerzen, Depressionen und Verzweiflungsausbrüche. Viele Lebensäußerungen des Kronprinzen in seinen beiden letzten Jahren, seine innere Zerrissenheit, seine Gereiztheit, sein kräfteverzehrender Lebenswandel sind erst aus der Sicht dieser Erkrankung zu verstehen.

Rudolf scheint erfolgreich versucht zu haben, die Krankheit vor dem gestrengen, achtunggebietenden Vater zu verbergen. Er kam gewissenhaft seinen militärischen Verpflichtungen nach, führte seine politischen Pläne weiter, schrieb Artikel für die Zeitung seines Freundes Szeps und unternahm anstrengende Reisen. Wie sehr ihn diese Reisen beanspruchten, geht aus einem Schreiben an Stephanie vom März 1887 hervor (Rudolf war damals als Vertreter der kaiserlichen Familie anläßlich des 90. Geburtstages Kaiser Wilhelms I. in Berlin):

„Die letzten Tage waren sehr anstrengend; von früh bis abends ununterbrochene Hetze, Besichtigungen, Diners, Frühstücke, unzählige Visiten, nebst all dem die wichtigen Dinge, die ich hier abmachen mußte; gestern kam ich erst gegen 10½ abends zuhaus und um 1 Uhr früh saß ich noch am Schreibtisch; so geht es immer fort . . . Meinen Husten kann ich nicht los werden, oft hört es für viele Stunden auf, dann kommen wieder förmliche Krämpfe, die besonders bei Diners und dergleichen Sachen sehr lästig sind. Ich bekämpfe das mit Morphin, was an und für sich schädlich ist. In Abbazia werde ich mir das abgewöhnen . . ."

Stephanie fand ihren Gatten, als er von Berlin zurückkam, stark verändert: „Nicht nur, daß seine Gesundheit erschüttert war, auch seine Unrast hatte zugenommen; seine Jagdleidenschaft hatte sich ins Unnatürliche gesteigert und seine Abende verlebte er in Kreisen, in die ich ihm nicht folgen konnte. Ich fühlte deutlich, daß er mir jetzt völlig entglitten war, hinabgezogen in eine andere Welt . . ."

Im Februar 1888 erkrankte der Kronprinz an einer ansteckenden Augenentzündung. Die Gelenksschmerzen wurden quälender. Rudolf verlor an Gewicht, seine Schaffenskraft ließ nach. „Es stand schon damals schlimm um ihn", berichtet ein gutinformierter Freund. „Bald in tiefste Melancholie versunken, bald wilden Vergnügungen hingegeben, welche seine Nerven aufs Äußerste irritieren mußten, brachte er seine Tage hin . . ." Die Selbstmordgedanken wurden drängender und immer häufiger geäußert. Derselbe Intimus: „ . . . Er litt nun wieder an Anfällen der tiefsten Melancholie, sprach bald in ganz stereotypen Ausdrücken und gegen Jedermann die Ahnung seines frühen Todes aus (‚Ich weiß, daß ich jung sterben muß – Mir ist prophezeit, daß ich durch eine Kugel fallen muß' – nach einer Pause – ‚also natürlich auf dem Schlachtfeld') und fragte Jedermann – darunter Leute, an deren Ansicht ihm wahrlich nichts liegen konnte –, um seine Meinung über das Jenseits (‚Glauben Sie an die Unsterblichkeit der Seele?')."

Rudolfs Selbstmordmanie in den Wochen und Monaten vor der endgültigen Tat wird auch von anderen Personen bestätigt. Graf Hoyos, sein langjähriger Jagdgefährte, und Erzherzog Johann, der spätere Johann Orth, berichten darüber. Die Hofdame der Kaiserin, Gräfin Festetics, erzählte dem Historiker Friedjung: „Zu Allerseelen vor seinem Tode fragte er mich, ob ich in den Segen gehen werde. Natürlich, erwiderte ich, ich werde doch für meine Toten beten. Nun, sagte der Kronprinz, werden Sie auch für mich beten, wenn ich tot bin? Was sprechen Sie da, kaiserliche Hoheit? erwiderte ich, ich bin doch um so vieles älter als Sie und werde dazu keine Gelegenheit haben. Er aber blieb bei seinem Begehren und verlangte von mir, ich solle ihm versprechen, an seinem Sarge zu Allerseelen zu beten, wenn er dahingegangen sein werde. Er ruhte nicht, bis ich zusagte."

Ein besonders präparierter Totenschädel, den sich der Kronprinz vom Anatomen Emil Zuckerkandl erbeten und den er auf seinem Schreibtisch stehen hatte, sowie ein Revolver, den er dazulegte, gemahnten jeden Besucher an die Todesvisionen Rudolfs. Viele seiner Vertrauten wußten davon, aber sie unternahmen nichts, um das Ärgste zu verhindern. Nur das kaiserliche Elternpaar schien von den Absichten des Sohnes nichts zu bemerken. Es war und blieb bis zum Ende ahnungslos.

Der Kronprinz wollte freilich nicht allein in den Tod gehen. Er dachte bereits im Sommer 1888 an einen Doppelselbstmord. Die Frau, mit der er gemeinsam sterben wollte, war Mizzi Caspar, eine schöne, rassige, schwarzhaarige Halbweltdame, der er seit 1886 seine Gunst schenkte. Als Schauplatz der als öffentlich-politische Demonstration gedachten Handlung sollte der Husarentempel bei Mödling dienen. Mizzi Caspar ging auf den Vorschlag des Kronprinzen nicht ein. Sie dachte nicht daran, ihr Leben wegzuwerfen. Immerhin schien ihr die Sache ernst genug, um sie bei der Polizei zu Protokoll zu geben. Dabei blieb es. Es gibt keinen Hinweis dafür, daß die Anzeige an den Kaiser weitergeleitet worden wäre.

Der selbstmordgeplagte Kronprinz mußte sich um ein anderes Opfer umsehen. Es lief ihm in der Person der siebzehnjährigen Baronesse Mary Vetsera über den Weg. „Die Baronesse", so steht es im Berliner Börsencourir zu lesen, „war nicht eigentlich, was man eine Schönheit nennt . . . Von der üppigen, früh erblühten Gestalt, dem hübschen Gesichtchen mit den zuckenden Lippen, dem kecken Stupsnäschen, den feuchtschimmernden blauen Augen ging ein Hauch von Sinnlichkeit aus, welcher um so mehr auf die Männer wirkte, je sinnlicher ihre eigene Natur war . . . Sie war mäßig begabt, ihre Bildung entsprach notdürftig jener ihrer Kreise . . . Sie hatte keinerlei, und zwar buchstäblich keinerlei geistige Interessen und interessierte sich, außer für ihre Toilette nur für den Rennsport."

Das ist keine sehr schmeichelhafte Persönlichkeitsbeschreibung. Der Kronprinz, für den das Mädchen glühend schwärmte, fragte bei Frauen jedoch kaum nach Bildung. Er begnügte sich mit ihren körperlichen Reizen.

Wie die wohlbehütete Baronesse an den Kaisersohn herankam, ist nicht vollständig geklärt. Gräfin Marie Larisch, eine Nichte der Kaiserin Elisabeth und oftmaliger Gast im Hause Vetsera, erzählt, Mary habe den Kronprinzen in einem Brief im Jahre 1888 um ein Rendezvous gebeten, und Rudolf sei auf das Angebot eingegangen. Aus der Bekanntschaft wurde bald ein Liebesverhältnis. Gräfin Larisch spielte hiebei eine wichtige Rolle. Sie gab vor, Mary auf Spaziergängen oder Einkäufen zu begleiten und brachte den Backfisch dann ohne Wissen der Mutter auf Schleichwegen in die Räume des Kronprinzen in der Hofburg. Natürlich blieb die Liaison nicht unentdeckt. Stephanie, die bald davon erfuhr, scheint die Affäre längere Zeit mit Diskretion behandelt zu haben. Der Kaiser hingegen soll seinen Sohn nachdrücklich aufgefordert haben, die Beziehungen zu Mary abzubrechen. Helene Vetsera, die Mutter der bis über die Ohren verliebten kleinen Mary, fuhr mit ihrer Tochter nach England, um sie auf andere Gedanken zu bringen. Es nützte nichts. Der Trennungsschmerz intensivierte die Sehnsucht der Siebzehnjährigen zu ihrem Abgott.

Nach der Rückkehr von Mutter und Tochter in die kaiserliche Residenzstadt gingen die nächtlichen Fiakerfahrten Marys in die Hofburg weiter. Die Bindungen des Kronprinzen an seine minderjährige Geliebte verdichteten sich zur beidseitigen Todesbereitschaft. Mary war fest dazu entschlossen, mit Rudolf in den Tod zu gehen. Dazu ihr Hauslehrer: „In ihren Gesprächen kam sie immer wieder auf den Tod zurück. Das Wort der Alten gefiel ihr: ‚Wer jung stirbt, den haben die Götter lieb.'" Schließlich sagte sie eines Tages zu ihm: „Ich werde nicht mehr lange leben. Sehen Sie an meiner Hand die Linie, die plötzlich abbricht? Das bedeutet frühen Tod."

Der Kronprinz schwor seine todesbereite Geliebte durch Geschenke auf den geplanten Doppelselbstmord ein. Er beglückte sie mit einem eisernen Ehering, der auf der Innenseite die Gravur I.L.V.B.I.D.T. (In Liebe vereint bis in den Tod) enthielt, und gab ihr ein Medaillon, in dem sich ein Stück Leinwand mit einem Blutstropfen befand. Mary gab es als ein Geschenk der Gräfin Larisch aus und legte es selbst zur Nachtzeit nicht ab.

Der Todespakt zwischen dem Kronprinzen und Mary Vetsera scheint am 13. Jänner 1889 unumstößliche Endgültigkeit erlangt zu haben. Mary war wieder heimlich bei Rudolf gewesen. „Sie kam an diesem Tag sehr aufgeregt nach Hause", heißt es in der Vetsera-Denkschrift, „und sagte zu ihrem Kammermädchen, wäre sie nur heute nicht hingegangen, es wäre besser gewesen. Später äußerte sie noch zu ihr, sie müsse jetzt alles tun, war er von ihr verlange, denn jetzt gehöre sie nicht mehr sich selbst, sondern ihm ganz allein an."

Ein paar Tage später kaufte sie für Rudolf eine Zigarettentasche und ließ sie bei einem Juwelier mit der Gravur versehen: „13. Jänner. Dank dem Schicksal." Am 18. Jänner verfaßte sie ihr Testament, das sie mit Fotos und Geschenken des Kronprinzen in einer eisernen Kassette verwahrte. Die Ausführung der geplanten Tat ließ noch eine Weile auf sich warten. Sie trat erst in den letzten Jännertagen in ihr entscheidendes Stadium. Stephanie, die die Katastrophe herannahen sah, versuchte im letzten Augenblick den Kaiser einzuschalten, um zu retten, was noch zu retten war. „Obwohl es nicht gestattet war, beim Kaiser unangemeldet zu erscheinen, nahm ich all meinen Mut zusammen und ließ mich gleich durch den Kammerdiener ansagen. Der Kaiser empfing mich gütig. Ich begann damit, daß ich sagte, Rudolf sei krank und sein Aussehen und sein Benehmen bereiteten mir ernste Sorgen; ich bat ihn inständig, er möge seinen Sohn doch bald durch eine längere Weltreise seinem aufreibenden jetzigen Leben entziehen. Da fiel mir der Kaiser in das Wort: ‚Das ist eine Einbildung von dir, Rudolf fehlt nichts. Er sieht nur blaß aus, ist zu viel unterwegs, er mutet sich zu viel zu. Er soll bei dir bleiben; sei nicht ängstlich!‘ Der Kaiser umarmte mich; ich küßte ihm die Hand. Ich war entlassen, und alles, was ich dem Kaiser mitteilen wollte, war ja noch unausgesprochen. Wankend trat ich ins Vorzimmer, ich mußte an einem Sessel Halt suchen. War das alles, was mir von dieser letzten Hoffnung blieb? Das Schicksal des Kronprinzen schien mir besiegelt . . .“

Die Vorahnungen der Kronprinzessin trogen nicht. Der Countdown für den Doppelselbstmord in Mayerling hatte bereits begonnen.

Am 27. Jänner zeigte sich der Kronprinz bei einer Soiree in der deutschen Botschaft zum letzten Mal in der Öffentlichkeit. An diesem denkwürdigen Abend kam es nach Berichten, die allerdings nicht voll glaubwürdig sind, zu ein paar unerquicklichen Szenen. Mary Vetsera, die sich unter den geladenen Gästen befand, soll die Kronprinzessin brüskiert, der Kaiser seinem Sohn eine schwere Demütigung zugefügt haben. „Als Stephanie“, so schreibt die Gräfin Larisch, „in grauer Prachtrobe und mit großem Schmuck an Mary vorbeischritt, blickte ihr die Siebzehnjährige voll ins Gesicht ohne sie zu grüßen. Die Augen der beiden Frauen trafen sich, und man erzählte mir, daß sie wie zum Sprunge bereite Tiger ausgesehen hätten.“

Berta Zuckerkandl-Szeps, die Tochter von Moritz Szeps, schildert die Szene zwischen Franz Joseph und Rudolf: „Hof und Aristokratie standen im Kreise, als der Kaiser den Ballsaal betrat. Er blieb bei jedem Anwesenden einen Augenblick stehen, sprach mit jedem ein paar Worte. Als er aber bei dem Kronprinzen anlangte, der sich tief verneigte, nahm er eine eisige Haltung an. Er erwiderte den Gruß des Sohnes nicht und wandte ihm den Rücken. Mit Entsetzen nahmen alle Anwesenden diese Brüskierung wahr. Der Kronprinz stand einen Augenblick wie vom Blitz getroffen. Dann verließ er rasch den Saal."

Diesem Affront soll am Vortag ein schweres Zerwürfnis zwischen Vater und Sohn vorangegangen sein, über dessen Inhalt wir nicht unterrichtet sind.

Schließlich kam es nach dem Ende des Empfanges zwischen Stephanie und dem Kronprinzen auf der Freitreppe des Palais noch zu einem lauten, heftigen Wortwechsel, dessen Gegenstand unüberhörbar die kecke Baronesse Vetsera war. Nach einer kurzen Unterredung mit seinem Freund Szeps, dem er nach seinem Rencontre mit dem Kaiser erregt mitgeteilt haben soll: „Nun sind alle Bande zwischen ihm und mir zerrissen. Nun fühle ich mich frei!", verbrachte der Kronprinz die Nacht, einem Polizeibericht gemäß, bei Mizzi Caspar, wo er „sehr viel Champagner trank" und bis drei Uhr morgens blieb.

28. Jänner 1889: Der Kronprinz hat, seinem kräfteverzehrenden Lebensstil entsprechend, nur wenige Stunden geschlafen. Wie jeden Tag empfängt er am Morgen einen Offizier des Generalstabes zu einer Besprechung. Ganz gegen seine Gewohnheit ist er dabei uninteressiert und ungeduldig. Nach dieser Unterredung, die um zehn Uhr zu Ende ist, teilt er seinem Leibjäger Rudolf Püchel mit, daß er die Jagd in Mayerling vorverlegt hat. Sein Wagen sei für zwölf Uhr bestellt. Die Zeit, die ihm bis zur Abfahrt verbleibt, nützt er zur Abänderung seines Testamentes und zur Abfassung verschiedener Abschiedsbriefe.

Inzwischen trifft an diesem Vormittag auch Mary Vetsera ihre Vorbereitungen für die Fahrt nach Mayerling. Sie wird gegen halb elf Uhr unter einem Vorwand von Gräfin Larisch mit einem Fiaker abgeholt und in die Hofburg gebracht, wo die beiden Damen um zirka elf Uhr in den Appartements des Kronprinzen eintreffen. Rudolf ersucht seine Cousine, ein paar Minuten zu warten, er müsse mit Mary allein sprechen. Als er wenig später ohne die Baronesse zur Larisch zurückkehrt, kommt es zwischen ihm und seiner Cousine, die sich getäuscht sieht, zu einem erregten Wortwechsel, den der Kronprinz mit der Bemerkung beendet haben soll: „Laß uns nicht in Unfrieden scheiden, Marie. Wenn du wüßtest, wie unglücklich ich bin . . . Vielleicht kommt doch alles ins rechte Geleise eines Tages. Versprich mir nochmals, Stillschweigen über alles zu bewahren!"

Während Marie Larisch, wie mit Rudolf vereinbart, im Hause Vetsera erzählt, Mary sei geflüchtet, und im Polizeipräsidium ihr Verschwinden anzeigt, ist die Baronesse bereits mit Josef Bratfisch, dem Leibfiaker des Kronprinzen, nach Mayerling unterwegs.

Rudolf wartet in der Hofburg die Zustellung zweier Schriftstücke ab und verabschiedet sich dann von Stephanie, die ihn bittet, noch bei Erzsi vorbeizuschauen. Sophie von Planker-Klaps, die Kammerfrau der Kronprinzessin, erinnert sich: „Am 28. Januar gegen 11 Uhr vormittags, ich war eben im Zimmer der Kronprinzessin, kam der Kronprinz im Jagdanzug herüber, um sich vor der Fahrt nach Mayerling zu verabschieden. Er wollte auch noch die kleine Prinzessin Elisabeth sehen, kam aber gleich wieder aus der Richtung des Kinderzimmers zurück. ,Zu dumm', sagte er ein wenig ärgerlich, ,die Aja hat mich nicht hineingelassen, weil Erzsi am Thron sitzt.'" Die Kammerfrau setzt fort: „Ich kann mich nicht erinnern, daß er besonders ernst oder aufgeregt gewesen wäre, doch fiel mir sofort auf, daß er auf meinen Gruß beim Gehen nicht wie sonst immer ,Auf Wiedersehen!' antwortete, sondern ,Leben Sie wohl!' Kronprinzessin Stephanie, die häufig von trüben Ahnungen gequält wurde, sagte zu mir: ,Ich habe so ein merkwürdiges Gefühl, als ob etwas passieren würde . . .'"

Dann verläßt Rudolf in einem Einspänner, den er selbst kutschiert, jedoch von einem Kutscher begleitet, die kaiserliche Residenzstadt. Er will, so gibt er vor, am nächsten Tag längstens um 17 Uhr wieder zurück sein, um an einem Familiendiner anläßlich der Verlobung seiner jüngsten Schwester Valerie mit Erzherzog Franz Salvator teilzunehmen. Aber er weiß, daß es ein Abschied für immer ist. Er wird seine Gattin, seine kleine Tochter, seine Eltern, er wird Wien nicht mehr wiedersehen. In der Nähe des Ausflugsrestaurants „Roter Stadl", wo Mary und Bratfisch verabredungsgemäß auf ihn warten, steigt der Kronprinz aus dem Wagen und geht zu Fuß weiter. Den Kutscher schickt er nach Wien zurück. Zu dritt setzt man den Weg fort. Vor Mayerling wiederholt sich die Prozedur. Rudolf verläßt das Gefährt und legt das letzte Stück Weges allein zu Fuß zurück. Er kommt um zirka halb vier Uhr bei anbrechender Dunkelheit in Mayerling an. Eine Stunde später trifft auf Umwegen Bratfisch mit dem Wagen ein. Daß sich die siebzehnjährige Baronesse Mary Vetsera in der Kutsche befindet, darf außer Bratfisch und dem Kammerdiener Johann Loschek niemand wissen. Der Kronprinz inszeniert das dramatische Ende seines Lebens mit wohlüberlegter Behutsamkeit. Er läßt ganz gegen seine sonstigen Gepflogenheit im Schloß keinen Telegrafendienst einrichten, der Gendarmerieposten von Mayerling darf seine Anwesenheit nicht melden. Die straßenseitigen Fensterläden des Schlosses bleiben geschlossen. Das kaiserliche Jagdschloß Mayerling strahlt an diesem kalten Jännerabend friedliche Behaglichkeit aus. Nichts, aber auch schon gar nichts deutet darauf hin, daß sich am übernächsten Morgen in seinen Mauern eine Tragödie von welthistorischer Dimension abspielen wird.

Am 29. Jänner gegen acht Uhr morgens treffen Graf Josef Hoyos-Sprinzenstein und Prinz Philip Coburg, die beiden Jagdgefährten Rudolfs, in Mayerling ein. Der Kronprinz frühstückt mit ihnen in aufgeräumter Stimmung, erklärt jedoch, an der gemeinsamen Jagd nicht teilnehmen zu können. Er habe sich auf der Fahrt heraus nach Mayerling verkühlt. So machen sich die beiden hohen Herren ohne den Kronprinzen auf die Pirsch, von der der eine, Prinz Philip Coburg, um zirka halb zwei Uhr in das Schloß zurückkehrt. Er hat eine Einladung zum Familiendiner um 18 Uhr in der Hofburg und er will vereinbarungsgemäß mit Rudolf daran teilnehmen. Aber der Kronprinz winkt mit dem Hinweis auf seine Verkühlung ab. An Stephanie schickt er um 17.05 Uhr ein Telegramm folgenden Inhalts:

„An Ihre Kaiserl. und Königl. Hoheit, die durchlauchtigste Frau Kronprinzessin Erzherzogin Stephanie, Wien Burg.
     Ich bitte Dich, schreibe Papa, daß ich gehorsamst um Verzeihung bitten lasse, daß ich zum Diner nicht erscheinen kann, aber ich möchte wegen starkem Schnupfen die Fahrt jetzt Nachmittag unterlassen und mit Josl Hoyos hierbleiben.
     Umarme Euch herzlichst
                                                                          Rudolf."

Die Kronprinzessin erhält die Fernmeldung kurz vor 18 Uhr. Dazu Rudolf Püchel, der Überbringer: „Die hohe Frau hielt in der einen Hand das Telegramm aus Mayerling, in der anderen ein Sacktuch. Gesenkten Hauptes stand sie einige Schritte von mir. In ihrem Antlitz spiegelten sich Gram und Sorge – eine Träne glitt die blasse Wange herab. Nach einer Weile sprach die Frau Kronprinzessin vor sich hin: ‚Gott, was soll ich tun – wie ist mir zu Mute – nun muß ich allein zu den Majestäten gehn!'"

Als Stephanie allein zum Familiendiner erscheint, sind alle Augen fragend auf sie gerichtet. Rasch erklärt sie den Sachverhalt. Daß in Mayerling etwas Schreckliches passieren könnte, diese Befürchtung wagt sie nicht auszusprechen. Und so geschieht nichts, um die Katastrophe im letzten Augenblick eventuell noch zu verhindern. Der Kaiser und die Kaiserin sind ahnungslos, die Ahnenden hilflos. Nur der Polizeipräsident plant, am nächsten Tag einen Agenten nach Mayerling zu schicken. Dieser kann in den Gang der Ereignisse nicht mehr eingreifen. Als er nach Mayerling kommt, sind der Kronprinz und seine Geliebte bereits tot.

Um 19 Uhr nimmt Rudolf mit dem von der Jagd zurückgekehrten Grafen Hoyos das Abendessen ein. Das Gespräch dreht sich um Belanglosigkeiten. Um 21 Uhr verabschiedet sich der Kronprinz herzlich von seinem Jagdgast und zieht sich zurück. Graf Hoyos sucht sein außerhalb des Jagdschlößchens gelegenes Quartier auf und begibt sich zur Ruhe.

Die Nacht vor einem grauenvollen Morgen ist angebrochen. Was sich in diesen letzten langen Nachtstunden vom 29. auf den 30. Jänner 1889 in den Mauern des Schlosses Mayerling abgespielt hat, ist trotz intensivster Forschungen nicht mehr eindeutig rekonstruierbar. Mit Sicherheit kann man lediglich sagen, daß Rudolf und seine jugendliche Geliebte die letzten Abschiedsbriefe verfaßt und diese schreckliche Nacht schlaflos zugebracht haben. Es ist auch nicht daran zu zweifeln, daß sich der Kronprinz erschoß. Alle Versionen, wonach Rudolf einem Mordanschlag zum Opfer gefallen sein soll, sind Legenden.

Wie Mary Vetsera aus dem Leben schied, darüber gibt es die verschiedensten Vermutungen. Der Großteil der Rudolf- und Mayerlingforscher nimmt an, daß sie durch die Hand des

Kronprinzen starb. Der Badener Kurarzt Gerd Holler hingegen vertritt in seinem Buch* die These, die Baronesse sei an den Folgen eines Eingriffes gestorben, der am 28. Jänner, knapp vor der Abfahrt nach Mayerling, in der Hofburg mit Wissen Rudolfs und nach exakter Planung an ihr vorgenommen wurde. Den letzten, zwingenden Beweis für seine Behauptung konnte er allerdings nicht erbringen. Er wird, wie die Dinge liegen, auch nicht mehr zu erbringen sein. Und so wird das Thema Mayerling aller Voraussicht nach noch lange die historische Fachwelt und die Klatschspalten der Illustrierten beschäftigen.

Kehren wir zum 30. Jänner 1889 zurück. Am Morgen dieses strahlend schönen, aber kalten Wintertages „kam 5 Minuten vor 1/4 7 Uhr (also 6 Uhr 10) früh, Rudolf ganz vollständig angezogen zu mir in das Zimmer heraus", berichtete mehr als vierzig Jahre später Kammerdiener Loschek, „und befahl mir, einspannen zu lassen. Ich war noch nicht im Hofe draußen, als ich 2 Detonationen hörte, ich lief sofort zurück, der Pulvergeruch kam mir entgegen, ich stürmte zum Schlafzimmer, doch es war entgegen der Gewohnheit – sonst sperrte Rudolf das Zimmer nie ab – abgesperrt. Was nun machen, ich holte sofort Graf Hoyos, und mit einem Hammer bewaffnet schlug ich die Türfüllung ein, so daß ich gerade mit der Hand hineinkonnte, um die Tür von innen aufzusperren. Welch grauenhafter Anblick – Rudolf lag entseelt auf seinem Bette angezogen. Mary Vetsera ebenfalls auf ihrem Bette vollständig angekleidet. Rudolfs Armeerevolver lag neben ihm. Beide hatten sich überhaupt nicht schlafen gelegt. Beiden hing der Kopf herunter. Gleich beim ersten Anblick konnte man sehen, daß Rudolf zuerst Mary Vetsera erschossen hatte und dann sich selbst entleibte. Es fielen nur zwei wohlgezielte Schüsse. Die Anwesenheit einer dritten Person sowie daß Glasscherben im Kopfe Rudolfs steckten, ist wie so vieles über Rudolfs Tod frei erfunden."

An diesem Bericht ist vieles unrichtig. In Rudolfs Schlafzimmer gab es nur ein Bett, nicht zwei. Marys Leiche war nicht angekleidet, Loschek ließ den Grafen Hoyos nicht sofort, sondern erst etwa zwei Stunden später benachrichtigen. Wahrscheinlich sind auch die zwei Detonationen, die er gehört haben wollte, erfunden. Jedenfalls konstatierte er 1889 am Tatort an

---

* „Mayerling: Die Lösung des Rätsels.", Wien 1980

den beiden Leichen nicht den Erschießungstod, sondern eine Zyankalivergiftung.

Sofort nachdem ihn Loschek hatte rufen lassen, eilte Graf Hoyos in das Schloß und gab nach einer kurzen Bestandsaufnahme der Situation dem Kammerdiener den Befehl, die Tür einzuschlagen. Erst in diesem Augenblick eröffnete ihm Loschek, daß der Kronprinz nicht allein sei. Eine gewisse Baronesse Vetsera sei bei ihm.

Hoyos: „Diese Mitteilung brachte mich begreiflicher Weise in die größte Bestürzung, umsomehr, als ich weder eine Ahnung von der Anwesenheit der Baronesse in Mayerling noch überhaupt von Beziehungen von ihr mit dem durchlauchtigsten Kronprinzen hatte, und für mich auch nicht der geringste Anlaß vorlag, irgend welche Beziehungen auch nur entfernt zu vermuthen. Nun war das Schlimmste zu befürchten, bei der Todtenstille, die im Schlafgemach herrschte, war an die Möglichkeit einer erfolgreichen Hülfe kaum zu denken."

Im Lichte der neuen Sachlage widerrief der Graf den gegebenen Befehl. Er wollte die Verantwortung für alle Folgerungen, die sich daraus ergeben konnten, nicht allein übernehmen. In diesem Moment kam Prinz Coburg, wie erwartet, aus Wien zurück. Der Graf eilte ihm entgegen, klärte ihn mit wenigen Worten über die Situation auf. Die beiden Männer faßten den Entschluß, die Tür zum Schlafzimmer des Kronprinzen durch Loschek mit einer Holzhacke einschlagen zu lassen. Dies geschah. Was folgte, könnte einem Schundroman entnommen sein. Der Kammerdiener griff durch die eingeschlagene Türfüllung, schloß mit dem innen steckenden Schlüssel auf, betrat den Raum und erklärte ohne Umschweife, daß sich in den beiden Körpern keine Spur von Leben befinde. Der Kronprinz habe sich offensichtlich mit Zyankali vergiftet. Die beiden adeligen Jagdgefährten Rudolfs akzeptierten diese (unfaßbare) Feststellung widerspruchslos. Sie riefen weder einen Arzt herbei, noch machten sie den geringsten Versuch, sich von der Richtigkeit der Aussage Loscheks zu überzeugen. Sie wollten sich mit keiner Zeugenschaft belasten. Nach kurzer Überlegung kommen sie überein, daß der handlungsunfähige Prinz am Schauplatz der Tat zurückbleibe. Graf Hoyos übernimmt die undankbare Aufgabe, dem Kaiser die Schreckensnachricht zu überbringen. Er macht sich mit der Falschmeldung vom Gifttod auf den Weg. Der Mayerling-Mythos hat hier seine Wurzeln.

Hoyos läßt sich von Bratfisch mit dem Fiaker nach Baden kutschieren, zwingt den Stationsvorstand mit dem Ruf „Rudolf ist tot", den aus Triest kommenden Kurierzug C 1 anzuhalten und trifft um 9 Uhr 50 am Südbahnhof ein. Zwanzig Minuten später ist er in der Hofburg. Er informiert zunächst den Obersthofmeister des Kronprinzen, den Grafen Bombelles. Dieser zieht den Obersthofmeister der Kaiserin, Baron Nopcsa, und den Generaladjutanten des Kaisers, Graf Eduard Paar, ins Vertrauen. Sie beschließen, „das unabsehbare, entsetzliche Unglück" zuerst der Kaiserin mitzuteilen. Aber selbst dazu bedienten sie sich der Hilfe einer Frau. Ida von Ferenczy, die Vorleserin Elisabeths, war es, die der Kaiserin die furchtbare Nachricht enthüllte. Egon Caesar Conte Corti hat die Szene unter Zuhilfenahme des Tagebuches der Erzherzogin Valerie in seinem Elisabeth-Buch geschildert:

„Elisabeth hat gerade Griechischstunde. Der Lehrer trägt ihr Teile aus Homer vor. Da erscheint Ida Ferenczy, blaß bis in die Lippen, in der Tür und erstattet die Meldung, daß der Obersthofmeister Ihre Majestät dringend zu sprechen wünsche. Elisabeth wird ungeduldig über die Störung. ‚Er soll doch warten und später wiederkommen.' Die Hofdame aber besteht ganz ungewohnt erregt darauf, daß Nopcsa sofort empfangen werde, und sieht sich endlich gezwungen, der Kaiserin leise zu sagen: ‚Er bringt schlechte, wichtige Nachricht von Seiner kaiserlichen Hoheit dem Kronprinzen.'

Mit einem Wink wird der Grieche entlassen, und schon schiebt Ida Ferenczy den Freiherrn von Nopcsa herein. Möglichst schonend tut er seine bittere Pflicht. Als nach wenigen Augenblicken Ida wieder in das Zimmer tritt, findet sie Elisabeth in Tränen aufgelöst, schluchzend. In diesem furchtbaren Augenblick hört man draußen einen schnellen, elastischen Schritt. Es ist Franz Joseph. ‚Noch nicht! Nicht herein!' ruft Elisabeth. Ida Ferenczy stürzt zur Tür. ‚Ich bitte Eure Majestät inständigst, noch einen Augenblick zu warten.'

Der Kaiser steht draußen mit Nopcsa, der sich mühsam beherrscht. Elisabeth trocknet indessen ihre Tränen. ‚Sieht man mir's an?' fragt sie. ‚Nun, so sei es denn, Gott helfe mir, laßt ihn herein.'

Federnden Schrittes tritt Franz Joseph ein. Gott weiß, wie

die Kaiserin ihrem Gemahl das Schwere mitgeteilt hat. Gebrochen, gesenkten Hauptes verläßt der unglückliche Vater ihr Gemach."

Rudolfs Gattin Stephanie wurde vom Tod ihres Mannes vom Kaiserpaar erst am frühen Nachmittag des Todestages verständigt. In ihren Memoiren erinnert sie sich: „Ich ging, von der Obersthofmeisterin begleitet, hinüber und betrat die kaiserlichen Privatgemächer. Der Kaiser saß in der Mitte des Raumes, die Kaiserin, dunkel gekleidet, schneeweiß und starr im Gesicht, war bei ihm. In meinem fassungslosen, erschütterten Zustand glaubte ich, daß man mich wie eine Verbrecherin ansah. Ein Kreuzfeuer von Fragen, auf die ich einesteils nicht antworten konnte, anderenteils nicht antworten durfte, ging auf mich nieder. Endlich entschloß sich die Kaiserin, mir alles zu sagen. Es war das Ärgste geschehen, was eine Frau in ihrer Ehe treffen kann."

Inzwischen war der kaiserliche Leibarzt Professor Dr. Hermann Widerhofer in Mayerling eingetroffen. Mühelos stellte er fest, daß sich der Kronprinz eine Kugel durch den Schädel geschossen hatte. Er wusch die blutüberströmte Leiche und legte dem toten Kronprinzen einen Kopfverband an. Nachdem er den Leichnam Mary Vetseras einer Untersuchung unterzogen hatte, fuhr er zur Berichterstattung nach Wien zurück.

In der kaiserlichen Hauptstadt schwirrten inzwischen über den Tod Rudolfs die wildesten Gerüchte. Die erste Extraausgabe der amtlichen „Wiener Zeitung" sprach von einem „Schlaganfall", die Rothschild-Bank – Freiherr Nathaniel Rothschild war der Protektor der k. k. privilegierten Südbahngesellschaft – meldete, der Kronprinz habe sich erschossen. Einige nichtamtliche Zeitungen berichteten, Rudolf sei bei einem Jagdunfall tödlich verletzt worden, andere wollten wissen, daß er bei einem nächtlichen Gelage erschlagen worden sei.

Die Kaiserin und der Kaiser glaubten einen Tag lang an die Giftversion. Franz Joseph erfuhr erst am Morgen des 31. Jänner durch Widerhofer die volle Wahrheit. Erzherzogin Valerie hat das Gespräch in ihrem Tagebuch geschildert: „Sagen Sie mir nur alles", befiehlt der Kaiser, „ich will genau alles wissen." Widerhofer, der der Meinung ist, Franz Joseph sei über die Ereignisse in Mayerling schon genau unterrichtet, sagt: „Die Versicherung kann ich Euer Majestät geben, daß seine kaiserliche

Hoheit nicht einen Augenblick gelitten hat, die Kugel ist direkt in die Schläfe gedrungen." Da fährt ihn der sonst so beherrschte Monarch unwirsch an: „Was reden Sie da von einer Kugel?" „Ja, Majestät, die Kugel, mit der er sich erschossen hat", antwortete der Leibarzt. „Er . . . ", fragt der Kaiser, „hat . . . sich . . . erschossen? Das ist nicht wahr, sie hat ihn doch vergiftet! Der Rudolf hat sich erschossen . . .? Was Sie sagen, das müssen Sie auch beweisen können!"

Dr. Widerhofer schildert nun dem Kaiser die näheren Umstände, die zum Selbstmord des Kronprinzen führten. Es könne, so führt er aus, keinen Zweifel darüber geben, daß Rudolf die Waffe gegen sich selbst gerichtet habe. Da verliert der Kaiser für einen Augenblick die Selbstbeherrschung und bricht völlig zusammen.

Die „Wiener Zeitung" verlautbarte an diesem Tag in ihrem amtlichen Teil Tod durch Herzschlag. Erst am 1. Februar gab sie ihren Lesern bekannt, daß der Kronprinz Selbstmord durch einen Revolverschuß begangen hatte. Mary Vetsera wurde in den offiziellen Kommuniqués mit keinem einzigen Wort erwähnt. Ihr Leichnam wurde aus dem Schlafzimmer Rudolfs weggeschafft. Erst am späten Nachmittag des 31. Jänner stellte Dr. Franz Auchenthaler, der Leibarzt des Kronprinzen, nach einer Untersuchung Selbstmord durch Erschießen fest. Freiherr Dr. Heinrich Slatin, Sekretär im Hofmeisteramt, der den Auftrag bekommen hatte, „den weiblichen Leichnam wegzuschaffen", berichtete Jahrzehnte später in einer Zeitung, „daß Auchenthaler und ich bei Mary Vetsera Selbstmord konstatieren mußten, weil sonst die sofortige stille Bestattung nach dem Gesetze nicht möglich gewesen wäre . . ."

Die „stille Bestattung" fand bei Nacht und Nebel auf dem Friedhof von Heiligenkreuz statt, wohin die angekleidete Tote in einem Wagen, zwischen zwei Verwandten sitzend, gebracht wurde. Dazu der Augenzeuge Julius Schuldes, Hoftelegrafist in Mayerling: „. . . Zwei Personen (Graf Stockau und Herr Baltazzi) schleiften im unsicheren Lichte der Handlaterne des Verwalters Zwerger die mit Pelz und Hut bekleidete Leiche, dieselbe beiderseits unter den Armen gefasst, zum Wagen, wo sie dann neben ihr Platz nahmen . . ."

Selbst der Autor eines Gruselromanes hätte sich keine makabrere Szene einfallen lassen können. Wer immer hier Regie führte, ob der Kaiser selbst, sein Ministerpräsident oder einer seiner höchsten Hofbeamten, es war ein unwürdiges, unentschuldbares Schauspiel, das da mit dem Leichnam der kleinen Mary Vetsera aufgeführt wurde. Franz Joseph, der nobel und großzügig sein konnte, benahm sich übrigens gegenüber der Mutter der Baronesse keineswegs ritterlich. Er befahl ihr, Wien zu verlassen und ließ sich die Abschiedsbriefe Marys an ihre Familie innerhalb kürzester Frist aushändigen. Ein Gnadengesuch der Baronin blieb unbeantwortet.

Die Leiche des Kronprinzen wurde noch am Todestag nach Wien gebracht und obduziert. Am 3. Februar spätabends wurde sie aus dessen Appartements in die Hofburgkapelle übergeführt und dort im offenen Sarg aufgebahrt. An den beiden nächsten Tagen nahmen 20 000 Wiener Abschied vom Sohn des Kaisers. Unter den Wartenden, die sich bei Kälte und Schnee auf dem Josefsplatz stundenlang anstellten, um einen letzten Blick auf ihren einstigen Liebling werfen zu können, kam es zu Raufereien, Ohnmachtsanfällen und Schreikrämpfen.

Die Beisetzung erfolgte am 5. Februar 1889 in der Kapuzinergruft. Franz Joseph geleitete entgegen dem Zeremoniell seinen Sohn in die Gruft. Er brach dort bei der neuerlichen Einsegnung schluchzend zusammen, kniete nieder und küßte den Sarg. Schloß Mayerling wurde in ein Kloster umgewandelt und der Obhut des strengen Ordens der Karmelitinnen anvertraut. Von ihnen wird das durch einen kaiserlichen Stiftungsbrief eingerichtete Kloster noch heute betreut.

Warum schied der einzige Sohn Franz Josephs, der Thronfolger des zweitgrößten Reiches, das es damals in Europa gab, freiwillig aus dem Leben? Diese Frage haben sich viele Zeitgenossen vorgelegt. Sie beschäftigt noch heute die Historiker. Im Obduktionsbefund, der am 2. Februar 1889 in der amtlichen „Wiener Zeitung" auszugsweise als Gutachten erschien, wird festgestellt, „daß die That in einem Zustand von Geistesverwirrung" geschehen sei. Diese Feststellung entspricht jedoch mit Sicherheit nicht den Tatsachen. Sie wurde gemacht, um für den Selbstmörder ein kirchliches Begräbnis zu ermöglichen. Auch Stephanie, die in diesem Fall als Kronzeugin gelten kann, glaubte nicht an „Geistesverwirrung". „Weder geistige Umnachtung, wie es nachher offiziell hieß", schreibt sie, „noch bio-

Aufbahrung des Kronprinzen Rudolf im Schlafzimmer seines Appartements in der Hofburg. Vor ihm Franz Joseph, Elisabeth, Stephanie und die kleine Elisabeth Marie

logische Mängel, als Erbe zu alten Geschlechts, wie manche später wissen wollten, waren die Ursachen, die zu dem tragischen Tod des Kronprinzen geführt haben. Ich sehe sie allein in der Haltlosigkeit seines Wesens."

Der Kaiser grübelte über die Gründe, die seinen Sohn veranlaßten, freiwillig aus dem Leben zu scheiden, nicht viel nach. Er empfand den Freitod Rudolfs als Schande, als Flucht aus der Verantwortung, für die er keine Erklärung fand.

Auch die historische Motivforschung hat das Warum dieses Todes bis heute nicht eindeutig zu klären vermocht. Waren es politische Geheimpläne um Ungarn, die den Kronprinzen in den Tod trieben, war es ein auswegloser Vater-Sohn-Konflikt, die verpfuschte Ehe, die Schwangerschaft Mary Vetseras? Wer vermöchte das heute mit unanfechtbarer Bestimmtheit zu sagen? Für mich persönlich steht eines freilich unverrückbar fest:

monokausal, von einem einzigen Beweggrund her, ist der Selbstmord Rudolfs gewiß nicht zu erklären. Es gibt wohl auch keinen Zweifel darüber, daß der Kronprinz eine suizidale Veranlagung hatte, die durch die verschiedensten Lebensumstände virulent wurde. Als Selbstmörder wird man natürlich nicht geboren. Aber das Leben wirft nur der weg, der nicht die physische Robustheit und die innere Kraft hat, mit den Widerwärtigkeiten des Daseins fertig zu werden.

Die kleine „Erzsi", wie sie am Hofe zärtlich gerufen wurde, stand im sechsten Lebensjahr, als der Kronprinz aus dem Leben schied. Der Tod des Vaters machte sie zur Halbwaise. Sie hat die Bedeutung dieses einschneidenden Ereignisses für ihre eigene Existenz in ihrer ganzen Tragweite gewiß erst viel später erfaßt. Das Gefühlsleben des Kindes ist davon sicherlich nicht unberührt geblieben. Auch wenn man die kleine Erzherzogin von der Umwelt noch schärfer abschirmte als sonst. „Elisabeth verbrachte diese schreckliche Zeit in ihrem Zimmer", schreibt die Mama in ihren Memoiren. „Man behütete sie auf das sorgfältigste und ließ sie keinen Schritt hinaus tun. Ich selbst führte sie an die Bahre ihres unglücklichen Vaters, bezeichnete ihre Stirn mit einem Kreuz und brachte die Kleine dann wieder in den Frieden des Kinderzimmers zurück. Auch ich hatte zum erstenmal einen Toten erblickt."

Was wohl das fünfjährige Mädchen an der Hand der Mutter in diesem Augenblick gefühlt hatte? Der tote Vater, den es zu Lebzeiten nur selten zu Gesicht bekommen hatte, mag ihm mit seinem seltsamen Kopfverband auf dem hohen Katafalk liegend fremd, bedrohlich und angsterregend vorgekommen sein. „Kronprinzessin Stephanie ist in Thränen förmlich aufgelöst, hört nicht auf zu schluchzen, und die verwaiste kleine Erzherzogin Elisabeth steht furchtsam, fragenden Blickes neben der Mutter", berichtete eine Zeitung ihren Lesern.

Wenn die Mama unaufhörlich weinte, der Kaiser und die Kaiserin ernste, traurige Gesichter machten, die Gouvernante und die Kindermädchen schwarze Kleidung trugen, dann mußte etwas ganz Furchtbares passiert sein, auch wenn man ihr sagte, „der tote Papa werde im Himmel für sie beten". Der kleinen Erzherzogin prägten sich diese Szenen unvergeßlich ein. Sie waren das tiefreichendste Erlebnis ihrer Kindheit.

Der Kronprinz hatte die Welt nicht verlassen, ohne seiner kleinen Tochter zu gedenken, für ihre Zukunft zu sorgen.

„Liebe Stephanie!" schrieb er im Abschiedsbrief an seine Gattin,

„Du bist von meiner Gegenwart und Sorge befreit; werde glücklich auf Deine Art. Sei gut für die arme Kleine, die das einzige ist, was von mir übrig bleibt . . . Ich gehe ruhig in den Tod, der allein meinen guten Namen retten kann. Dich herzlich umarmend, Dein Dich liebender

Rudolf."

Ahnte der Kronprinz, daß seine Tochter viel von seinem Wesen geerbt hatte, seine ungebärdige Heißblütigkeit, seine Zügellosigkeit, seinen Gerechtigkeitssinn, seine Intelligenz? Ahnte er, daß er in ihr weiterlebte, daß sie einmal seine rebellischen Ansichten weiterführen würde bis zur letzten Konsequenz, bis zum völligen Bruch mit ihrem Stand, mit der Welt, aus der sie kam? Man möchte es fast annehmen.

Für das auf der Welt zurückbleibende Kind sorgte er mehr vor als für seine Gattin. Sein Letzter Wille, am 2. März 1887 verfaßt, beweist es. Es heißt darin:

„Nachstehendes Testament habe ich bei vollkommen klarer Besonnenheit eigenhändig niedergeschrieben und bitte Seine Kaiserliche und Königliche Apostolische Majestät unterthänigst, die Mühe als Testament-Executor gnädigst auf sich nehmen zu wollen; und auch die Vormundschaft über meine Tochter Elisabeth zu übernehmen. Zur Universalerbin meines beweglichen und unbeweglichen Vermögens bestimme ich meine Tochter Elisabeth; meiner Gemahlin Stephanie bestimme ich den lebenslänglichen Nutzgenuß des gesamten Vermögens. Im Falle ihrer Wiederverehelichung hört der Nutzgenuß gänzlich auf und geht auf meine Tochter über. Im Falle der Verehelichung meiner Tochter wird der Nutzgenuß zwischen beiden getheilt . . ."

Die Vermögenswerte, die der Kronprinz hinterließ, waren nicht unbeträchtlich. Die Inventur in Wien, Laxenburg, Mayerling, Lacroma und Görgény Szent Imre ergab ein bewegliches Vermögen von 514 412 Gulden 67 Kreuzer. Das unbewegliche Vermögen (Mayerling und die Insel Lacroma) wurde mit 56 460 Gulden 70 Kreuzer beziffert. Der Kronprinz besaß

Wertpapiere in der Höhe von mehr als 300 000 Gulden, an Bargeld hinterließ er in Wien rund 32 000 Gulden. Die Schulden von 164 031 Gulden 31 Kreuzer wurden aus dem Nachlaßvermögen bestritten.

Von den in der Verlassenschaft angeführten Gegenständen waren der Schmuck sowie die Ölgemälde und Aquarelle von Rudolf von Alt, Ferdinand Waldmüller, Peter Fendi und August Ritter von Pettenkofen sowie die Medaillen- und Münzensammlung am wertvollsten. Die Antiquitäten, Waffen, Bücher und die naturwissenschaftliche Sammlung Rudolfs repräsentierten vergleichsweise einen geringen Wert.

Das unbewegliche Vermögen Rudolfs wurde größtenteils abgestoßen. Das Jagdschloß Mayerling kaufte der Kaiser an, das Jagdhaus in Görgény Szent Imre wurde aufgelöst. Die Insel Lacroma (heute: Locrum) bei Dubrovnik erwarb der Dominikanerorden um den lächerlich geringen Betrag von 4 805 Gulden.

Erzsis Zukunft war durch die Verlassenschaft des Vaters und durch eine Schenkung des Kaisers in der Höhe von zwei Millionen Gulden in Gold verzinslichen Wertpapieren materiell gesichert. Die Erzherzogin sollte mit diesem Erbe und den zusätzlichen Schenkungen, die sie vom Kaiser immer wieder erhielt, bis an ihr Lebensende ein durchaus standesgemäßes Leben führen können.

Neben den vermögensrechtlichen Bestimmungen des kronprinzlichen Testamentes interessiert vor allem die Frage, warum Rudolf den Kaiser gebeten hat, die Vormundschaft über Erzsi zu übernehmen. Die Gründe hiefür sind nicht nachweisbar, sie liegen jedoch auf der Hand. Stephanie war schon in jungen Jahren eine strenggläubige Katholikin, deren Religiosität mit zunehmendem Alter bis an den Rand religiöser Wahnvorstellungen reichte. Es war durchaus denkbar, daß sie die Erziehung ihrer Tochter einem Kloster anvertraute. Es war auch nicht auszuschließen, daß sie mit ihrer Tochter nach Belgien zurückkehren würde. Der liberal gesinnte Kronprinz wollte beides unter allen Umständen verhindern.

Der Kaiser erfüllte die Bitte seines Sohnes. Er nahm seine Pflichten als Vormund sehr ernst und war in geradezu rührender Weise bemüht, seiner Enkelin den Vater zu ersetzen. Er las ihr jeden Wunsch von den Lippen ab, entschuldigte vieles. Wie sehr sich Franz Joseph um seine Lieblingsenkelin kümmerte, läßt sich aus seiner Korrespondenz mit der Kaiserin und mit seiner „Seelenfreundin" Katharina Schratt ablesen. In zahlreichen Briefen ist immer wieder von Erzsi die Rede, an deren kindlichen Spielen er Anteil nahm, um deren Gesundheit er sich sorgte, deren Erziehung er steuerte und überwachte. So berichtete er Frau Schratt in einem Schreiben vom 26. März 1891: „ ... Vorgestern um $1/_2 1$ Uhr fuhr ich nach Schönbrunn zu einem einsamen Spaziergange ... Ich ging durch den Tiroler Garten ... durch Maxing, die Fasanerie und hinter der Gloriette endlich in die Menagerie, wo ich meiner kleinen Enkelin begegnete, die die Thiere fütterte. Ich begleitete sie zu dem

Die Kronprinzentochter auf einem ihrer Lieblingstiere

kleinen schwarzen Bären, zu ihren drei Bärenfreunden, deren Haus eben vergrößert wird, zu unserem tanzenden Bärenfreunde, der aber schlecht aufgelegt war und nur an ihren Besuchen Freude zu haben scheint. Alle wurden mit Semmeln gefüttert, wobei die Kleine den 3 Bären die Brodstücke mit besonderer Geschicklichkeit in den offenen Rachen warf. Dann bekam noch der arme Gemsbock, der erbärmlich aussieht, Brod und endlich wurden die schönen Mähnenschafe mit Brod und Papier betheilt, welch Letzteres sie zur minderen Befriedigung unseres Freundes Krauß (Direktor der Menagerie, Anmerkung des Herausgebers) mit Vorliebe fressen . . .“

Die kleine Erzsi fütterte nicht nur die Tiere im Schönbrunner Tiergarten. Sie besaß eine Menge Haustiere, Hunde, Katzen, Hühner, Hasen, sogar Kühe, die in den Nebengebäuden der Schönbrunner Fasanerie untergebracht waren und mit denen sie sich des öfteren die Zeit vertrieb. Sie war schon als Kind eine große Tierliebhaberin und blieb es zeitlebens. Ihren Schäferhunden, den treuen Weggefährten ihrer Alterstage, gehörte ihre ganze Fürsorge und Liebe.

Die Erziehung der kleinen Erzherzogin lag seit ihrer Geburt in den Händen von Fräulein Rosa Tomor. Diese war die Tochter eines Ofener Gymnasialprofessors und selbst diplomierte Lehrerin für Elementar- und Bürgerschulen. Es ist anzunehmen, daß sie Erzsi Ungarisch lehrte und ihr das elementarste Volks- und Bürgerschulwissen beibrachte.

Nach dem Tod des Kronprinzen wurde, wahrscheinlich auf Vorschlag der Kronprinzessin, Gräfin Elisabeth Coudenhove vom Kaiser zur Kammervorsteherin der Erzherzogin Elisabeth Marie ernannt. Die Gräfin, eine Tochter des Feldmarschalls Karl Graf Coudenhove, war dreißig Jahre alt, als sie diesen verantwortungsvollen Posten übernahm. Von den Ordensfrauen vom Heiligsten Herzen Jesu in Wien erzogen, waren neben ihrer Religiosität bedingungslose Hilfsbereitschaft und Selbstaufopferung ihre markantesten Persönlichkeitsmerkmale. Die Gräfin blieb bis zur Heirat Elisabeths im Hofdienst, trat 1903 in den Orden der Salesianerinnen ein und schied 1932 nach einem langjährigen Siechtum als Schwester Françoise de Chantal aus dem Leben. Elisabeth Coudenhove war in den entscheidenden Kindheits- und Jugendjahren neben der Mutter und an deren Stelle die Bezugsperson und Vertraute der Erzherzogin. Sie kümmerte sich um ihr leibliches und geistiges Wohlergehen, überwachte ihre Ausbildung, sorgte sich um ihren Gesundheitszustand, kultivierte ihre religiösen Empfindungen und künstlerischen Neigungen. Es gibt keinen Zweifel darüber, daß sie innerhalb kurzer Zeit das Herz und die Zuneigung Erzsis gewann. Noch als reife Frau brachte ihr die Erzherzogin Achtung entgegen, obwohl sie zu ihr, die der Welt entsagt hatte, kaum noch Kontakte pflegen konnte. Elisabeth Marie hielt das Andenken an ihre Erzieherin bis an ihr Lebensende hoch. Zum Dank für die erzieherischen Dienste der Gräfin vermachte sie den Salesianerinnen in ihrem Testament ein Legat von zehntausend Schilling.

Die Kronprinzessin war nach dem Tod ihres Gemahles ihrer Tochter anfänglich, wie es scheint, eine gute Mutter. Das kleine, hübsche Mädchen war das einzige Lebewesen, dessen Herz ihr am Wiener Hof entgegenschlug, das sie gern hatte und liebkosen konnte. „Elisabeth ist mir ein Trost", schrieb sie um diese Zeit aus Miramare an ihre Schwester Louise, „ich trachte viel bei ihr zu sein, da ich ja niemanden sehe. Ich bin lieber allein, um nachzudenken und zu beten."

Stephanies Position in der Wiener Hofgesellschaft hatte sich grundlegend verändert. Die Kronprinzenwitwe, die zu Lebzeiten Rudolfs hinter der Kaiserin den zweiten Rang eingenommen hatte, behielt diese Stellung wohl bei, aber nur, wenn die Kaiserin anwesend war. Hielt sich Elisabeth nicht in Wien auf, und das war sehr oft der Fall, durfte Stephanie dem Hofzeremoniell zufolge die Kaiserin nicht vertreten. Das ärgerte und kränkte sie, das verletzte ihr Selbstwertgefühl. Dazu kam, daß sie am Wiener Hof keine Freunde hatte, mehr bespöttelt und belächelt als bewundert wurde. Die Kaiserin konnte sie seit jeher nicht leiden, der Kaiser begegnete ihr gütig, aber reserviert, die Hofkamarilla ging ihr aus dem Weg, mied sie, ließ sie spüren, daß sie in dieser Umgebung eine Heimatlose war, eine Fremde, eine zur Not Geduldete. Stephanie spürte die Mißgunst, von der sie umgeben war, die Animosität, die ihr entgegenschlug. Sie suchte Ablenkung. Sie nahm Mal- und Gesangsstunden, besuchte Ausstellungen, Theater und Konzerte. Um dem Hofgetriebe zu entfliehen, unternahm sie schließlich lange Reisen. Verwandtenbesuche und Kuraufenthalte, Seereisen und Bildungsfahrten lösten einander in bunter Folge ab. 1892 besuchte sie Korfu, Brindisi, Malta, Tunis und Sizilien. Im Jahr darauf führte sie eine Skandinavienreise bis zum Nordkap. Im jahre 1895 bereiste sie Palästina, Ägypten und Sizilien, 1897 war sie Gast des Zarenpaares in St. Petersburg. Die Reiselust Stephanies wurde zum Fieber, zur Manie. Die kleine Erzherzogin blieb zumeist in der Obhut ihrer Erzieherin in der Hofburg zurück. Sie war für die Mutter längst nicht mehr der einzige Trost. Von gleichaltrigen Spielgefährten ferngehalten, kontaktlos, mutterseelenallein führte sie monatelang praktisch das Leben einer Vollwaise.

Die verwaiste Kronprinzentochter stand 1893 im zehnten Lebensjahr. Eine Photographie vom Hofatelier Othmar von Türk aus diesem Jahr, das im Wiener Salonblatt veröffentlicht wurde, zeigt sie als hübsches, junges Mädchen, das blonde Haar in die Stirn gekämmt, mit einem frühreifen, wissenden Lächeln um die Lippen. Erzsis Ausbildung, die von ihrer Gouvernante, Frau Eugenie Touzet, einer hochgebildeten, naturalisierten Französin, geleitet wurde, erhielt nun zusätzliche Akzente. Ihr Stundenplan umfaßte moderne Fremdsprachen – die Erzherzogin soll später Englisch, Französisch, Italienisch und Ungarisch perfekt gesprochen haben –, Literaturkunde, Philosophie, Geographie, Welt- und Vaterlandsgeschichte, Botanik, Mineralogie, Zoologie, Musik- und Harmonielehre. Sie wurde in diesen Gegenständen von hervorragenden Wiener Professoren unterrichtet, wie das Wiener Salonblatt zu berichten weiß (20. Oktober 1901). Den Religionsunterricht gab Hofkaplan Augustinus Fischer-Colbrie.

Nach welchen Gesichtspunkten die Auswahl der Lehrer erfolgte, wie sie hießen, welchen Einfluß sie auf ihre Schülerin ausübten, wer sie auswählte und nach welchen Grundprinzipien sie den Unterricht erteilten, ließ sich im einzelnen nicht feststellen. Obwohl man am kaiserlichen Hof auf die Ausbildung einer Erzherzogin keinen so großen Wert legte wie auf die eines Erzherzogs, darf man annehmen, daß der religiösen Unterweisung eine besondere Bedeutung zukam. Die kaiserlichen Hoheiten weiblichen Geschlechtes wurden durch Tanzunterricht, durch Kurse über Etikette und Benehmen zusätzlich gesellschaftsfähig gemacht.

Elisabeth Marie, die in Schönbrunn ein Atelier hatte, war in

Frühreif und altklug blickt die Zehnjährige in die Welt

jungen Jahren „eine talentvolle Malerin und besaß eine schöne, gutgeschulte Sopranstimme". Zur Malerei scheint sie in ihrem späteren Leben eine sehr enge, zur Musik nur eine lose, oberflächliche Beziehung gehabt zu haben. Sie erhielt natürlich auch Reitunterricht und pflegte in Laxenburg, wo die Mutter einen Tennisplatz hatte anlegen lassen, eifrig den Tennissport. Daß sich der Kaiser die oberste Leitung der Erziehung seiner Lieblingsenkelin vorbehielt, darf man als gesichert annehmen. Er überzeugte sich persönlich und oft unangemeldet von ihren Lernfortschritten und besprach mit den verantwortlichen Personen die notwendigen Erziehungsmaßnahmen. In seiner Korrespondenz mit der Kaiserin kommt er immer wieder darauf zu sprechen. „Um zwölf Uhr kam Gräfin Coudenhove", heißt es in einem Schreiben vom 18. April 1895, „die wegen Elisabeth mit mir sprechen wollte." Und am 23. Jänner 1897 bemerkte er, wie immer knapp und sachlich: „Vorgestern hatte ich eine größere Audienz, dann war Gräfin Coudenhove mit Anfragen wegen Elisabeth bei mir."

Nicht nur ihre Ausbildung, auch die Entwicklung und die Gesundheit der einzigen Tochter seines einzigen Sohnes beobachtete Franz Joseph aufmerksam und genau. Er registrierte jede Veränderung in ihrem Aussehen, jede Unpäßlichkeit. „Die Kleine ist wieder gewachsen, sehr mager und ich fand sie blaß aussehend", meldete er am 10. Dezember 1892 der Kaiserin. Eineinhalb Monate später notierte er: „Vorgestern war ich Vormittag bei Stephanie, wo ich auch Erzsi sah, der jetzt Günther eine Kautschuk Maschine in den Mund gegeben hat, um ihren vorstehenden Zahn in Ordnung zu bringen."(22. Jänner 1893)

Um die Gesundheit der kleinen Erzherzogin war es in den Wintermonaten 1893/94 nicht gut bestellt, was den fürsorglichen kaiserlichen Großvater mit Sorge erfüllte. Einige Briefstellen beweisen es: „Vorgestern war ich um $^1\!/_2$1 Uhr bei Stephanie", heißt es unter dem Datum vom 15. Dezember 1893, „die den Tag vorher mit Elisabeth in die Stadt gezogen war. Letztere sieht nicht besonders gut aus und Stephanie sagte mir, daß ihr Bein noch immer nicht ganz gut ist und in demselben eine gewisse Schwäche zurückgeblieben ist. Nun soll Widerhofer sie untersuchen." Am 2. Jänner 1894 findet der Kaiser, daß Elisabeth gut aussieht, „aber mit ihrem Fuß noch immer nicht ganz in Ordnung ist". Die Behandlung durch den kaiserlichen Leibarzt Hermann Widerhofer scheint erfolglos gewesen zu sein. Franz Joseph: „Gestern war ich vormittags bei Elisabeth, die unter Widerhofers Anleitung noch immer elektrisiert und massiert wird, was noch längere Zeit fortgesetzt werden soll. Sie geht zwar ganz gerade, aber ein Bein ist noch immer viel magerer, als das andere, und Widerhofer ist nicht sicher, ob sie überhaupt vollkommen hergestellt werden kann." (12. April 1894)

Um welche Krankheit es sich handelte, bleibt ungesagt. In den Briefen des Kaisers findet sich kein weiterer Hinweis. Daraus irgendwelche Schlüsse zu ziehen, halte ich für unstatthaft. Um den Gesundheitszustand seiner Enkelin zeigte sich Franz Joseph weiterhin besorgt. Er kommentierte aber auch mit großväterlichem Stolz den Reifungsprozeß der Erzherzogin. „Elisabeth wird unglaublich groß und sieht ziemlich gut aus", schrieb er am 17. Februar 1897 an die Kaiserin, „obwohl sie mitunter am Magen leidet und früher oft Migraine hatte, die jetzt aber seltener eintritt." Am 18. Jänner 1898 konstatierte er bei einem Familiendiner, daß seine Enkelin „täglich hübscher wird und, unberufen, ein distinguiertes Benehmen hat". Am 31. Mai desselben Jahres stellte er fest: „Erzsi ist voller geworden und ist ein hübsches erwachsenes Mädchen."

Auch an der religiösen Erziehung seiner Enkelin nahm der Monarch regen Anteil. Bei Elisabeths Erstkommunion war er persönlich zugegen. Der Bericht darüber an die Kaiserin ist sehr ausführlich, ein Beweis dafür, welche Bedeutung er diesem Ereignis beimaß: „Vorgestern um 8 Uhr war also Elisabeths erste Kommunion", schrieb er, „ich ging directe in die Kapelle, wo ich Philipp Coburg mit Frau und Tochter, Stephanies Damen und Herren, Bellegarde, Elisabeths Erziehungs und Lehr Personal, und Stephanies und Elisabeths Dienerschaft fand. Später kam Stephanie mit Elisabeth, die in einem langen weißen Kleide und mit langem Schleier recht hübsch aussah. Sie war sehr andächtig und lieb. Prälat Mayer las eine Segen-Messe zu welcher einige Hofsängerknaben mit Orgelbegleitung sehr hübsch sangen. Elisabeth hatte eine eigene Kniebank in der Mitte vor dem Altare und trat vor der Kommunion zum Altare, worauf der Prälat eine nicht zu lange, sehr hübsche Rede hielt und nach derselben Elisabeth die Kommunion reichte. Es war sehr rührend und ich weinte viel in Gedanken an Rudolph und an die arme Waise. Ich ging dann mit Elisabeth in ihre Wohnung, wo ich ihr ein recht schönes Krucifix mit Elfenbein als Andenken schenkte." (10. Dezember 1895)

1898, das Jahr der fünfzigsten Wiederkehr seines Regierungsantrittes, bescherte dem Kaiser schwere familiäre Sorgen und Schicksalsschläge. Anfang Februar erkrankte die Kronprinzessin. Franz Joseph nahm die Krankheit zunächst nicht sehr ernst. Erzsi, die sich um die Mutter sehr ängstigte, informierte den in Ofen weilenden Großvater täglich telegrafisch über den Krankheitsverlauf. Als der Kaiser am 4. März wieder nach Wien zurückkehrte, fand er nicht nur seine Enkelin „sehr mager, verändert, krank aussehend und schwach" vor, auch der Zustand seiner Schwiegertochter, die an einer Lungen- und Rippenfellentzündung litt, hatte sich besorgniserregend verschlechtert. Franz Joseph begab sich sofort ans Krankenlager. „Ich ging gleich hinauf", berichtete er der Kaiserin. „In der Nacht hatte der Husten und der Auswurf ganz aufgehört, so daß die Ärzte, bei der großen Schleim Ansammlung eine Herzlähmung befürchteten, auch die barmherzigen Schwestern waren sehr besorgt. Stephanies Beichtvater wurde geholt, und um vier Uhr früh beichtete sie und erhielt die letzte Öhlung, um zehn Uhr hat sie dann auch kommunizirt."

Die Kronprinzessin überstand die Krise. Am 7. März trat in ihrem Befinden eine Besserung ein.

Das Zittern um die erkrankte Mutter warf nun die fünfzehnjährige Erzherzogin auf das Krankenbett. Anfang April hatten sich die beiden Damen dann jedoch so weit erholt, daß sie sich zu einem fast zweimonatigen Genesungsaufenthalt nach Gries bei Bozen begeben konnten, wo sie beinahe jedes Jahr im Frühling oder Herbst weilten. Den Sommer verbrachte die Erzherzogin gewöhnlich in Laxenburg, den Winter in Wien. Mit zunehmendem Alter wurde die erzieherische Isolation Elisabeths in der Wiener Hofburg allmählich gelockert. Sie durfte nun an einigen Reisen der Kronprinzessin teilnehmen. Ihre erste größere Reise in das Ausland führte sie 1895 zu den belgischen Großeltern nach Brüssel und Spa. Später reiste sie mit ihrer Mutter nach England, Südfrankreich, Italien und in die Schweiz. Auch den Münchner Hof, wo ihre Tante Gisela residierte, hat sie mehrmals besucht.

Im Frühherbst 1898 wurde der achtundsechzigjährige Kaiser erneut von einem schweren Schicksalsschlag getroffen. Am 10. September fiel die Kaiserin in Genf dem Mordanschlag eines italienischen Anarchisten zum Opfer. Franz Joseph, der nach seinem Bruder Ferdinand Maximilian und seinem Sohn nun auch die Gattin verloren hatte, blieb wahrlich nichts erspart. Er ertrug sein Geschick mit bewundernswerter Charakterstärke und Standfestigkeit.

Elisabeth, die in Laxenburg weilte, mußte über Anordnung des Kaisers der Tod der Großmutter von Stephanie persönlich mitgeteilt werden. Die tote Kaiserin wurde am 15. September nach Wien gebracht und in der Hofburgkapelle aufgebahrt. Unter den ersten Kränzen, die an ihrem Sarg niedergelegt wurden, war jener ihrer gleichnamigen Enkelin. Er bestand aus weißen Rosen mit weißer Schleife. Im Trauerkondukt schritt die fünfzehnjährige Erzherzogin mit ihrer tiefverschleierten Mutter hinter dem Kaiser. Ob und wie sehr sie der Tod der Großmutter berührte, läßt sich nicht sagen. Es gibt darüber keine Aufzeichnungen. Die exaltierte, schwermütige Kaiserin, die sich nur selten in Wien aufhielt, hat sich um ihr Enkelkind nicht viel gekümmert. Wenn ihr auch die Tochter ihres einzigen Sohnes seelisch näherstand als ihre übrigen Enkelkinder, so betrachtete Elisabeth Marie die Großmutter doch eher als eine ferne Märchenfee, denn als einen Menschen aus Fleisch und Blut. Sie küßte ihr artig die Hand, brachte ihr scheue Bewunderung entgegen. Menschliche Wärme empfand sie für sie gewiß nicht. Dazu war die Kaiserin viel zu distanziert, zu eigenverliebt.

Im Testament, das die Kaiserin zwei Jahre vor ihrem Tod erstellt hatte, wurde die Enkelin reich bedacht. Schon 1889, nach dem Tode Rudolfs, hatte die Kaiserin fast ihren gesamten Schmuck verschenkt. Den größten Teil der zahllosen Perlen und Diamanten erhielten die beiden Töchter und ihre Enkelin Elisabeth. Sie erhielt ein Fünftel des Nachlasses, der sich ohne die Immobilien auf über zehn Millionen Gulden in Wertpapieren belief. Die übrigen vier Fünftel erbten ihre beiden Töchter Gisela und Marie Valerie zu gleichen Teilen. Die Tochter Rudolfs erbte auch die Privatbibliothek der Kaiserin, die eine Anzahl kostbarster Hungarica enthielt. Erzsi hat sich zeitlebens nicht von ihr getrennt. Nach ihrem Tod wurde ein Teil der Bibliothek der Fideikommißbibliothek der Porträtsammlung der Österreichischen Nationalbibliothek überantwortet. Es handelte sich um ungefähr 3 000 Bände, hauptsächlich Gebrauchsliteratur. Es waren aber auch zahlreiche Bücher der Weltliteratur darunter, unter ihnen die Werke Heinrich Heines, ihres Lieblingsautors. Der wertvollere Teil der Bibliothek soll in den Familienbesitz des Hauses Habsburg-Lothringen in Wallsee übergegangen sein. Mit diesem Erbe und mit den Schenkungen des Vaters und des Großvaters besaß die fünfzehnjährige Erzherzogin ein Vermögen, das sich sehen lassen konnte. Die Enkelin des Kaisers Franz Joseph war nicht nur ein hübsches Mädchen. Sie war eine begehrenswerte Partie.

4. Erzsis überstürzte Vermählung

Wien war um die Jahrhundertwende eine Zweimillionen-stadt. Die kaiserliche Metropole an der Donau hatte sich in den letzten Jahrzehnten des 19. Jahrhunderts zur Weltstadt entwickelt mit allen dazugehörenden positiven und negativen Begleiterscheinungen. Innerhalb der Ringstraße, der neuge-schaffenen Via triumphalis der Kaiserstadt, mit ihren imperialen Monumentalbauten war die Welt in scheinbar bester Ordnung. Sie war es freilich nur für eine bestimmte Gesellschaftsschicht, für die Aristokraten und reich gewordenen Großbürger, die Fa-brikanten, die Boden- und Börsenspekulanten, die Geld schef-felten und in ihren Palästen tafelten und protzten. Für die klei-nen Gewerbetreibenden und Handwerker, vor allem aber für die Arbeiter, die man verächtlich als Proletarier bezeichnete, war das Großstadtleben keineswegs erbaulich. Sie arbeiteten viel und verdienten wenig, sie hausten in kleinen, überbelegten Wohnungen unter heute kaum mehr vorstellbaren hygienischen und sanitären Bedingungen. Obwohl wie besessen gebaut wur-de, war die Wohnungsnot erdrückend. Zwischen 1898 und 1902 entstanden 114 000 neue Wohnungen, aber nur 14 000 davon verfügten über ein Vorzimmer. Die meisten Wohnungen be-standen aus Zimmer und Küche. War ein Kabinett dabei, galt eine solche Unterkunft bereits als „Luxus". Fließwasser und Klosett befanden sich auf dem Gang. Die Bewohner lebten in diesen Behausungen auf engstem Raum zusammengepfercht. Sechs bis zehn Personen teilten sich in der Regel Zimmer, Kü-che und Kabinett. Sie zählten dennoch nicht zu den Ärmsten. Es gab Menschen, die überhaupt kein Dach über dem Kopf hat-ten. Im Jahre 1900 registrierte man in Wien mehr als 66 000 Bettgeher, für 100 000 Bedienstete stand kein eigener Raum, sondern nur eine Schlafstelle zur Verfügung.

Das „Volk" litt nicht nur unter den schlechten Wohnungsverhältnissen. Die tägliche Arbeitszeit betrug zwölf und mehr Stunden, die medizinische Betreuung war völlig unzureichend. Die Kindersterblichkeit war hoch, die Zahl der Tuberkulose-fälle stieg kontinuierlich – die „Wiener Krankheit" forderte pro Jahr 7 500 Todesopfer.

Nicht nur in wirtschaftlicher und sozialer Hinsicht, auch politisch waren die unteren Schichten deklassiert. Das Zensus-und Kurienwahlrecht gab ihnen keine Möglichkeit zur Mitgestaltung des Staates. Die Unzufriedenheit mit den bestehenden Verhältnissen äußerte sich von Zeit zu Zeit in Demonstrationen und Zusammenstößen, gelegentlich sogar in blutigen Straßenkämpfen zwischen Proletariern und Polizei. Aber es war nicht die soziale, sondern die nationale Frage, die das Habsburgerreich am Beginn des 20. Jahrhunderts in seinen Grundfesten erschütterte. Vor allem die slawischen Völker verlangten größere Rechte, mehr Selbständigkeit im Rahmen des Staatsverbandes. Im Reichsrat, der im neuen Parlamentsgebäude gegenüber der Hofburg tagte, tobte der Nationalitätenstreit. Die Abgeordneten hielten Dauerreden, beschimpften einander, zerschlugen Pultdeckel, prügelten sich. In den Landtagen der einzelnen Kronländer ging es nicht viel anders zu. Tschechen und Deutsche, Ruthenen und Polen, Ungarn und Kroaten, Italiener und Slowenen bekämpften einander auf das erbittertste.

Der Kaiser, der 1900 sein siebzigstes Lebensjahr vollendete, wußte das alles, ohne es entscheidend ändern zu können. Er saß in der Hofburg und in Schönbrunn pflichtgetreu über seinen Akten, bestellte und entließ Regierungen, machte den Nationalitäten und den neuen politischen Strömungen halbherzige Zugeständnisse. „Wir sind zum Gespött der ganzen Welt geworden", sagte er ein wenig resigniert und verbittert. Eigentlich war es viel schlimmer. Die Donaumonarchie, das ehrwürdige, jahrhundertealte Staatsgebäude im Herzen Europas, war alt und morsch geworden. Sein Zusammenbruch war nur noch eine Frage der Zeit. Viele Menschen im Habsburgerreich waren zutiefst davon überzeugt. Einige Mitglieder des Hofes und der Aristokratie wollten es aus Uneinsichtigkeit oder wider besseres Wissen nicht wahrhaben. Der Kaiser mochte es ahnen. Das neue Jahrhundert, das wie in den übrigen Großstädten auch in Wien mit rauschenden Festen gefeiert wurde, verdiente den Jubel nicht, mit dem man es begrüßte. Es bescherte der

Welt schon bald einen Krieg, der den habsburgischen Vielvölkerstaat in seine Einzelbestandteile zerschlug.

Erzherzogin Elisabeth Marie, die siebzehnjährige Enkelin des Kaisers, machte sich über den Zustand des Reiches wenig Gedanken. Sie war jung, das Leben lag wie ein strahlend schöner Frühlingsmorgen verheißungsvoll vor ihr. Das Jahr, das ein neues Jahrhundert einleitete, hatte für sie persönlich eine besondere Bedeutung. Auf Anordnung Franz Josephs, ihres kaiserlichen Vormundes, durfte sie am 9. Jänner 1900 am Hofball teilnehmen. Es war ihr erster Ball, ihr erstes Auftreten im vollen Licht der Öffentlichkeit. Erzsi fieberte diesem Ereignis mit allen Fasern ihres erlebnisbereiten Herzens entgegen.

Der Hofball war in der Monarchie einer der Höhepunkte des Wiener Ballgeschehens. Er fand zumeist an einem der ersten Tage im Fasching statt und lief nach einem genau vorgezeichneten Zeremoniell ab. Fürstin Nora Fugger, die an zahlreichen kaiserlichen Tanzfesten teilnahm, berichtet in ihrem Buch „Im Glanz der Kaiserzeit" darüber: „Die ‚Hofansage' für den Hofball gab die Stunde der Versammlung vor acht Uhr an. Die Damen hatten in ‚runden' Kleidern zu erscheinen, die Geheimen Räte, Kämmerer, Truchsessen in Gala, die anderen Herren in Uniform oder im Staatskleid mit Degen. Die Zu- und Abfahrt für das diplomatische Korps fand an der Bellaria, jene des Hofstaates auf der Botschafterstiege oder unter dem Zeremoniensaale, für die Generalität und die Offiziere auf der Augustinerbastei statt. Um halb acht Uhr schon begann die Auffahrt der Gäste. Die Mitglieder des Kaiserhauses und die fremden souveränen Fürstlichkeiten versammelten sich in den Alexander-Appartements, wo sich auch die Majestäten einfanden. Um halb neun Uhr – die Stunde war immer die gleiche – meldete der Oberzeremonienmeister dem Ersten Obersthofmeister, daß alles bereit sei, worauf dieser dem Kaiser die Meldung erstattete. Das Cortège ordnete und setzte sich unter Vorantritt des Zeremonienmeisters und des Ersten Obersthofmeisters in Bewegung. An der Spitze ging der Kaiser, der entweder die Kaiserin oder in deren Abwesenheit die rangälteste Erzherzogin, zuweilen auch die Doyenne der fremden Fürstlichkeiten am Arm führte ... Im Cortège folgten paarweise die Mitglieder des Kaiserhauses und die anderen Fürstlichkeiten aus souveränen Häusern. Zunächst ging's durch das reizende Blumenzimmer und das Pietradurazimmer in den bei Beleuchtung geradezu feenhaft wirkenden Spiegelsaal. Da hatte sich das gesamte diplomatische Korps versammelt, die Herren in ihren ordengeschmückten, verschiedenartigen Galauniformen, die Damen in prachtvollen Toiletten. Dem Kaiser und der Kaiserin wurden nun die Diplomaten, die noch nicht bei Hof erschienen waren, vom betreffenden Botschafter oder Gesandten, die Damen von der Doyenne unter den Botschafterinnen vorgestellt. Dieser Cercle war um halb zehn Uhr zu Ende. Um diese Stunde begaben sich der Kaiser und der Hof durch das mit über sechshundert Miniaturen und Gobelinbildnissen geschmückte Schreibzimmer der Kaiserin Maria Theresia, durch das mit reichen Goldstickereien, alten japanischen Vasen und Lackarbeiten ausgestattete ‚Reiche Schlafzimmer' der großen Monarchin, durch den Marmorsaal in den Zeremoniensaal, während sich gleichzeitig das diplomatische Korps durch den Double dahin begab. Dem Cortège schritten wieder der Oberzeremonienmeister und der Erste Obersthofmeister vor. Der Zeremonienmeister klopfte mit seinem adlergekrönten Stabe dreimal auf den Boden, womit er das Herannahen des Hofes ankündigte. Es bildete sich eine Gasse und in lautloser Stille vollzog sich der Einzug des Hofes . . .

In dem Augenblicke, als der Kaiser die Kaiserin oder sonst die Dame, die er führte, auf die an der Schmalseite des Saales errichtete Estrade geleitet und deren Arm freigegeben hatte, gab der Vortänzer, immer ein Offizier der Leibgarde-Reitereskadron, der Hofmusikkapelle auf der Galerie das Zeichen zum Beginne. Der Hofmusikdirektor Eduard Strauß erhob den Taktstock – Walzerklänge fluteten durch den Saal. Der Vortänzer eröffnete den Ball mit einer der Erzherzoginnen. Die Kaiserin und die ranghöchsten weiblichen Mitglieder des Kaiserhauses nahmen auf den mit rotem Damast überzogenen Fauteuils, die nebeneinander auf der Estrade standen, Platz, während der Kaiser die Stufen der Estrade hinabstieg, um in einem Rundgang durch den Saal einige seiner Gäste besonders zu begrüßen und mit Ansprachen auszuzeichnen . . .

Das Tanzprogramm war nach Minuten festgesetzt. Es war auf kleine, weiße, goldgeränderte, mit dem kaiserlichen Wappen geschmückte Tanzordnungen gedruckt und erinnerte –

nicht dem Anschein nach natürlich, aber inhaltlich – an eine Eisenbahnfahrordnung. Da stand zu lesen: ‚Erster Walzer 9 Uhr 30 Minuten – 9 Uhr 37 Minuten, fünf Minuten Pause, erste Polka 9 Uhr 42 Minuten – 9 Uhr 47 Minuten, fünf Minuten Pause . . . usw. Für die Quadrillen und Lanciers waren je zwanzig Minuten, für den Kotillon vierzig Minuten angesetzt. Zwischen den einzelnen Tänzen waren Pausen von je fünf Minuten eingeschoben. Die Zeiten wurden sekundengenau eingehalten. Eine Verspätung, die überhaupt am Wiener Hofe ein fremder Begriff war, kam auch da nicht vor . . .

Der große Redoutensaal, der zur Entlastung des Ballsaals in die Festräume einbezogen wurde und in dem Militärmusik spielte, war besonders von Herren stark besucht. Da befanden sich auch die großen Büfette, an denen sich wahre Kämpfe abspielten. Getanzt wurde am Hofball wenig. Denn der Saal war derart vollgedrängt, daß oft nur ein ganz kleiner Raum vor der Estrade für das Tanzvergnügen frei blieb. Die Zahl der Gäste betrug gegen zweitausend, am Kotillon aber, der stehend getanzt wurde, beteiligten sich kaum mehr als vierzig Paare. Die Festräume strahlten in feenhaftem Lichte. Sie waren anfangs der achtziger Jahre noch durch Kerzen beleuchtet, die in den riesenhaften Kristallustern, in unzähligen Wandarmen und Girandolen, außerdem noch in mehreren Reihen am Deckgesimse rund um den Saal angebracht waren. Die Zahl der Kerzen, die in allen den erleuchteten Sälen brannten, belief sich auf zirka zehntausend . . .

Eine Viertelstunde nach Mitternacht verstummte der letzte Walzer. Es bildete sich wieder die Straße von der Estrade zum Ausgang des Saales, der Kaiser reichte der Kaiserin den Arm und im Cortège verließ der Hof den Saal. Damit war der Hofball beendet. Beim Ausgang erhielten die Gäste Bonbonnièren in prachtvoller Ausführung, die vom Hofzuckerbäcker Demel geliefert wurden.‘‘

Beim Hofball des Jahres 1900 stand die Tochter des Kronprinzen im Mittelpunkt des Interesses. Erzsi trug aus diesem Anlaß ein weißes, mit Diamantpünktchen übersätes Atlaskleid, „dessen zwei bauschende Volants mittels einer zierlichen Maiglöckchen-Girlande am Rock angesetzt waren‘‘. Den Hals zierte ein Perlenkollier und eine vom kaiserlichen Großvater gespendete Rivière. Die Kaiserenkelin, deren Gesprächs- und

Tanzpartner von den Ballgästen aufmerksam beobachtet wurden, machte allgemein einen guten Eindruck. „Den Mittelpunkt der Aufmerksamkeit bildeten natürlich die Kronprinzenwitwe Stephanie und ihre 16jährige Tochter Erzherzogin Elisabeth", wußte am nächsten Tag der Ballreporter der „Neuen Freien Presse" zu berichten, „zwei das Mittelmaß weit überragende Gestalten mit zartestem, von Goldhaar umflossenem Teint. Die Erscheinung der Kronprinzesin war blendend . . . Noch viel mehr als um die eigene Erscheinung war die Kronprinzenwitwe um die Tochter besorgt, und sie vereinigte darin ihren Wunsch mit dem des Kaisers, der Auftrag gegeben hatte, daß die jugendliche Enkelin nur ja in recht kleidsamer Toilette auftreten möge. Und so verwirklichte sie denn auch manche hergebrachte Märchengestalt – ein Schneewittchen und eine Prinzessin zugleich. Prinzessin durch den ungewöhnlich hohen Wuchs – sie überragt die Mutter seit einigen Monaten – wie durch hoheitsvolle Anmut – Schneewittchen durch ein bezwingend liebenswürdiges Lächeln und unvergleichliche Anspruchslosigkeit."

So bescheiden und anspruchslos wie es der Reporter der „Neuen Freien Presse" seinen Lesern weismachen wollte, war die Kronprinzentochter freilich nicht. Sie war ganz im Gegenteil eine selbstbewußte junge Dame, die wußte, was sie wollte, und es auch durchsetzte. An diesem Faschingsabend, dem ersten bedeutsamen ihres Lebens, hatte sie sich einen jungen, schneidigen Offizier in den Kopf gesetzt, einen Oberleutnant im Ulanenregiment Erzherzog Otto Nr. 1, der ihr gefiel und den sie durch den Zeremonienmeister immer wieder zum Tanz befehlen ließ. Die Hofgesellschaft registrierte es mit einer Mischung aus Neugierde und Befremden.

Wer war der junge Mann, den die Erzherzogin so offen favorisierte? Nur einige wenige Ballbesucher kannten ihn. Aber man würde sich seinen Namen merken müssen. Der gutaussehende siebenundzwanzigjährige Oberleutnant hieß Otto Prinz zu Windisch-Graetz.

Erzsis erster Hofball war Stephanies letzter. Die ehemalige Kronprinzessin trug sich seit einiger Zeit mit Heiratsgedanken. Nach elfjähriger Witwenschaft, nach einem Leben der Freudlosigkeit und der Zurücksetzung am Wiener Hof, gab die attraktive Mittdreißigerin ihrem Schicksal eine neue Wende. Der

Mann ihres Herzens war der aus einem ungarischen Adelsgeschlecht stammende Elemer Lonyay, den der Kaiser erst 1896 zum Grafen erhoben hatte. Wann und wo die „kühle Blonde" aus Belgien seine Bekanntschaft gemacht hat, hat sie nie verraten. Das „Neue Wiener Tagblatt" schrieb am 19. März 1900, einen Tag nach der amtlichen Verlautbarung der Verlobung der Kronprinzenwitwe: „Wo sie den Grafen Lonyay kennengelernt hat, das weiß man nicht. Die Einen sagen: während ihrer Anwesenheit in London, wo er damals der österreichisch-ungarischen Botschaft zugetheilt war – die Anderen behaupten: in Laxenburg, wo er seiner jetzigen Braut vorgestellt wurde." Drei Tage später berichtete das Blatt, Stephanie und der Graf seien einander auf einer Reise zum Nordkap nähergekommen. Aber das sind belanglose Mutmaßungen.

Da Stephanie zweifellos um die Unebenbürtigkeit der geplanten Verbindung wußte, hat sie diese so lange wie möglich geheimgehalten. Erst im Herbst 1899 bat sie ihren kaiserlichen Schwiegervater um seine Zustimmung zur Ehe. Franz Joseph war darüber keineswegs erbaut. Unstandesgemäße Ehen waren ihm ein Greuel. Zudem hatte er lange Zeit beabsichtigt, seine Schwiegertochter mit Franz Ferdinand, seinem Neffen und Thronfolger, zu verheiraten. Aber daraus war nichts geworden, da sich der unbeliebte, protzige Erzherzog partout die Gräfin Sophie Chotek von Chotkowa und Wognin in den Kopf gesetzt hatte. Also gab er widerwillig seine Einwilligung. Stephanie war ihm keineswegs ans Herz gewachsen, aber er hat sich ihr gegenüber stets korrekt und ritterlich benommen. Sie war keine Thronfolgerin, sie war nicht erbberechtigt. Sie mußte allerdings aus dem Kaiserhaus ausscheiden und auf alle ihre Titel und Würden verzichten. Aber das war schließlich ihre Sache. Großzügig, wie er Frauen gegenüber zumeist war, stattete er seine Schwiegertochter mit einer Jahresapanage von 100 000 Gulden aus.

Mit ihrem Vater, König Leopold II. von Belgien, setzte sich Stephanie erst in Verbindung, als sie den Konsens des Kaisers bereits in der Tasche hatte. „Lieber Vater, Mit der Erlaubnis meines ausgezeichneten Schwiegervaters, komme ich heute, um Ihnen meine Verlobung mit dem Grafen Elemér von Lonyay anzuzeigen", begann sie trocken und zaghaft ihr diesbezügliches Schreiben. „Da ich das Traurige einer Existenz ohne jeden Halt, ohne jede Zuneigung voraussehe, habe ich mich entschlossen, das Glück, das allein das Familienleben und die Liebe eines ernsten Mannes aus einer der besten ungarischen Familien mir bieten kann, anzunehmen." Impulsiver setzte sie fort: „Der Kaiser, meine einzige Stütze, ist vorgeschrittenen Alters, meine Mutter stößt mich zurück. Sie gestatten mir nicht, meine Schwester, die ich sehr liebe, bei mir zu haben, meine Tochter, bereits im heiratsfähigen Alter, hat mehrere Anträge bekommen – so würde der Augenblick kommen, wo ich allein im Leben stünde, wenn ich nicht die Hand und die Liebe annähme, die sich mir bietet." Das Ende des Briefes war von undiplomatischer, beinahe unhöflicher Direktheit. „Da ich keinerlei eigenes Vermögen habe", ätzte Stephanie, „hat mein Schwiegervater in seiner rührenden Rücksichtnahme und Herzensnoblesse Sorge dafür getragen, daß die finanzielle Seite meiner Zukunft geregelt wird, indem er mir Ressourcen zusicherte, die mir gestatten, ein angenehmes Leben zu führen. Im Besitze der Zustimmung Seiner Majestät des Kaisers zweifle ich keinen Augenblick, daß auch Sie mir die Ihrige, zugleich mit Ihrem väterlichen Segen für mein künftiges Glück, geben werden. Ich küsse Ihnen die Hände und bin und bleibe, lieber Vater, Ihre ganz untertänige, ergebene und dankbare Tochter Stéphanie."

Die Reaktion des königlichen Vaters war erbost und unfreundlich. Leopold entzog seiner Tochter den Titel „Königliche Hoheit", der ihr zweifellos zustand, und kündigte ihr die Jahresapanage von 50 000 Francs auf, zu der er sich im Heiratsvertrag mit Rudolf verpflichtet hatte. Über Intervention des Kaisers mußte er die beiden Anordnungen schließlich wieder zurücknehmen. Seine Zustimmung zur Heirat gab er nicht. Aber Stephanie war darauf nicht angewiesen. Sie war eine fünfunddreißigjährige Frau, die tun und lassen konnte, was sie wollte.

Die Absichten und Pläne der Mutter konnten Elisabeth Marie auf die Dauer natürlich nicht verborgen bleiben, obwohl es Stephanie, wie es scheint, lange Zeit vermied, mit ihrer Tochter darüber zu reden. Wann und in welcher Form sich dieses unerläßliche Gespräch abspielte, entzieht sich unserer Kenntnis. Es lassen sich nur Vermutungen anstellen. Der „Berliner Lokalanzeiger", der vorgab, über dieses Thema gut informiert zu sein, berichtete seinen Lesern: „Zwischen der Kronprinzessin Stephanie und ihrer Tochter war nie ein Wort weder über die bevorstehende Heirath mit dem Grafen Lonyay noch über die eventuelle Vermählung der Erzherzogin – es wurde bekanntlich ein württembergischer Prinz genannt – gesprochen worden. Immer wurden diese nothwendigen Unterredungen hinausgeschoben. Die Tochter der Kronprinzessin trug nämlich, ohne die künftige Stellung des Grafen Lonyay zu kennen, gegen diesen einen unverkennbaren Widerwillen zur Schau, den sie auch ungescheut gegen den Oberhofmeister ihrer Mutter, Grafen Choloniewski, äußerte. Als die Kronprinzessin von der Auslassung ihrer Tochter über den Grafen Lonyay erfuhr, war sie bestürzt, denn sie hatte damals gerade die Absicht, die Erzherzogin Elisabeth von ihrem Vorhaben, dem Grafen die Hand zu reichen, in Kenntniß zu setzen. Die Kronprinzessin, welche von jeher sehr zu Mißtrauen geneigt ist, hegte den Verdacht, daß man der Tochter von der Absicht ihrer, der Mutter, Vermählung mit dem Grafen, bereits Mittheilung gemacht, sie gegen den Grafen Lonyay eingenommen habe. Sie nahm nun Gelegenheit, in Gegenwart der Oberhofmeisterin der Erzherzogin, diese um den Grund ihrer Abneigung gegen den Grafen Lonyay zu befragen.

‚Weshalb hast du eine Abneigung gegen den Grafen Elemér Lonyay?'

‚Weil ich ihn hasse', entgegnete die Erzherzogin mit Heftigkeit.

‚Du hassest ihn? Ja, kennst Du denn den Grafen? Hast Du mit ihm gesprochen?'

‚Nein, aber er ist mir unausstehlich – ich mag ihn nicht sehen!'

‚Aber warum? Hat man Dich gegen den Grafen eingenommen?'

‚Nein, Mama, ich weiß es selbst nicht, wie es kommt, aber seit ich ihn vor einem Jahre zum ersten Mal sah, haßte ich ihn sofort. Bitte, liebe gute Mama, sprich nicht mehr von dem Grafen mit mir!'

Die letzten Worte wurden mit solcher Heftigkeit gesprochen, daß allerdings die Vermuthung Unterstützung fand, die Tochter habe durch irgend eine Person Kenntniß von dem Vorhaben der Mutter erhalten, denn so heftig hatte sie ihr Kind noch nie sprechen hören. Die Kronprinzessin brach daher das Gespräch ab und zog sich zurück. Die Erzherzogin Elisabeth war, wie man bemerken konnte, von jenem Tag an noch zurückhaltender als sonst, und die Herzlichkeit zwischen Mutter und Tochter erfuhr eine kleine Erkaltung."

Man braucht kein Tiefenpsychologe zu sein, um sich vorstellen zu können, daß die Wiedervermählung der Mutter in der siebzehnjährigen Erzherzogin ein seelisches Gewitter auslöste. Elisabeth Marie fühlte sich im Stich gelassen, vereinsamt, isoliert. Sie war entschlossen, ihr eigenes Leben, ihre Zukunft fortan selbst zu gestalten, unbeeinflußt von äußeren Zwängen. Trotzig soll sie damals erklärt haben: „Auch ich werde nur einen Mann heiraten, den ich wirklich liebe, und mir meinen Gatten frei wählen."

Die Hochzeit Stephanies mit dem Grafen Lonyay wurde für den 19. März 1900 im Schloß Miramare in Aussicht genommen. Sie fand dann drei Tage später als geplant statt, da der Bräutigam an Influenza erkrankte.

Stephanie verließ mit ihrer Tochter bereits am 8. März Wien, vom Kaiser herzlich verabschiedet. Erzsi durfte der Mutter bis zur Vermählung Gesellschaft leisten. Genausowenig wie jedem anderen Mitglied des Kaiserhauses wurde es jedoch auch ihr nicht gestattet, an den Hochzeitsfeierlichkeiten teilzunehmen. Sie blieb weiterhin in der Obhut des kaiserlichen Großvaters, für den es undenkbar gewesen wäre, die Erziehung seiner Enkelin einem gräflichen Haushalt zu überlassen. So verließ die Erzherzogin einen Tag vor der Hochzeit, von ihrem Obersthofmeister Franz Graf von Bellegarde und Gräfin Elisabeth Coudenhove begleitet, Miramare und begab sich nach Gries bei Bozen, wo sie ein paar Wochen verbrachte. Wie der Kaiser sandte auch sie der Mutter am Hochzeitstag telegrafische Glückwünsche. Ob ihr die Trennung schwerfiel, in welchem seelischen Zustand sie sich damals befand, welche Gedanken sie beseelten, wer vermöchte das heute noch zu sagen? Man wird ein siebzehnjähriges Geschöpf, dem es aus dynastischen Gründen versagt war, der Vermählung der Mutter beizuwohnen, aber wohl bedauern müssen.

Erzsi, die nun ihren eigenen Hofstaat hatte, verbrachte die Osterfeiertage in Wien. Ende April übersiedelte sie für einen Monat nach Schloß Hetzendorf, den Sommer über hielt sie sich in Traunkirchen im Salzkammergut auf. Zum siebzigsten Geburtstag des Kaisers fand sie sich selbstverständlich in Ischl ein, wo sie an der Hoftafel und an den übrigen Festlichkeiten teilnahm. Am 9. September 1900 begab sie sich zum Herbstaufenthalt nach Laxenburg. Sie spielte Tennis, widmete sich dem Reitsport, veranstaltete Gartenparties und umgab sich mit einem Kreis junger Aristokraten, zu denen auch Otto Windisch-Graetz gehörte. Die Bande zwischen der Kronprinzentochter und dem um zehn Jahre älteren Offizier, der damals die Kriegsschule besuchte, wurden enger. Die willensstarke Erzherzogin faßte den unwiderruflichen Entschluß, ihn zum Mann zu nehmen, ihn und keinen anderen. Sie teilte ihre Absicht zunächst der Mutter mit, mit der sie in Gries zusammentraf. Stephanie billigte die Herzensneigung der Tochter. Was aber würde der Kaiser dazu sagen? Elisabeth brauchte natürlich vor allem seine Zustimmung zu ihrer Entscheidung. Würde er ihr gestatten, den ihr unebenbürtigen Prinzen zu heiraten? Die Erzherzogin wußte, wie hart der Großvater in diesen Fragen sein konnte. Aber sie hatte sich Otto Windisch-Graetz in den Kopf gesetzt, und davon ließ sie sich von niemandem abbringen. Unbeugsam, mit fester Stimme trug sie dem Kaiser ihren Entschluß vor. Franz Joseph hörte seiner Enkelin geduldig zu. Dann sagte er langsam und bedächtig: „Schau, Erzsi, du bist noch so jung. Überleg dir das noch einmal gut. Vor deinem 18. Lebensjahr kommt eine offizielle Verlobung nicht in Frage." Und mit einem kurzen Wink war sie entlassen.

Elisabeth Marie konnte es nicht fassen, daß der Großvater ihren Wunsch nicht erfüllt hatte. Aber aufgeschoben war nicht aufgehoben. Wenn der Kaiser glaubte, daß sie sich Otto in den neun Monaten bis zu ihrem achtzehnten Geburtstag aus dem Kopf schlagen würde, dann hatte er sich getäuscht. Dann hatte er nicht mit ihrem Dickschädel gerechnet. Erhobenen Hauptes verließ sie mit raschen Schritten das Arbeitszimmer Franz Josephs. Als Geste der Versöhnung schenkte der Kaiser seiner Lieblingsenkelin zu Weihnachten ein Perlhalsband im Wert von 10 000 Kronen.

Um der Liebesbeziehung seiner heißblütigen Enkelin ein wenig Abkühlung zu verschaffen, schickte Franz Joseph die Erzherzogin über die Wintermonate nach Miramare und Abbazia. Den Sommer des Jahres 1901 verbrachte sie wieder in

Traunkirchen, wo ihr namentlich die Herzöge von Württemberg so eifrig Gesellschaft leisteten, daß man allgemein annahm, Elisabeth Marie habe sich eines Besseren besonnen. Dies war jedoch nicht der Fall. Als sie zu Herbstbeginn nach Wien zurückkehrte, erklärte sie dem Kaiser, daß sie an ihrem Entschluß, Otto Windisch-Graetz zu heiraten, unverbrüchlich festhalte. Franz Joseph gab nach. Sollte er dem Glück seiner Lieblingsenkelin im Wege stehen? Gewiß, wieder einmal ging ein Mitglied seines Herrscherhauses eine unebenbürtige Ehe ein. Aber nach Stephanie und Franz Ferdinand spielte das nun wirklich keine Rolle mehr. Die Konsequenzen mußte Erzsi freilich ebenso ziehen wie der Thronfolger. In dieser Beziehung kannte der Kaiser keinen Spaß. Sie würde auf ihre Thronfolgerechte verzichten müssen.

Es gibt eine Version, nach der Franz Joseph den Prinzen Windisch-Graetz nunmehr nach Schönbrunn befohlen und ihn gezwungen haben soll, seine Enkelin zu heiraten. Der von tiefem Haß gegen alles Habsburgische erfüllte Schriftsteller Spiridion Gopčevic schreibt in seinem Buch „Österreichs Untergang – Die Folge von Franz Josefs Mißregierung": „. . . und so ließ der Kaiser den Prinzen vor sich kommen, um ihn von seinem unverhofften und unverdienten ‚Glücke' in Kenntnis zu setzen. Statt aber darüber entzückt zu sein, geriet der Prinz in unsägliche Verlegenheit und meinte, so sehr er die ungeheure Ehre und Auszeichnung zu würdigen wisse, möchte er doch bitten, von dem Heiratsplan abzusehen, weil er bereits heimlich verlobt sei, also nicht sein Wort brechen könne.

Der Kaiser war unangenehm berührt und enttäuscht, und erklärte, sich die Sache überlegen zu wollen. Dann rief er seine Enkelin und teilte ihr das Ergebnis mit. Diese aber geriet in Aufregung und schrie, sie müsse den Prinzen haben und der Kaiser habe es ihr versprochen, er müsse also den Prinzen zwingen, sie zu heiraten.

Franz Josef übernahm die unangenehme Aufgabe, nochmals mit dem Prinzen zu reden. Dieser aber blieb fest und berief sich auf sein Verlobungsversprechen. Da sagte ihm der Kaiser: ‚Auch ich habe ein Versprechen gegeben, nämlich ich habe meiner Enkelin mein kaiserliches Wort gegeben, daß sie Sie zum Gatten erhalten werde. Sie können mich also nicht wortbrüchig werden lassen.'

Und als der Prinz trotzdem fest bleiben wollte, rief ihm Franz Josef gebieterisch zu: ‚Sie sind Oberleutnant, unterstehen also meinem Befehl als Ihrem obersten Kriegsherren. Und als solcher befehle ich Ihnen nunmehr, meine Enkelin zu heiraten. Damit ist die Sache erledigt. Ich hoffe, daß Sie es nicht zur Rebellion kommen lassen werden?'

Darauf verneigte sich der Prinz und sagte kalt: ‚Da mir Euer Majestät als Kriegsherr einen Befehl erteilen, muß ich allerdings gehorchen.' Und so kam diese Heirat zustande."

Diesen Behauptungen mangelt jedweder Beweis. Man wird sie daher in das Reich der Fabel verweisen müssen.

Wer war dieser Otto Weriand Hugo Ernst Prinz von Windisch-Graetz eigentlich, den die achtzehnjährige Kaiserenkelin allen anderen Partien, die sie hätte machen können, vorzog? Der elegante, schon als junger Mann ein wenig gelangweilt wirkende Offizier war der Sohn des Ernst Ferdinand zu Windisch-Graetz (geboren 1827) und dessen Gemahlin Camilla, geborene Prinzessin von Oettingen-Spielberg, die am 11. November 1888 im Alter von 43 Jahren verstarb. Der am 7. Oktober 1873 geborene Prinz gehörte dem jüngeren Zweig des Hauses Windisch-Graetz an, das erst 1822 von Kaiser Franz I. in den Fürstenstand erhoben, aber nicht mit dem Recht der Ebenbürtigkeit ausgestattet worden war. Er wuchs im väterlichen Palais in der Strohgasse 21 im dritten Wiener Gemeindebezirk auf und genoß unter der Aufsicht des Vaters, der sich neben seinem Offiziersberuf und nach seiner Pensionierung mit numismatischen und prähistorischen Studien beschäftigte, eine strenge Erziehung an katholischen Privatschulen. Otto Windisch-Graetz ergriff wie sein Vater die militärische Laufbahn. Er trat 1891 als Zögling in die k. u. k Kavallerie-Kadettenschule in Mährisch-Weißkirchen ein, die er in zwei Jahren mit mäßigem Erfolg absolvierte. 1894 bis 1895 besuchte er die Brigadeoffiziersschule in Olmütz und wurde mit 1. Mai 1895 zum Leutnant befördert. Nach einer zweijährigen Stationierung in Brünn erfolgte 1899 seine Ernennung zum Oberleutnant und sein Eintritt in die Kriegsschule, die er 1901 mit gutem Erfolg abschloß. In den Personalbeschreibungen, die im Wiener Kriegsarchiv aufliegen, werden Otto Windisch-Graetz von seinen militärischen Vorgesetzten gute Charakteranlagen, Takt, Ambition und tadellose Umgangsformen attestiert. Seine theoretischen Kenntnisse und geistigen Fähigkeiten werden eher als mäßig qualifiziert. Der Bräutigam der Kaiserenkelin war schon als junger Offizier ein sehr guter, passionierter Reiter, der auch im Schwimmen, Turnen und Fechten Überdurchschnittliches zu leisten vermochte.

Die Kronprinzentochter ließ sich bei ihrem Entschluß, Otto Windisch-Graetz zum Mann zu nehmen, höchstwahrscheinlich von dessen äußerer Erscheinung blenden. Hochgewachsen (1,81 m), schlank, blond, blauäugig, mit proportionierten, sympathischen Gesichtszügen machte der Kavallerieoffizier den Eindruck eines vollendeten Kavaliers. Er war freilich nicht nur ein Gentleman. Um ihn zu durchschauen, hätte es eines durchdringenderen Blickes bedurft als den eines verliebten Teenagers. Aber auch die Erzherzogin war nicht in allem eine gute Partie. Sie war eigenwillig und unbeherrscht. Sie war standesbewußt und hatte Launen. Sie war von ihrem väterlichen Erbe her zu vielem fähig. Aber das alles bemerkte das verliebte Paar erst hinterher, als es für eine Umkehr bereits zu spät war.

Die Verlobung der Kronprinzentochter mit Otto Windisch-Graetz fand am 13. Oktober 1901 unter großer Anteilnahme der Öffentlichkeit im Schloß Hetzendorf statt. Dem Brautpaar gingen zweihundert telegrafische und briefliche Gratulationen zu, die Zeitungen berichteten über das Ereignis in Balkenlettern. Der Pester Lloyd schrieb im schwülstigen Stil der Zeit: „Alle Vorbedingungen eines idealen Herzensbundes sind in dem heutigen Falle gegeben und darum ringt sich uns aus tiefstem Gemüthe der Wunsch empor, daß aus diesem freudvollen Ereignisse der erlauchten Familie unseres heißgeliebten Herrschers immerdar Heil und Segen entsprießen möge."

Tags darauf rollte in Schönbrunn eine Allerhöchste Tafel ab, bei der Seine Majestät der Kaiser die Verlobung offiziell proklamierte. „Während des Diners", so wußte das „Illustrierte Wiener Extrablatt"seinen Lesern zu berichten, „trank der Kaiser mehrere Male dem Brautpaar zu und sprach angelegentlich mit Erzherzogin Elisabeth, die in ihrem Kleid aus rosa Tüll ein Bild holder Anmuth bot". Franz Joseph war seiner Lieblingsenkelin gegenüber ausgesprochen großzügig und huldvoll. Dies wurde im Ehekontrakt deutlich, der, wie es damals üblich war, zwischen den Familienoberhäuptern der Braut und des Bräutigams einige Zeit vor der Hochzeit abgeschlossen wurde. Es heißt darin in Artikel II: „Erzherzogin Elisabeth wird als Heiratsgut die Summe von 420 000 Kronen ausbezahlt bekommen. Für diesen Betrag sind Wertpapiere anzuschaffen, welche zu den übrigen Wertpapieren zu hinterlegen sind . . . Überdies wird die Braut mit allen Erfordernissen an Kleinodien, Kleidern und Geschmeiden etc. ihrem hohen Stande gemäß ausgestattet." Die Zinsen des erwähnten Heiratsgutes sollten, laut Artikel V, „während der Dauer der Ehe zur Bestreitung der Kosten des gemeinsamen Haushaltes verwendet werden". Hingegen blieb alles Vermögen, das die Braut bei Abschluß der Ehe besaß oder in der Folge erwerben würde, ihr unbeschränktes Eigentum. Im Artikel VI des Vertrages wurde der Bräutigam verpflichtet, die im Sinne von Artikel V zur Verfügung gestellte Summe „für den Unterhalt des Hausstandes, für Wagen, Pferde und sämtliche Einrichtung auf eine dem hohen Stand angemessene Weise zu verwenden" und seiner Braut „für die Dauer der Ehe ein jährliches Nadelgeld von 36 000 Kronen in monatlichen Vorauszahlungsraten zur eigenen freien Verwendung für Toiletten, Almosen und kleineren Ausgaben zur Verfügung zu stellen".

Der Kaiser stattete seinen zukünftigen Schwiegersohn mit dem Fürstentitel aus und gestattete seiner Enkelin, sich weiterhin „kaiserliche und königliche Hoheit" zu nennen. Ihr offizieller Titel lautete: „Durchlauchtigste Frau Elisabeth Marie Fürstin zu Windisch-Graetz, geborene kaiserliche Prinzessin und Erzherzogin von Österreich, königliche Prinzessin von Ungarn, Böhmen etc." Sie behielt damit das Recht, sich in den Allerhöchsten Appartements zu versammeln, das Recht auf militärische Ehrenbezeigungen, auf das Öffnen der beiden Türflügel, auf einen speziellen Hofrang und auf Anordnung einer Hoftrauer im Falle des Ablebens.

Alle diese Gunstbeweise hatten freilich einen argen Schönheitsfehler, der die jugendliche Braut zunächst allerdings nicht sonderlich zu stören schien. Er fand sich in Artikel III des Heiratsvertrages, der folgendes postulierte: „Elisabeth Marie verzichtet aufgrund der im Erzhause bestehenden Vorschriften vor ihrer Vermählung eidlich und ein für allemal auf jedes Intestat-Erbrecht und auf die Nachfolge sowohl in der Haupt- als in den Nebenlinien des Allerhöchsten Erzhauses und namentlich auf die Nachfolge in allen Königreichen, Provinzen und Gebieten, welche Seine gegenwärtig regierende ks. und kgl. Apost. Majestät entweder bereits besitzen oder in der Folge unter was immer für einen Rechtstitel besitzen werden ... Diese Verzichtleistung wird vom Bräutigam für sich, seine Erben und Nachfolger angenommen und durch Unterzeichnung der Renunciations-Urkunde bestätigt werden."

Man hat die verhältnismäßig rasche Zustimmung des Kaisers zur unebenbürtigen Ehe seiner Lieblingsenkelin des öfteren mit der Thronverzichtsleistung der Erzherzogin in Zusammenhang gebracht. Der Beweis hiefür ist natürlich nicht zu erbringen. Andererseits kann man nicht ausschließen, daß der hartnäckige Entschluß Elisabeth Maries, dem Prinzen Otto Windisch-Graetz und nicht einem Mitglied eines fürstlichen oder souveränen Hauses die Hand zu reichen, also eine morganatische Ehe einzugehen, den Überlegungen und Absichten Franz Josephs bezüglich seiner Nachfolge überaus gelegen kam. Gemäß der Pragmatischen Sanktion Kaiser Karls VI., derzufolge im Hause Habsburg nach dem Aussterben des Mannesstammes die weibliche Erbfolge galt, hätte die Kronprinzentochter Ansprüche auf den Thron geltend machen können. Graf Elemer Lonyay meinte Jahre später in einem Gespräch mit dem Grafen Gatterburg, der gemeinsam mit seiner Gattin Juliana die Stephanie-Memoiren herausbrachte: „Die Auffassung, daß die Fürstin zufolge der Pragmatischen Sanktion zur Thronfolge nach dem Vater, dem Kronprinzen, nicht unbegründete Ansprüche besaß, ist nicht ohne weiteres von der Hand zu weisen. Man ist nicht nur stillschweigend über das Problem hinweggegangen, sondern hat auch alles getan, um sie ein für allemal von der Thronfolge auszuschließen ... Elisabeth war, als Tochter Rudolfs und Enkelin des Kaisers, erste Agnatin. Der Kaiser hat das Problem bewußt unterdrückt, man hat die Erzherzogin ebenso wie die Öffentlichkeit über den ganzen Fragenkomplex in die Irre geführt. Die Erzherzogin wurde so bald wie möglich verheiratet. Ist Ihnen denn nie aufgefallen, daß die Tochter des Kronprinzen unebenbürtig vermählt wurde? Hätte man Elisabeth von Österreich aber mit einem ihr ebenbürtigen Fürsten vermählt, wäre man Gefahr gelaufen, daß dieser Fürst einen Weg fand, den Thronanspruch der Erzherzogin zu konstruieren. Dann wäre Elisabeth die regierende Kaiserin von Österreich geworden . . ."

„Die Frage hätte sich einfach lösen lassen", meinte Elemér Lonyay weiter, „indem man die Erzherzogin einem Erzherzog vermählte. Der Kaiser wollte nicht. Er hat die Tochter für den Selbstmord des Kronprinzen büßen lassen. Als die Erzherzogin reif und verständig genug war, um den Sachverhalt zu erfassen, war sie bereits mit dem Windisch-Graetz verheiratet, und dann war es eben zu spät . . . Sie hat es meiner Gemahlin nie verziehen, daß sie nichts getan hat, um den Anspruch Elisabeths zu exemplifizieren. Wie sollte meine arme Gemahlin das machen? Niemand hätte sich gefunden, ihr gegen den Willen des Kaisers beizustehen . . ."

Der ehemalige Hof- und Gerichtsadvokat Dr. v. Rechtfelden brachte später einmal zum Ausdruck, wovon man damals in Hofkreisen munkelte: „Wo stünden wir", sagte er, „wenn der alte Kaiser sich rechtzeitig entschlossen hätte, nach dem Tode Rudolfs der Tochter des Sohnes den Vorzug vor dem Sohn des Bruders zu geben! Warum entschloß er sich nicht zu diesem Akt einer internen ‚Hausrevolution', die er als souveräner Herr seiner Familie jederzeit hätte durchführen können?"

Franz Joseph freilich dachte keine Minute daran, eine weibliche Erbfolge auch nur in Erwägung zu ziehen. Eine Frau als Thronfolgerin, das hätte ihm gerade noch gefehlt! Durch die unstandesgemäße Heirat der Erzherzogin löste sich das Problem auf alle Fälle von selbst.

Am 19. und 20. Jänner 1902 wurde der Trousseau, die Ausstattung der Braut, in den Räumen der Erzherzogin in der Wiener Hofburg zur Schau gestellt. Um den zu erwartenden Andrang zu bewältigen, gab die Burghauptmannschaft 4 000 Einlaßkarten aus. Trotzdem kam es, wie die Zeitungen berichten, im Schweizerhof zu Auseinandersetzungen und Streit, da Hunderte von neugierigen Wienern, die keine Karte bekommen hatten, Einlaß begehrten. Nur mit Mühe gelang es der Burggendarmerie, die schreiende, stoßende und drängende Menge zu beruhigen. Der Kaiser, der dem Trousseau persönlich sein Augenmerk zuwandte und ihn auch besichtigte, hatte keine Mittel für die standesgemäße Ausstattung seiner Enkelin gescheut. Da gab es 144 Stück Bettgarnituren mit dem Doppelwappen der Erzherzogin zu sehen, 200 Tischtücher von schönstem Damast, 1 400 Speiseservietten, 120 große Tafeltücher, Flanelldecken, Leib-, Zier- und Putzwäsche aus bestem Batist. Nicht minder imposant waren die Toiletten, deren Vielfalt das Staunen der Betrachter erregten. Neben Straßenkostümen aus dem Hause Prévost waren 60 Blusen, kostbare Pelze, Mäntel und Capes, Reitkleider, Schlafröcke, Teagowns, Unterröcke und Corsetts zur Schau gestellt. Hüte, Handschuhe, Schirme, Fächer, Schuhe, Jagd- und Reitstiefel, Frisiermäntel, Reisehemden und Reisenachtkleider komplettierten den Bestand, der den persönlichen Bedarf natürlich bei weitem überstieg.

Das größte Interesse brachte das Publikum selbstverständlich dem Brautkleid entgegen. Es stammte aus dem Hause Rose Maux und war aus milchweißem, schwerem Atlas. Die drei Meter lange Schleppe legte sich als Kragen um den herzförmigen Ausschnitt der Corsage und fiel in langen Schärpen vom Gürtel nieder. Der Brautschleier und die Spitzen stammten aus dem Besitz der Brautmutter. Er trug nebst den herrlichsten Ornamenten die Wappen der neun Provinzen Belgiens sowie jene der österreichischen Kronländer und wurde mit einer Diamantenkrone festgehalten, die mit Orangenblüten dekoriert war. Der Brautschmuck, der zahlreiche kostbarste Stücke umfaßte, wurde im Hause des Kammerjuweliers Heinrich Köchert angefertigt.

Hatte die Zurschaustellung des Trousseaus tausende Gaffer auf die Beine gebracht, so fand der Renunziationsakt, bei dem die künftige Fürstin Windisch-Graetz auf ihre Erbfolgerechte verzichtete, gewissermaßen unter Ausschluß der Öffentlichkeit statt. Schauplatz der feierlichen Handlung war die „Geheime Ratsstube" in der Hofburg. Am 28. Juni 1900 hatte in diesem Raum ein mißlauniger Franz Ferdinand für seine aus seiner Verbindung mit der Gräfin Sophie von Chotek hervorgehenden Kinder auf die Thronfolge in der österreichisch-ungarischen Monarchie verzichtet. Am 22. Jänner 1902 war es für die achtzehnjährige Elisabeth so weit. Die Zeremonie lief nach denselben Regeln ab wie eineinhalb Jahre zuvor.

Kurz vor zwölf Uhr mittag nahmen der Weihbischof von Wien, Dr. Schneider, in Vertretung des Kardinal-Fürsterzbischofs Dr. Gruscha, die obersten Hofchargen, die Geheimen

Räte und Minister in der „Geheimen Ratsstube" Aufstellung, während sich im Audienzzimmer des großen Zeremonien-Appartements die majorennen Erzherzöge und die Erzherzogin versammelten. Erzsi trug ein hellblaues Atlaskleid mit Schleppe und einen Mantel aus silberweißer Seide. Um punkt zwölf Uhr begab sich der Erste Obersthofmeister, Rudolf Fürst Liechtenstein, in die kaiserlichen Appartements und erstattete Franz Joseph die Meldung, daß alles für den Staatsakt bereit sei. Der Monarch begab sich daraufhin in das Audienzzimmer und schritt von dort, gefolgt von den Erzherzögen und der Erzherzogin, in die „Geheime Ratsstube". In der Mitte des Saales stand auf einer Estrade der Thronsessel des Kaisers, ein Tisch mit dem Kruzifix Kaiser Ferdinands II. und dem Evangelienbuch. Der Kaiser nahm auf dem Thronsessel Platz, Erzherzogin Elisabeth Marie plazierte sich zu seiner Rechten. Nun erhob sich Franz Joseph und unter atemloser Stille rief er die Anwesenden als Oberhaupt des Erzhauses zu Zeugen des Staatsaktes auf. Die Versammelten bekundeten durch eine tiefe Verbeugung ihre gehorsamste Zustimmung. Es folgte die Verlesung der Verzichtsurkunde durch den Minister des k. u. k Hauses, Graf Goluchowsky. Jetzt war Elisabeth Marie an der Reihe. Sie schritt auf den Tisch zu und legte die Schwurfinger der entblößten rechten Hand auf das Evangelienbuch, das ihr Weihbischof Dr. Schneider entgegenhielt. Mit der Linken ergriff sie das Dokument mit der Eidesformel, die sie Wort für Wort ablas. Zu guter Letzt unterschrieb sie die Verzichtsurkunde, die vom Staatsnotar mit dem Siegel der Braut versehen und von Fürst Alfred Windisch-Graetz, dem Chef dieses Adelshauses, für den Bräutigam unterfertigt wurde. Damit war der Staatsakt zu Ende. Der Kaiser und die Erzherzöge verließen den Raum. Die Braut zog sich in ihre Gemächer zurück. Sie war, obwohl ihr noch ein paar Rechte verblieben, die ihr Franz Joseph großmütigerweise zugestanden hatte, aus dem Kaiserhaus ausgeschieden.

Was mochte das ungestüme junge Mädchen, dem die Zwänge des Hofzeremoniells aus tiefstem Herzen verhaßt waren, in diesen Augenblicken gefühlt haben? War sie froh, die Fesseln des Hoflebens abgestreift zu haben? War sie sich der Tragweite des Ereignisses, die eine Folge ihrer persönlichen Entscheidung war, überhaupt bewußt? Glaubte sie, mit diesem

Schritt ihr Schicksal in die eigene Hand genommen, ihr Glück gefunden zu haben? Alle diese Fragen wären zu beantworten, hätte Elisabeth Marie Notizen, biographische Anmerkungen hinterlassen. Sie tat es nicht. Sie war nicht sonderlich schreiblustig. So bleibt uns an den wichtigen Stationen ihres Lebens der Blick in ihre Seele verwehrt.

Der Kronprinzentochter blieb an diesem 22. Jänner 1902 nicht viel Zeit für beschauliche Betrachtungen. Um sechs Uhr abend gaben die Lonyays im Schloß Hetzendorf ein Diner. Sie waren ein paar Tage zuvor aus Austerlitz in Mähren angereist. Stephanie, die das Arrangement der Festlichkeit übernommen hatte, stellte dabei ihren guten Geschmack unter Beweis. Der mit Fresken reich ausgestattete Speisesaal im ersten Stockwerk erstrahlte im warmen Licht hunderter Kerzen. Die damast- und silbergedeckte Tafel war, einem blühenden Gewebe gleich, mit Girlanden von Myrten, weißen Nelken und Zyklamen überspannt. Vor jedem Gedeck stand eine Kristallvase mit einem entzückenden Blumenbouquet. Die Gäste wurden im Vestibül vom Grafen Lonyay empfangen. Am ersten Treppenabsatz entbot ihnen die Gastgeberin einen würdevollen Willkommensgruß. Die Braut, die in Begleitung des Kaisers vorfuhr,

Eintrittskarte zur Trauung

Nr. 7

EINTRITTS-KARTE

für den

Musikchor der Josefi-Kapelle

zur Trauung

Ihrer k. und k. Hoheit der durchl. Frau Erzherzogin Elisabeth Marie,

mit

Seiner Durchlaucht dem Fürsten Otto zu Windisch-Graetz,

Donnerstag, den 23. Jänner 1902, um 10 Uhr vormittags.

Zugang: über den Gang Amalienhof II. Stock, über den oberen Theil der schwarzen Adlerstiege durch das Vorzimmer des Sophien-Appartements zur Nebenstiege im ersten Zimmer des Franz-Carl-Appartements.

trug eine weiße Soie de Chinetoilette, deren Corsage ein dufti-
ges Spitzenarrangement zierte.

Nach einem kurzen Cercle im Salon wurden die Gäste in
den Speisesaal gebeten, wo die Kapelle des 84. Infanterie-Re-
gimentes die Tafelmusik besorgte. Das Diner verlief in ani-
mierter Stimmung. Das Menü war sorgfältigst ausgewählt. Es
wurden folgende Speisen gereicht:

Consommé Marie-Thérèse
Petites Timbales Napolitaine
Filets de Soles Magador
Aiguillette de Bœuf à la Râchel
Poulardes Prince de Galles
Granit de Mandarines
Faisan de Boheme aux Périgueux
Salade Romaine
Pointes d'asperges
Bombe Tosca
Petits Fours
Chester-Cakes
Dessert

An Weinen wurden kredenzt: Sherry, Rheinwein, Bor-
deaux, Champagner, Burgunder, Tokajer.

Nach etwas mehr als einer Stunde wurde die Tafel aufgehoben. Die Festgäste begaben sich in die Hofburg, wo um acht
Uhr abend Erzherzogin Marie Valerie, die Tante der Braut, in
den Franz-Karl-Appartements zu einer Soirée geladen hatte.
Die „Neue Freie Presse" berichtete am nächsten Tag ihren Lesern: „Der Kaiser war in bester Laune und konversierte mit den
zahlreichen Gästen. Die Erzherzogin sah am Vorabend der
Hochzeit strahlend aus und nahm alle Gratulationen mit einem
bezaubernden Lächeln entgegen. Sie war echt bräutlich in einem rosafarbenen Faillekleid mit mäßiger Schleppe erschienen. Unter allen Damen des Hofes ragte die Braut als die
größte hervor. Auch die Brautmutter wurde allgemein bewundert. Die Soirée dauerte nur eine Stunde. Um neun Uhr zog
sich der Kaiser zurück und danach verließen auch die Mitglieder des Kaiserhauses die Appartements."

Die Trauung fand am nächsten Tag in der Josephikapelle in

der Hofburg statt. Der Hochzeitszug setzte sich um zehn Uhr in Bewegung und gelangte über die mit Blumen und Pflanzen geschmückte, mit Teppichen bedeckte Schwarze Adlerstiege in die Kapelle, die mit weißem Flieder und Prunusröschen dekoriert war. Für den Kaiser war rechts vom Hochaltar ein Thronsitz mit einer davorstehenden Kniebank aufgestellt worden, vor dem Altar stand eine mit rotem Damast bedeckte Kniebank für das Brautpaar. Die Trauungsfeier, an der nur die engsten Familienangehörigen teilnahmen, wurde mit einer Ansprache von Bischof Dr. Mayer eingeleitet. Hernach stellte der Bischof die bekannte schicksalsschwere Frage. Die Erzherzogin und der Fürst beantworteten sie mit einem lauten Ja. Sie knieten nieder, wechselten die Ringe und reichten einander die Hand, während Dr. Mayer den Bund einsegnete. Im Anschluß daran wurde das Paar vom Kaiser in Privataudienz empfangen.

Franz Joseph war zufrieden. „Die Hochzeit ging gut vonstatten, die Braut sah sehr hübsch und glücklich aus und war bei der Renunciation, der Soirée und der Trauung sehr gut und élégant angezogen", schrieb er in seinem gewohnt spröden und lakonischen Stil an Frau Schratt. Der Leitartikler des „Illustrierten Wiener Extrablattes" war weniger nüchtern . . . „Es ist ein frohes, schönes Familienfest", frohlockte er, „das heute in der Hofburg gefeiert wird, das von keiner klügelnden politischen Staatsraison beeinflußt wird und bei dem es sich nur um den schönen Bund zweier edler, liebender Herzen handelt. Erzherzogin Elisabeth sucht in dieser Ehe nur ein reines und schönes Familienglück, das durch keinerlei andere Begleitumstände getrübt werden soll. Und in der Tat scheinen alle Vorbedingungen vorhanden zu sein, auf daß dieser Ehe der Kaiserenkelin ein volles und reines Glück beschert werde. Liebe und nur Liebe hat die zarten Fäden der Sympathie, die sich vor zwei Jahren gesponnen hatten, zum festen Band verwoben . . . Und darin liegt schon allein die sicherste Gewähr für das Glück des jungen Paares . . ."

Wie zerbrechlich dieses Glück war, konnte der jauchzende Kolumnist damals freilich noch nicht ahnen.

Knappe zweieinhalb Stunden nach der Trauungszeremonie in der Josephikapelle trat das Brautpaar mit einem Hofsonderzug die Hochzeitsreise an. Im Hofwartesaal des Südbahnhofes nahm die Fürstin Windisch-Graetz von ihrem kaiserlichen

Braut und Bräutigam:
Elisabeth und Otto Windisch-Graetz

Großvater herzlichen Abschied. Sie küßte ihm innig die Hand, der Kaiser drückte seiner Enkelin einen Kuß auf die Wange. Nicht minder liebevoll verabschiedete sich die junge Fürstin, die ein grünes Reisekleid mit braunem Pelzcape und einen grünen Hut trug, von ihrer Mutter. Als der Zug aus dem Bahnhof dampfte, winkte der Kaiser dem jungvermählten Paar vom Perron aus freundlich lächelnd Abschiedsgrüße zu. Ein neuer, ereignisreicher Abschnitt im Leben der Kronprinzentochter hatte begonnen.

5. Eine unheilvolle Verbindung

Der Hofzug ratterte nach Süden. Die junge Fürstin, die im gepolsterten Coupé neben ihrem Mann saß, empfand ein grenzenloses Gefühl der Erleichterung. Es war unsagbar wohltuend, keinen Hofschranzen mehr zu sehen, den kleinlichen Intrigen und Gehässigkeiten am Kaiserhof entronnen zu sein. Sie fühlte sich so frei und unbeschwert wie ein junger Vogel, der dem Nest entflogen war. Fest und unbeirrbar nahm sie sich vor, das freie Leben, das sie sich erzwungen hatte, an der Seite ihres Gatten voll auszukosten. Zumindest in den nächsten acht Tagen wollte das frischvermählte Paar sein junges Glück ungestört genießen, unbehelligt von öffentlichen Empfängen und Huldigungen.

Von Graz aus ordnete der Fürst daher telegrafisch an, die Ausschmückung des Zielortes, der Station Lees, zu unterlassen. Aber es war bereits zu spät. Die Fahnen hingen schon als Willkommensgruß an den Masten, auf dem Perron wimmelte es bei der Ankunft des Zuges von Hochrufern. Über das unnötige Spektakel ein wenig verärgert, begab sich das hohe Paar umgehend auf Schloß Seebach in Oberkrain, dem Familiensitz der Windisch-Graetz am Südufer des kleinen Sees von Veldes. Das pittoreske alte Felsenschloß, ein zweistöckiges Gebäude mit einer Front von acht Fenstern (der mittlere Rundbau nicht eingerechnet), war außen und innen auf Hochglanz hergerichtet worden.

Die Jungvermählten bezogen die Appartements im zweiten Stockwerk. Der verwöhnten Enkelin des Kaisers standen für den Kurzaufenthalt fünf Zimmer zur Verfügung, darunter ein rosa Salon, der dem gleichnamigen Raum in Laxenburg nachempfunden war, und ein reich ausgestattetes Boudoir. Der traumhafte Blick auf den See und den Schloßpark erregte das Entzücken der Erzherzogin. Sie fühlte sich in Veldes, dem heutigen Luftkurort Bled in Jugoslawien, in dem Staatspräsident Tito jahrelang den Sommer verbrachte, bald wie zuhause.

Elisabeth und Otto Windisch-Graetz konnten sich in ihrem Flitterwochennest ganz ihrem Glück hingeben. Sie machten trotz des kalten Wetters Wagen- und Bootsfahrten und genossen die Schönheit der Strandpromenade. Siebzehn Diener, die zum Teil aus Wien mitgekommen waren, sorgten für ihr Wohl. Sorglos lebten sie in den Tag hinein, besuchten die Wallfahrtskirche auf der Insel Maria-Hilf und ließen ein großes Feuerwerk und eine festliche Seebeleuchtung über sich ergehen, die ihnen zu Ehren veranstaltet wurden. Ohne Ovationen ging es anscheinend nicht, wenn ein Mitglied des Hofes irgendwo in der weiten Monarchie Aufenthalt nahm. Die Fürstin war zwar durch ihre Ehe aus dem Kaiserhaus ausgeschieden, aber die Menschen nahmen dies einfach nicht zur Kenntnis und ließen sich in ihren Huldbeweisen nicht stören.

Nach ungefähr einer Woche nahm das Ehepaar Windisch-Graetz Abschied von Veldes. Nun erst begann die eigentliche Hochzeitsreise, die über Florenz, Rom, Neapel, Sizilien und Malta nach Ägypten führte, wo Seine Durchlaucht Fürst Otto und Ihre k. u. k Hoheit, Fürstin Elisabeth Windisch-Graetz, am 10. Februar 1902 in Alexandrien vom k. u. k. Konsul Stephan von Ugron empfangen wurden, wie das Wiener Salonblatt zwei Wochen später berichtete. Noch am selben Tag setzte das fürstliche Paar seine Fahrt nach Kairo fort.

Ägypten war selbst für jene Gesellschaftsschichten, die sich zu Beginn unseres Jahrhunderts eine solche Reise leisten konnten, ein Traumziel. Die fremde Welt des Orients übte auf die phantasiebegabte junge Erzherzogin einen eigentümlichen Reiz aus. Ob sie sich beim Anblick der Pyramiden und der vielen anderen Sehenswürdigkeiten daran erinnerte – oder wußte sie es vielleicht gar nicht? –, daß ihr kaiserlicher Großvater 1869 anläßlich der Eröffnung des Suezkanals das Land besucht hatte und zur Spitze der Cheopspyramide hinaufgestiegen war? Er hatte damals auf halbem Wege umkehren wollen. Aber aufgeben durfte der Kaiser von Österreich nicht. Und Franz Joseph gab nicht auf. In Ägypten nicht und zuhause nicht. Er hielt durch bis zum bitteren Ende. Im Jahre 1869 war dieses Ende allerdings noch weit entfernt.

In Kairo gab es zu Ehren des Fürstenpaares mehrere Emp-

fänge und Diners in verschiedenen Botschaften, Museumsbe-
suche und Besichtigungsfahrten. Dann reisten Elisabeth und
Otto Windisch-Graetz nach Oberägypten. Die mehrwöchige
Fahrt führte an Luxor und Karnak, an Edfu und Kom Ombo
vorbei bis nach Assuan, wo der hohe Besuch am 10. März an-
kam und in der katholischen Missionskirche der heiligen Messe
beiwohnte. Dreizehn Tage später war der Nildampfer wieder
zurück in Kairo.

Die Karwoche und die Osterfeiertage verbrachte die Kaiserenkelin mit ihrem Gemahl in Jerusalem. Streng gläubig erzogen, aber keineswegs persönlich fromm, besuchte sie dort die
heiligen Stätten der Christenheit und nahm an den kirchlichen
Osterzeremonien teil.

Die Heimreise des Fürstenpaares erfolgte über Athen und
Konstantinopel. Georg I., der König der Hellenen, gab zu Ehren seiner hochzeitsreisenden Gäste eine Galatafel, in Konstantinopel überbot sich Sultan Abd Al Hamid II. an Gast-
freundschaft. Er machte der Fürstin ein prachtvolles Pferdepaar
und eine kostbare Brillantenbrosche zum Geschenk. Den Prinzen bedachte er mit einer diamantengeschmückten Tabatiere.
Wir dürfen annehmen, daß die herrlich gelegene Stadt mit ihren imposanten Palästen und ehrwürdigen Moscheen auf den
hohen Besuch einen nachhaltigen Eindruck hinterlassen hat.
Nach einigen Tagen Aufenthaltes in der schönen Stadt am Bosporus schiffte sich das Paar wieder ein. Der Lloyddampfer
„Carniolia" brachte es via Korfu und Brindisi nach Triest. Von
dort ging es per Bahn in die kaiserliche Residenz weiter. Die
Rückkehr nach Wien erfolgte am 13. Mai 1902. Hier erwartete
den Fürsten eine freudige Nachricht: Der Kaiser hatte den Gatten seiner Enkelin dem Generalstab des 9. Infanterie-Trup-
pendivisionskommandos zugeteilt. Dieses militärische Avan-
cement wurde allerdings durch die Tatsache getrübt, daß der
frischgebackene Generalstäbler seinen Dienst in Prag zu versehen hatte. Nach mehr als einem Vierteljahr heiterer Unbeschwertheit und ungetrübter Lebensfreude trat damit wieder
der Alltag in seine Rechte.

Am 17. Mai 1902 traf das Ehepaar Windisch-Graetz in der
Moldaustadt ein und bezog in der Villa Gröbe in den Königli-
chen Weinbergen Quartier. Diesmal ging es ohne offiziellen
Empfang ab. Der Fürst konnte jedoch nicht umhin, dem Statt-

halter von Böhmen, Grafen Coudenhove, dem Oberstlandmarschall, Georg Fürst Lobkowitz, und dem Bürgermeister von Prag, Dr. Srb, einen Antrittsbesuch abzustatten.

Es hat nicht den Anschein, als ob Otto Windisch-Graetz in den nächsten Wochen und Monaten von seinen militärischen Dienstobliegenheiten über Gebühr in Anspruch genommen worden wäre. Das gutunterrichtete Wiener Salonblatt berichtet immer wieder von Besuchen, Reisen und Empfängen des fürstlichen Paares. So besuchten Elisabeth und Otto Ende Mai Stephanie und Elemer Lonyay auf Schloß Austerlitz in Mähren und reiste Mitte Juni zu den Internationalen Militär-Pferdesprungwettkämpfen nach Turin, wo Prinz Emanuele von Savoyen zu ihren Ehren ein Diner gab. Im Juli waren Elisabeth und Otto Windisch-Graetz ein paar Tage in Karlsbad zur Kur, Anfang August traten sie eine längere Reise nach Italien an. Zwischendurch fanden sie sich zur alljährlichen Gratulationstour beim Kaiser in Ischl ein.

Das umfangreiche Reiseprogramm wurde im September durch die Nachricht vom Tod der belgischen Großmutter unterbrochen. Erzsi und ihr Gemahl machten sich sofort auf den Weg, um an den Begräbnisfeierlichkeiten teilzunehmen. In Frankfurt am Main erreichte sie jedoch ein Telegramm der Gräfin Lonyay mit der Mitteilung, daß ihre Anwesenheit in Belgien nicht erwünscht sei. Der König, der von seiner Gemahlin längst getrennt lebte, hatte seine eigene Tochter vom Krankenbett der Mutter verjagt. Das Ehepaar Windisch-Graetz kehrte nach Prag zurück, von der Pietätlosigkeit des Königs tief betroffen.

Das erste Ehejahr der Kronprinzentochter mit ihrem Abgott, dem feschen Ulanenoffizier Otto Windisch-Graetz, verlief aristokratisch stilgerecht und harmonisch: man amüsierte sich und lebte von den Zinsen des ererbten Vermögens. Der frischgebackene Ehemann zeigte sich von seiner besten Seite. Er war von ausgesuchter, liebenswürdiger Höflichkeit, er las seiner Gattin jeden Wunsch von den Lippen ab. Kein Wölkchen trübte den Ehehimmel. Das verliebte junge Paar lebte sorglos in den Tag hinein, ging seinen gemeinsamen Interessen und Vergnügungen nach. Das Eheglück schien perfekt zu sein, als Erzsi im Herbst 1902 ihrem Gemahl die Mitteilung machte, daß sie guter Hoffnung sei. Ein Urlaub in Nizza an der französischen Riviera im Jänner und Februar des Jahres 1903 sollte der Enkelin des Kaisers die Schwangerschaft erleichtern. Aber es kam alles anders als geplant. Die Erzherzogin erkrankte und mußte sich einer Operation unterziehen. Eine Fehlgeburt war die Folge. Einen Tag vor der Operation verlangte Otto, Erzsi solle ein Testament machen und ihm darin ihr ganzes Vermögen verschreiben. Begründung: Wenn ihr etwas zustieße, stünde er mit leeren Händen da. Die Neunzehnjährige war konsterniert. Wie konnte ihr Gatte in dieser Situation ein solches Ansinnen an sie stellen? War ihm ihr Besitz mehr wert als ihre Gesundheit? In einem Wirrwarr einander widerstreitender Gefühle unterzog sie sich der Operation. Nach Prag zurückgekehrt, verlieh der Fürst seinem Verlangen nach der Errichtung eines Testamentes steigenden Nachdruck. Die in wirtschaftlichen Dingen und in Geldangelegenheiten völlig unerfahrene Erzherzogin gab dem vehementen Drängen schließlich nach. Am 19. März 1904 verfaßte sie ein Testament, das sie später widerrief. Es hatte folgenden Wortlaut:

„Im Falle meines Todes hinterlasse ich mein *ganzes* Vermögen, meinen Schmuck und *alle* mir gehörenden Sachen meinem Manne.

Elisabeth Marie Fürstin Windisch-Graetz
geb. Erzherzogin von Österreich"

Der Zeitpunkt war nicht zufällig gewählt. Drei Tage später, am 22. März 1904, um halb ein Uhr morgens, brachte Erzsi ihr erstes Kind zur Welt. Es war ein Knabe. Die Nachricht von der Geburt wurde vom Kaiser mit großer Freude aufgenommen. Er entsandte seinen Schwiegersohn, Erzherzog Franz Salvator, nach Prag, um als sein Stellvertreter bei der Taufe seines Urenkels zu fungieren. Die Taufzeremonie wurde von Kardinal-Fürsterzbischof Dr. Leo Skrbensky unter großer Assistenz und im Beisein der engsten Familienmitglieder vorgenommen. Der Knabe erhielt den Namen Franz Joseph. Einige Zeit später suchte Fürst Otto Windisch-Graetz um einen einjährigen Urlaub ohne Gebühren an. Nach Ablauf des Jahres zum Rittmeister 2. Klasse befördert, gab er seinen militärischen Beruf überhaupt auf. Als Mann der Enkelin des Kaisers hielt er es für unstandesgemäß, sich in der k. u. k. Armee hochzudienen. Die Verwaltung des Vermögens der Erzherzogin war in den Ehepakten ihm übertragen worden. Von diesem Vermögen ließ es sich bequem leben. Zudem hatte der Kaiser für die Bitten seiner Lieblingsenkelin um finanzielle Unterstützung stets ein offenes Ohr. Erst am 30. Dezember 1902 hatte er mit Allerhöchstem Handschreiben „Seiner Kaiserlichen und Königlichen Hoheit, der Erzherzogin, eine Sustentation von jährlich 24 000 Kronen auf Lebensdauer aus der Allerhöchsten Privatkassa huldvollst zu bewilligen geruht". Mit der Huld Franz Josephs konnte Erzsi gewiß weiter rechnen. Der Fürst war sich dessen sicher. Er würde diesen Umstand zu schätzen und zu nützen wissen.

Im Jahr 1908 gab es in Europa eine Krise. Das politische Dilemma wurde durch einen überfallsartigen Schritt Österreich-Ungarns ausgelöst: Am 5. Oktober 1908 proklamierte Franz Joseph ohne vorherige Absprache mit den Großmächten die Annexion Bosniens und der Herzegowina. Diese Maßnahme war als Reaktion auf die innenpolitischen Vorgänge im Osmanischen Reich zu verstehen, dessen Souveränität die beiden Territorien unterstanden.

In der Türkei hatte am 3. Juli die Jungtürkische Revolution die Absetzung des Sultans, die Proklamation einer Verfassung und die Ausschreibung von Wahlen in ein Parlament erzwungen. Die Jungtürken verlangten auch die Rückgabe Bosniens und der Herzegowina, das seit dem Berliner Kongreß des Jahres 1878 unter habsburgischer Verwaltung stand. Franz Joseph wollte das verhindern. Er handelte, noch ehe die Jungtürken in der Lage waren, diese Forderung auch durchzusetzen. Aber die Aktion war diplomatisch schlecht vorbereitet. Zwar hatte der österreichisch-ungarische Außenminister, Aloys Lexa Freiherr von Aehrenthal, im September 1908 bei einem Gespräch auf Schloß Buchlau in Mähren dem russischen Außenminister Alexander Iswolskij die Zustimmung zur Annexion abgelistet. Er versprach seinem russischen Kollegen, sich als Gegenleistung für die Öffnung der Meerengen, für die Durchfahrt der russischen Kriegsflotte durch den Bosporus und die Dardanellen, einzusetzen. Aber er nannte für die Maßnahme, die eine bereits beschlossene Sache war, keinen Termin. Das unerwartet rasche Handeln Österreich-Ungarns löste im Zarenreich heftige Entrüstung aus, zumal Großbritannien seine Zustimmung zur Öff-

Fürstin Elisabeth Marie Windisch-Graetz als junge, gereifte Frau

nung der Meerengen versagte. Die Westmächte waren empört, die Bündnispartner der Doppelmonarchie, das Deutsche Reich und Italien, machten aus ihrer Verstimmung kein Hehl, die Serben schäumten. Die Türkei verhängte einen Boykott über österreichische Waren, das der Industrie und dem Handel der Monarchie schweren Schaden zufügte. Schließlich kam es zu einem Ausgleich: Gegen eine Zahlung von 50 Millionen Kronen verzichtete der Sultan auf die annektierten Provinzen. So führte die Eingliederung Bosniens und der Herzegowina in den habsburgischen Staatsverband hart an den Rand eines europäischen Krieges heran.

Die Kaiserenkelin nahm an der Annexionskrise gewiß keinen Anteil. Für Politik interessierte sie sich damals nicht sonderlich. Außerdem war sie zu dieser Zeit zu sehr mit sich selbst und ihrer Familie beschäftigt. Ihre Ehe war in eine Krise geraten. Annexionskrisen führen zu politischen, Ehekrisen zu persönlichen Erschütterungen. Nach der Geburt des zweiten Sohnes am 21. April 1905, der auf den Namen Ernst Weriand getauft wurde, gaben die Windisch-Graetz den Prager Wohnsitz auf. Er war für die größer werdende Familie zu klein geworden. Erzsi ersuchte den kaiserlichen Großvater, ihr das Schloß Ploschkowitz in Nordböhmen zur Verfügung zu stellen. Franz Joseph, der seiner Lieblingsenkelin kaum je einen Wunsch abschlug, kam der Bitte nach. Das in der Nähe vom Leitmeritz gelegene Schloß war ein barocker Bau aus der Zeit um 1720. Es wurde 1816 erweitert und diente Kaiser Ferdinand I., der 1848 zugunsten seines Neffen Franz Joseph abgedankt hatte, lange Zeit als Wohnsitz. Die Familie Windisch-Graetz bezog im Sommer 1905 ihr neues Domizil. Das Schloß war wohl wesentlich geräumiger als der Prager Wohnsitz, aber nicht gerade behaglich. Es gab wenig Komfort, obwohl genug Hauspersonal zur Verfügung stand. Die alten, dicken Mauern waren nur schwer mit Leben zu erfüllen. Dazu kam seine verhältnismäßig abseitige Lage. Das nahe Leitmeritz war eine schmucke, aber verschlafene Kleinstadt, Bischofssitz wohl, aber ohne die Möglichkeit gesellschaftlichen Anschlusses. Prag war ungefähr sechzig Kilometer entfernt. Mit den damaligen Verkehrsmitteln war diese Strecke in eineinhalb Stunden zu bewältigen. Eine Fahrt in die alte böhmische Hauptstadt, zu einer befreundeten Familie, zu einem sportlichen oder kulturellen Ereignis war nicht gerade eine Strapaze. Aber ein Vergnügen war sie auch nicht.

Die junge, unternehmungslustige Fürstin fühlte sich in diesem Schloß bald nicht mehr wohl. Sie empfand seine provinzielle Abgeschiedenheit erdrückend. So nimmt es nicht wunder, daß sie jede Gelegenheit nützte, um der Eintönigkeit dieses Domizils zu entfliehen. Jährlich verbrachte sie, wenn überhaupt, nur ein paar Monate in dem kaiserlichen Schloß. Sie gebar hier aber ihre zwei jüngsten Kinder, einen Prinzen und eine Prinzessin. Der dritte Sohn, der am 4. Februar 1907 zur Welt kam, wurde auf den Namen Rudolf getauft. Die Tochter, am 9. Juli 1909 geboren und später allgemein „Fee" gerufen, erhielt den Namen Stephanie. Mit dem nach dem Thronfolger benannten Rudolf meinte es das Schicksal nicht gut. Er erbte von der glänzenden Begabung seines Großvaters überhaupt nichts.

Kränklich und leicht schwachsinnig, wurde er zum Sorgenkind der Familie. Sobald es ihr körperlicher Zustand erlaubte oder notwendig machte, verließ die Fürstin, die in diesen Jahren viel krank war und sich des öfteren ärztlichen Untersuchungen unterziehen mußte, Schloß Ploschkowitz. Ein Überblick über ihre Aufenthalte in den Jahren 1906 bis 1917 reflektiert nicht nur ihre innere Unrast, sondern auch ihr familiäres Schicksal und die Geschichte ihrer Ehe. Das aufschlußreiche Kalendarium sieht folgendermaßen aus:

Winter 1905/1906: Schloß Schönbrunn
März 1906: Blinddarmoperation
April bis Juni 1906: Schönbrunn, dann Ploschkowitz
April 1907: Fachärztliche Untersuchung durch den bekannten Frauenarzt Professor Chrobak
Sommer 1907: Berchtesgaden
Herbst 1907: Levico, Kurort in Südtirol
Winter 1907/1908: Volosca-Abbazia, Villa Irena
Frühjahr 1908: Semmering, Pension Waldhof, dann Ploschkowitz
Winter 1908/1909: Abbazia, dann Semmering, Volosca-Abbazia (bis Mitte Mai)
Mai 1909: Ploschkowitz
Herbst 1909: Schloß Schönbrunn. Ärztliche Untersuchung durch Professor Josef Ritter von Kerzl
Jänner/Februar 1910: Brioni
März bis Juli 1910: Miramare, dann Ploschkowitz
Winter 1910/1911: Wien, Strohgasse 21
März 1911: Operation
April bis Juli 1911: Miramare, dann Franzensbad, Levico, Ploschkowitz, Wien
Jänner bis Juli 1912: Miramare, dazwischen Viareggio und Brioni, schließlich Ploschkowitz
Jänner/Februar 1913: Miramare, dann Brioni, Verlegung des Haushaltes nach Schönbrunn, Ischl
September/Oktober 1913: Levico, schwere Erkrankung, Sterbesakramente
Oktober 1913 bis August 1914: Brioni
August 1914 bis März 1915: Wien, Strohgasse 21
März bis Mai 1915: Abbazia, dann Schloß Schönau (NÖ)

Winter 1915 bis Sommer 1916: Semmering
Winter 1916/1917: Kitzbühel
Ab März 1917: Schloß Schönau

Bei den meisten dieser Aufenthalte hatte die Fürstin ihre Kinder bei sich, deren Gesundheitszustand sehr zu wünschen übrigließ. Die beiden älteren Knaben, Franz Joseph und Ernst Weriand, waren, wie erste medizinische Autoritäten feststellten, „in Richtung der Tuberkulose erblich belastet". Alle drei Knaben waren blutarm, hatten eine neuropathische und lymphatische Veranlagung und litten wie ihre Schwester Stephanie an periodischem Acetonerbrechen. Sie benötigten dringend therapeutische Heilbehandlung in Kurorten und Bädern. Das Reisefieber der Fürstin Windisch-Graetz ist bis zu einem gewissen Grad von diesem Aspekt her zu erklären. Es hatte aber auch eine persönliche Komponente. Erzsi war sonnenhungrig. Sie konnte die düsteren, lichtlosen Wintermonate im heimatlichen Wien und im rauheren Böhmen nicht ausstehen. Sie hatte das unbezähmbare Bedürfnis, den Winter alljährlich im Süden zu verbringen, wo die Sonne ihr (flatterhaftes) Herz erwärmte und der blaue Himmel ihr zuweilen verdüstertes Gemüt aufheiterte.

Dem Fürsten waren diese vielen Reisen zuwider. Der ständige Wechsel des Aufenthaltsortes verdroß, das Verweilen am Meer langweilte ihn. In den ersten Ehejahren begleitete er seine Familie. Später blieb er dem gemeinsamen Wohnsitz wochen- und monatelang fern, vernachlässigte immer häufiger Frau und Kinder, ging seinen eigenen Vergnügungen nach: der Jagd, dem Reitsport, dem Polospiel. Die Entfremdung zwischen den Ehegatten wuchs. Ihre Beziehungen wurden kühler, bis sie schließlich erkalteten, in Gehässigkeit und erbitterten Hader umschlugen. Die äußeren Formen des Zusammenlebens blieben zunächst gewahrt. Später lebte man schlecht und recht nebeneinander her. Zuletzt führten die Wege weit auseinander. Es gab Ehestürme gigantischen Ausmaßes, Versöhnungen, die nur von kurzer Dauer und niemals echt waren.

Es wäre falsch, die Ursachen für das Scheitern dieser Ehe in Äußerlichkeiten zu suchen, in der Reiselust der Fürstin etwa oder in der Spielleidenschaft und Geldgier des Fürsten. Hier standen einander unerbittlich zwei völlig verschieden geartete

Charaktere, zwei dissonante Naturen, gegenüber: eine selbstbewußte, eigenwillige junge Frau, die mit zunehmender Reife immer extravaganter und herrischer wurde, ein eitler, eigensüchtiger, oberflächlicher Mann ohne tiefere geistige Interessen, dem Geld und materieller Besitz viel, wenn nicht alles im Leben bedeuteten.

Die Erzherzogin war nach eigener Darstellung ein unberührtes Mädchen, als sie Otto Windisch-Graetz kennenlernte. Bei ihrer Jugend und ihrer Erziehung wird man ihr das wohl glauben dürfen. Der Prinz war ihr großer Schwarm. Er verkörperte für sie das Idealbild männlicher Schönheit, maskuliner Kraft und Standfestigkeit. Als sie erkannte, daß sich hinter der schönen Maske Leere verbarg, Indolenz und Abgeschmacktheit, als ihr bewußt wurde, daß Otto Windisch-Graetz sie nicht aus Liebe geheiratet hatte – oder hatte vielmehr nicht sie ihn geheiratet? –, sondern aus Berechnung, zerbrachen ihre Jugendträume. Ernüchterung, Enttäuschung, Erbitterung waren die natürliche Folge des bösen Erwachens. Gewiß ist die Schuld für den Zusammenbruch dieser ehelichen Verbindung in den nicht zu vereinbarenden menschlichen Gegensätzen zu suchen. Schuldhaftes Verhalten liegt auf beiden Seiten vor. Man sollte freilich nicht außer acht lassen, daß die reifere, erfahrenere Persönlichkeit zunächst der Fürst war, daß er das eheliche Zusammenleben hätte gestaltend bestimmen müssen. Otto Windisch-Graetz war nicht willens oder nicht imstande, dies zu tun.

Nach den späteren Aussagen der Fürstin gab es zwischen ihr und ihrem Mann vom Beginn ihrer ehelichen Gemeinschaft an keine sexuelle Harmonie. „Er hat zweifellos seine Gesundheit durch jugendliche Exzesse so geschwächt", heißt es in der Antwort auf die Eheklage des Fürsten, „daß er nicht als vollwertiger Mann in die Ehe getreten ist. Ich war unerfahren und habe selbstverständlich alles geduldet und über mich ergehen lassen, so lange, bis ich infolge der perversen Veranlagung meines Gatten erkrankte, mich Ärzten anvertraute und infolgedessen vollkommene Einstellung jedes derartigen Verkehres auf ärztlichen Rat verlangen mußte, um nicht durch die Manipulation meines Gatten in einen Zustand von Nervenzerrüttung zu geraten . . .“

Das heikle Thema wurde zu einem Zeitpunkt, als die Ehe bereits sehr brüchig war, auch zum Gegenstand einer Korrespondenz. In einem Brief der Fürstin an den Fürsten aus Brioni, der mit 16. Juli 1912 datiert ist, heißt es:

„Lieber Otto!

Seit gestern bin ich hier, wo ich durch Professor Wertheim untersucht wurde. Er wünscht unbedingt, daß ich abermals nach Franzensbad gehe und werde gleich nach Frankfurt eine dreiwöchige Kur beginnen. Um jedwedem Mißverständnis aus dem Wege zu gehen und auch jede für uns beide immer so peinliche Auseinandersetzung zu vermeiden, will ich Dir schriftlich mitteilen, daß ich mit Professor Wertheim eingehend unsere ehelichen Beziehungen besprochen habe. Ich habe ihm den schweren Vorwurf mitgeteilt, den Du mir in Brioni am 14. Juni machtest; ich beeinträchtige durch meine Kälte Deine Männlichkeit und ich sei diejenige, die keinen Verkehr braucht und verlangt, habe ihm auch gleichzeitig gesagt, daß ich schon mehr als zwei Jahre keine Befriedigung hatte und dieses Gefühl untergraben durch meine Nerven wird. Wertheim ist gerne bereit mit Dir zu reden, damit für die Zukunft ein mögliches Verhältnis geschaffen werde und hielte es für gut, wenn Du, während ich in Franzensbad bin, zum Lahmann gingest . . .“

In einem weiteren, undatierten Schreiben wurde sie deutlicher: „ . . . Du weißt es ja“, schrieb sie, „daß unser eheliches Verhältnis sich im Laufe der Jahre in einer Weise gestaltet hat, daß es uns beiden zur Last fällt. In letzter Zeit aber hat sich so manches begeben, das mich überzeugt hat, daß ein Weiterleben unter den gleichen Bedingungen mir unmöglich ist . . . Du hast mir unlängst vorgeworfen, daß ich durch meine Kälte Deine Männlichkeit beeinträchtige, Du hast aber nicht bedacht, wie unwürdig und eine Frau demütigend die Art und Weise ist, in der Du mich behandelst. Du weißt genau, wie schwer Du in dieser Beziehung gegen mich gesündigt hast und daß ich genügend Zeugen hätte, wenn ich wollte, um meine Unschuld und Deine Schuld zu beweisen. Allein das will ich nicht, denn ich habe ja im Gegenteil den Wunsch gut mit Dir auszukommen, aber ich kann es von Dir fordern, daß Du erst *dann* die eheliche Pflicht von mir verlangst, bis Deine Kraft wiederhergestellt ist und der eigentliche Zweck der Ehe und mein Beruf als Frau und Mutter wieder erfüllt werden kann . . .“

Zu diesen Feststellungen und Vorwürfen seiner Frau liegen

von seiten des Fürsten keine schriftlichen Äußerungen vor. Eine Apotheker-Rechnung über den Ankauf eines Aphrodisiakums läßt die Behauptungen der Fürstin jedoch zumindest nicht unwahrscheinlich erscheinen.

Salesianer-Apotheke
Mr. Ph. Arnold Schmidt
Wien,
III/3, Salesianergasse 14,
Ecke Strohgasse   Wien, im September 1912

RECHNUNG
für seine Durchlaucht OTTO FÜRST
zu WINDISCH-GRAETZ

Jänner   omiss.omitt.
       28 Yohimbintabletten .... K 2·65
              omiss.omitt.

Hochachtungsvoll
ergebener
A. Schmidt m.p.
Apotheker

Trotz seiner Potenzschwierigkeiten war der Fürst, wenn man seiner Gemahlin glauben darf, stets auf amouröse Abenteuer aus. Er unterhielt schon kurze Zeit nach der Vermählung in Prag eine intime Beziehung zu einer Schauspielerin, die den Gegenstand öffentlicher Diskussion bildete, und war in den Jahren 1911 bis 1914 einer Dame der Wiener Halbwelt, namens Vogt-Ferida, sehr verbunden. Dazu Elisabeth Windisch-Graetz: „Mein Gatte verkehrte mit ihr häufig. Er besuchte sie ungefähr alle 8 bis 10 Tage, kam gewöhnlich per Auto in Zivil angefahren und hatte derart freien Zutritt zu der Dame, daß er von den Dienstmädchen nicht einmal mehr angemeldet wurde. Er kam, wie die anderen Liebhaber der Dame, nicht mit leeren Händen, da diese an ihre Freunde hohe materielle Ansprüche stellte. Mein Gatte blieb unter Tags 1½ bis 2 Stunden bei der Dame und durfte, wenn er bei ihr war, das Dienstpersonal das Zimmer nicht betreten . . . Mein Gatte galt als ständiger Liebhaber der Vogt-Ferida. Er schickte ihr Blumen, machte ihr Geschenke, verbrachte gemeinsam mit der Dame ganze oder halbe Nächte . . .“

Es waren nicht die einzigen Damenbekanntschaften seiner Durchlaucht des Fürsten Otto zu Windisch-Graetz, wie seine Gemahlin beinahe genüßlich feststellte. Sie ließen sie allerdings nicht so kalt, wie sie vorgab. Angeblich soll sie in Schönau einen vor der Schlafzimmertür ihres ehebrechenden Gatten postierten Kammerdiener erschossen haben. Der Kaiser – so die Fama – vertuschte die Affäre.

Die Fürstin hielt sich für die eheliche Untreue ihres Mannes bei ihren alljährlichen Aufenthalten in den südlichen Nobelkurorten der Monarchie – und nicht nur dort – offenbar schadlos. Gräfin Happack: „Sie war sexuell krankhaft veranlagt, sie hatte zahllose Männeraffären. In ihr steckte das unglückselige Erbe des Vaters." Der Fürst war für die Schwächen seiner Frau nicht blind. „Schon nach dem zweiten Kinde", erzählt er in seiner Scheidungsklage, die vom „Wiener Illustrierten Extrablatt" vom 20. April 1924 auszugsweise abgedruckt wurde, „mußte ich wahrnehmen, daß meine Gemahlin sich mit einer Schar von jüngeren Herren zu umgeben pflegte und daß die Unterhaltung mit ihnen bedenklicher Art war. Dies steigerte sich von Jahr zu Jahr, so daß ich wiederholt Anlaß nehmen mußte, meiner Frau ernsthafte Vorstellungen zu machen und von ihr die Wahrung des äußerlichen Anstandes zu verlangen. Zunächst gelang es mir auch halbwegs, das Verhalten meiner Gemahlin in entsprechenden Bahnen zu erhalten.

Nach und nach wurde aber das Benehmen meiner Gemahlin immer bedenklicher, und ich mußte ihr nach einer höchst unliebsamen Szene, die sie in einer Bar in Pola im Jahre 1914 mit fremden Offizieren aufgeführt hatte, in unserem damaligen Heim in Brioni ernste Vorbehalte machen und ihr eine Beschwerde an ihren kaiserlichen Großvater in Aussicht stellen.

Erst nachträglich erfuhr ich, daß meine Frau sich es schon längst zur Gewohnheit gemacht hatte, in Brioni, Miramare und andernorts mit jungen Offizieren, insbesondere Marineoffizieren, in einer solchen, öffentlichen Anstoß erregenden Art zu verkehren, daß allgemein an das Vorhandensein intimer Beziehungen zu denselben geglaubt wurde. Selbst einen meiner Verwandten, meinen Vetter, den Linienschiffsleutnant Fürsten Alfred zu Windisch-Graetz, der sie im Frühjahr 1912 in Miramare besuchte und bei ihr wohnte, lud sie beim Souper ein, um 2 Uhr nachts in ihr Schlafzimmer zu kommen.

Otto Weriand Prinz zu Windisch-Graetz

Ein offenkundiges, andauerndes ehebrecherisches Verhältnis hatte die Beklagte seit Mitte 1913 mit dem Linienschiffsleutnant Egon Lerch bis zu seinem Tode im August 1915."

Die Liaison zwischen der Fürstin Windisch-Graetz und dem U-Boot-Kommandanten Egon Lerch war damals in Wien nicht nur in aristokratischen Kreisen ein beliebtes Gesprächsthema. Die beiden lernten einander mit großer Wahrscheinlichkeit bei einem der zahlreichen Aufenthalte der Fürstin im Süden in der Hafenstadt Pola, wo Lerch stationiert war, kennen. Es muß nicht unbedingt in einem öffentlichen Lokal gewesen sein, obwohl das natürlich nicht auszuschließen ist. Zum Mißvergnügen der Hofkreise, vor allem des Thronfolgers Franz Ferdinand, gab der Kaiser seiner Enkelin auch ab und zu die Erlaubnis, für ihre Ausflugsfahrten Kriegsschiffe zu benutzen. Auch dabei

U-Boot-Kapitän Egon Lerch.
Die große Liebe der Fürstin Windisch-Graetz

könnte es zu ersten Kontakten gekommen sein. Wo immer sie einander auch zum ersten Mal begegnet sind, die ehemalige Erzherzogin und der junge Marineoffizier fanden jedenfalls aneinander Gefallen.

Egon Lerch, der Mann, dem die Enkelin des Kaisers nicht nur vorübergehend ihre Zuneigung, sondern ihre Liebe schenkte, wurde am 19. Juni 1886 in Triest als Sohn eines k. u. k. Linienschiffskapitäns geboren. Er besuchte vier Klassen der k. u. k. Militär-Unterrealschule in Güns und trat dann in die k. u. k. Marine-Akademie ein, die er mit gutem Gesamterfolg absolvierte. Er wurde 1904 als Seekadett 2. Klasse ausgemustert und war auf verschiedenen Kriegsschiffen stationiert. 1908 wurde er zum Fregatten-, 1913 zum Linienschiffsleutnant befördert. Lerch wird in den Dienstbeschreibungen von seinen Vorgesetzten als mutiger und tüchtiger Offizier bezeichnet. Er wurde verschiedentlich dekoriert. 1911 drückte ihm Seine Kaiserliche und Königliche Majestät „für die mit Gefährdung des eigenen Lebens bewirkte Rettung eines Menschen vom Tode des Ertrinkens" seine Allerhöchste Zufriedenheit aus.

Der junge, unerschrockene Offizier, ein „offener, lebhafter, heiterer, männlicher Charakter", hatte angenehme Umgangsformen und bewegte sich gern in guter Gesellschaft. Die Qualifikationsliste des Jahres 1904 weist ihn als gesellig und ein wenig leichtsinnig aus. 1910 heißt es: „Ist trotz etwas jugendlichen Leichtsinnes ein tüchtiger und strebsamer Offizier."

Egon Lerch war ein gutaussehender Mann. Eine Photographie als Linienschiffsleutnant zeigt ihn als forschen, männlichen Typ mit einem markanten, attraktiven Gesicht, das von einer scharfgeschnittenen Nase und einem wohlgeformten, sinnlichen Mund beherrscht wird. Man kann sich vorstellen, daß der lebenslustige Offizier auf Frauen Eindruck machte. Lerch seinerseits war kein Verächter weiblicher Reize. Seine frühen Damenbekanntschaften blieben nicht ohne Folgen. Er holte sich eine Gonorrhöe, sodaß er, neunzehnjährig, in das Marinespital ausgeschifft werden mußte. Er war aus diesem Grunde auch für eine Beförderung nicht geeignet, wie die Qualifikationsliste trocken feststellt. Die Krankheit wurde jedoch anscheinend rasch ausgeheilt, da der Offizier bald darauf als „gesund und seekriegstauglich" bezeichnet wird.

Die Vermutung ist naheliegend, daß der U-Boot-Kommandant in die Beziehung mit der liebeshungrigen Fürstin einige einschlägige Erfahrung einbrachte. Das Liebesverhältnis gewann mehr und mehr an Intensität. „Es ging so weit", führte Otto Windisch-Graetz in seiner Scheidungsklage weiter aus, „daß Lerch zwei- bis dreimal allwöchentlich bei meiner Frau in ihrem Schlafzimmer übernachtete; dies insbesondere während des Aufenthaltes meiner Frau und meiner Kinder in der Villa Punta Naso in Brioni im Sommer 1914, wo das Übernachten des Lerch bei meiner Frau der Dienerschaft bereits eine gewohnte und selbstverständliche Sache war. Lerch kam einige

Tage hintereinander oder jeden zweiten Tag. Sie nachtmahlten zusammen; um halb 9 Uhr abends verabschiedete meine Frau ihn scheinbar; er kam aber dann gegen 12 Uhr nachts in ihr Schlafzimmer und ging entweder gegen 5 Uhr morgens oder gegen 9 Uhr morgens weg. Die in das Vertrauen meiner Frau gezogenen Bediensteten mußten dafür sorgen, daß Lerch beim Weggehen niemandem begegnete. Häufig ging Lerch zeitig morgens aus dem Schlafzimmer meiner Frau durch das daneben liegende Zimmer meiner beiden älteren Söhne Franz und Ernst und durch den Vorraum in mein im selben Stockwerk gelegenes Zimmer, wo er mit den Utensilien meiner Frau Toilette machte, um dann gegen 9 Uhr vormittags aus dem Hause zu gehen. Der regelmäßige Verkehr meiner Frau mit Lerch war selbstverständlich ein offenes Geheimnis für das Hauspersonal, zumal das Verhalten meiner Frau gegenüber der Dienerschaft für diese nur dann erträglich war, wenn Lerch sich bei ihr befand, während sie sonst die Dienerschaft quälte und beschimpfte. Auch hatten die Bediensteten und die Chauffeure wiederholt Gelegenheit zu beobachten, wie meine Frau und Lerch sich auf dem Balkone, im Stiegenhause, im Auto küßten . . .“

Der gehörnte Ehemann wußte über seine ungetreue Gattin noch mehr zu berichten. „Vom Jänner bis Juli 1915 hatte meine Frau, während ich im Felde war, häufige Zusammenkünfte mit Lerch in Wien“, teilte er dem Gericht mit. „Sie holte ihn mit ihrem Auto entweder vom Hotel Beatrix oder von einer vor Wien gelegenen Bahnstation (Meidling oder Wiener-Neustadt oder Payerbach) ab und brachte ihn bei der Abreise nach einer solchen Station, damit sie nicht mit ihm auf einem Wiener Bahnhofe gesehen werde.

Während dieser Zeit machte meine Frau mit Lerch von Wien aus auch eine Reise nach R. in Böhmen zu einer ihr befreundeten Dame. Sie fuhr mit ihm, der morgens vom Meidlinger Bahnhof abgeholt worden war, nachmittags mit dem Auto nach Oberhollabrunn, wo sie in einem einfachen Einkehrgasthofe abstiegen und ihr Nachtmahl auf dem Zimmer nahmen. Am nächsten Morgen fuhren sie mit dem Auto zum Bahnhofe in Oberhollabrunn, von wo die Bahnfahrt nach R. angetreten wurde. In R. wurde Lerch von der Dame des Hauses, offenbar im Einverständnisse mit meiner Frau, gegenüber der Dienerschaft für mich ausgegeben.“

Die Erzherzogin machte mit ihrem Galan auch andere Reisen. „Im April 1915", schildert der Fürst, „fuhr meine Gemahlin mit Lerch in ihrem Auto nach Budapest. Sie hielten sich dort drei Tage auf und wohnten im Hotel Hungaria. Sie fuhren dann über Schönau nach Graz und nahmen in einem kleinen Bauerndorfe vor Mürzzuschlag im Beisein des in Schönau auf den Kutschbock aufgestiegenen Sekretärs Rudolf Feltrini das Nachtessen ein. Um 10 Uhr abends in Graz angelangt, stiegen beide im Hotel Daniel ab, worauf Lerch mit der Eisenbahn nach dem Süden fuhr, während meine Gemahlin mit dem Sekretär Feltrini im Auto nach Schönau zurückkehrte.

Auch in meinem Hause in der Strohgasse 21 übernachtete Lerch wiederholt bei meiner Frau. Sie ließ sich von dem Portier den Torschlüssel geben; Lerch ging abends weg, kam aber heimlich wieder und war am Morgen im Hause."

„Im Dezember 1913", illustriert Otto Windisch-Graetz die Untreue seiner Gattin weiter, „fuhr meine Frau in Begleitung einer hochgestellten Dame nach einem Aufenthalte im Sanatorium Löw mit der Südbahn nach Brioni; ich brachte sie selbst mit dem Arzte zum Südbahnhofe und verabschiedete mich von ihr in ihrem Schlafwagenhalbcoupe. Das anstoßende Halbcoupe, welches mit dem meiner Frau durch eine Türe verbunden war, wurde von der erwähnten Dame benützt. Gegen Mitternacht stieg Lerch in Graz in den Zug ein und ging zu meiner Frau in ihr Halbcoupe . . ."

„Die leidenschaftliche Hingabe meiner Frau an Lerch ging so weit", stellt der Fürst abschließend fest, „daß sie jede Rücksicht beiseite ließ. Um mit ihm beisammen zu sein, ging sie im Frühjahr 1915 in Abbazia öfter abends vom Hause weg und kam am selben Tage gar nicht mehr nach Hause; einmal auch, obwohl unser ältester Sohn starkes Fieber hatte; bei diesem kamen am nächsten Tag die Schafblattern heraus.

Als Lerch mit seinem Unterseeboote vermißt wurde, war meine Frau sehr niedergeschlagen. Sie fuhr in der Zeit bis zum Eintreffen der sicheren Todesnachricht zweimal nach dem Süden, angeblich nach Laibach, in Wahrheit nach Triest, wo sie auf dem Molo mit dem Diener Beppo des Schiffsleutnants zusammenkam. Als die Todesnachricht einlief, verschloß sie sich tagelang in ihrem Zimmer in Schönau und ließ ihrem kaiserlichen Großvater sagen, daß sie nunmehr mit mir nicht leben könne. Sie legte unseren Ehering ab, hatte aber auf ihrem Toilettetische und in ihrem Schreibzimmer Lerchs Bilder stehen. Auf einem derselben hat Lerch meine Tochter auf dem Schoße; dem Kinde blieb diese Szene in dauernder Erinnerung."

Die Fürstin stritt das Verhältnis zu Egon Lerch in ihrer Klagebeantwortung nicht ab. Alle anderen Vorwürfe wies sie zurück. „Es wäre unter meiner Würde", erklärte sie mit trotzigem Stolz, „wollte ich leugnen, daß ich mit Linienschiffsleutnant Egon Lerch Beziehungen unterhalten habe. Bei der andauernden konsequenten Vernachlässigung durch meinen Gatten habe ich Verkehr mit geistig hochstehenden Männern gesucht. Zu diesen gehörte Linienschiffsleutnant Lerch, eine Persönlichkeit, deren Heldentaten in dem Buche der österreichischen Geschichte mit Goldlettern eingetragen sind, eine Persönlichkeit, die in allem und jedem turmhoch über den beschränkten Gesichtskreis meines leider so wenig intelligenten Mannes stehend mein Interesse erweckt hat. Ich bin *stolz* darauf, daß ich diesem Helden in der schwersten Zeit ruhmvollster Pflichterfüllung bei der unsagbar harten Wirklichkeit seiner gefahrvollen opferfreudigen, Kaiser und Vaterland geweihten Dienstleistung eine treue Freundin sein, ihm Stütze, Trost und Erhebung gewähren durfte . . ."

„Es ist vollkommen richtig", räumte sie ein, „daß die Nachricht von dem Tode Lerchs mich seelisch auf das tiefste erschüttert hat, daß ich seinen Verlust schmerzlich empfand und daß es längere Zeit brauchte, bis ich ihn überwunden habe . . . Ebenso stelle ich absolut nicht in Abrede, daß sein Bild auf meinem *Schreibtisch* (nicht Toilettetisch) steht; ich habe nie das geringste Hehl daraus gemacht und werde dies nie tun, da Lerch mir eine liebwerte Persönlichkeit gewesen ist . . ."

Die Erzherzogin vertrat die Meinung, daß ihrem Gatten ihre Liebesbeziehung zu Egon Lerch bekannt war. Er habe jedoch unterlassen, etwas dagegen zu unternehmen, um eine jährliche Apanage von 70 000 Kronen nicht zu verlieren, die ihm seit dem Jahre 1913 ausbezahlt wurde. Auch die Familie Windisch-Graetz wußte um die Verbindung, wie aus Kondolenzbriefen hervorgeht, die der Kaiserenkelin von Fürstin Christiane Windisch-Graetz und Gabriele Windisch-Graetz zugingen. Christiane Windisch-Graetz sprach Erzsi in einem Schreiben vom 24. August 1915 folgenden Trost zu:

„Meine liebe, liebe Erzsi!

Schwager Alfred habe ich heute gesehen und das gibt mir den Mut, Dir zu schreiben, wonach ich mich die letzten Tage hindurch immer gesehnt habe – nur um Dir zu sagen, daß mein Herz innigst mit Dir blutet, Du arme Liebe – und daß ich es fühle, wie tief Dein Weh' ist . . . laß auch den Trostgedanken in Dir erstehen, Erzsi mein, daß trotz der herzzerreißenden Trennung seine Liebe Dir sicher nie näher war als jetzt, daß seine Seele Dich wird halten – stärken wollen so wie im Leben, daß er – zu dem ganz Österreich in Dank und Bewunderung aufblickt, im Geiste eins mit Dir ist und bleibt . . .“

Auch der Kaiser muß um die Beziehungen seiner Enkelin zu Egon Lerch und um ihren Schmerz über seinen Tod gewußt haben. Er ließ der Mutter Lerchs, dessen Unterseeboot U XII am 12. August 1915 in der Adria versenkt wurde, ein Telegramm folgenden Inhaltes zustellen:

„Graz, 18. August

Seine Majestät vernehmen zu Allerhöchst ihrer Betrübnis, daß Euer Höchstwohlgeboren hervorragend bewährter Sohn, der Linienschiffsleutnant Egon Lerch, auf dem von ihm befehligten U-boot den Seemannsheldentod fand. Seine Majestät geruhen, gnädige Frau aufrichtigst zu versichern, daß Allerhöchst dieselbe den Schmerz ob dieses hierdurch erlittenen schweren Verlustes innigst teilen. Zugleich geben Seine Majestät der Hoffnung Raum, daß angesichts solch bitteren Leides Eure Hochwohlgeboren das erhebende Bewußtsein einige Linderung zu gewähren vermöge, daß der Verblichene schon in jungen Jahren unsere allseits geliebte Flagge mit neuem Lorbeer zu zieren wußte und sein Name mit unvergänglichen Lettern auf einem der vornehmsten Ruhmesblätter unserer Kriegsmarine verzeichnet bleiben wird.

Im Allerhöchsten Auftrage:
G.d.K. Graf Paar“

Wenn Egon Lerch auch der erste war, der seinem Vaterland den Tribut des „Seeheldentodes“ zollte, so hätte der Kaiser doch viel zu tun gehabt, hätte er allen Hinterbliebenen so innig und ausführlich kondolieren lassen.

Der Tod Egon Lerchs markiert eine tiefe seelische Zäsur

im Leben der Fürstin Windisch-Graetz. Sie konnte und wollte ihre Ehe nicht mehr weiterführen. Sie war fest entschlossen, sich scheiden zu lassen. Der greise Kaiser, dem nichts erspart blieb, nahm diesen Entschluß seiner Enkelin freilich nicht unwidersprochen zur Kenntnis.

Im Ehestreit des Fürstenpaares Windisch-Graetz ging es nicht nur um Seitensprünge und Amouren. In diesem Streit ging es auch um handfeste materielle Fragen, um Geld und Besitz.

Die Tochter des Kronprinzen besaß bei ihrer Vermählung ein ansehnliches Vermögen, und sie brachte eine respektable Mitgift in die Ehe ein. Sie war, wie man zu sagen pflegt, eine gute Partie. Otto Windisch-Graetz war bei Abschluß der Ehe praktisch vermögenslos. Die gesamte Vermögensverwaltung wurde in den Ehepakten dennoch ihm übertragen. Das war damals so üblich. Es entsprach dem patriarchalischen Charakter der Zeit. Die Regelung schien auch vernünftig zu sein, denn die Erzherzogin hatte überhaupt keine Beziehung zum Geld. Sie hat nie gelernt, damit umzugehen, sie hat nie durch eigene Arbeit eines verdient. Das war in ihrer Jugend so, und es blieb so bis zu ihrem Tod. Sie lebte zeitlebens von ihrem ererbten Vermögen und von den Zinsen, die dieses Vermögen abwarf. Da es auf verschiedenen Banken im In- und Ausland angelegt war, überdauerte es, wenn auch dann und wann geschmälert, die Zeitläufte.

Otto Windisch-Graetz bevollmächtigte mit der Verwaltung des Vermögens den Prager Advokaten Dr. Johann Smetana. Er verstand es geschickt, dem Kaiser für sich und seine Gattin immer wieder Bargeldgeschenke aus seiner Privatkasse zu entlocken. Eine Übersicht über die kaiserlichen Zuwendungen, die der Generaldirektor der Privat- und Familienfonds Sr. k. u. k. Apost. Majestät, Franz von Hawerda-Wehrlandt, am 7. September 1915 erstellte, weist folgende Summen aus:

1. Eine jährliche Sustentation von 24 000 Kronen ab 1. Februar 1903 auf Allerhöchste Lebensdauer (Allerhöchstes Handschreiben vom 21. Dezember 1902).
2. 20 000 Kronen anläßlich der bevorstehenden Auflösung der Prager Haushaltes (Allerhöchstes Handschreiben vom 27. Dezember 1905).

3. 10 000 Kronen zur Deckung der Kosten der ärztlichen Behandlung im Sanatorium Löw im Jahre 1906.
4. 96 000 Kronen für die Adaptierung des Wiener Hauses (Allerhöchstes Handschreiben vom 30. Juni 1906).
5. 193 400 Kronen an Betriebsvorschüssen für das von Ende 1905 bis Ende 1907 von der Allerhöchsten Fondsadministration verwaltete Gut Bicsicza (auf Grund der Allerhöchsten Entschließung vom 25. Oktober 1905).
6. 1½ Millionen Kronen, 4,2 Prozent einheitlicher Silberrente (mit Kupons ab 1. Februar 1909) zur leichteren geordneten Führung des Hausstandes und Ermöglichung des beabsichtigten Ankaufes eines zugleich als Wohnsitz geeigneten Gutsbesitzes (Allerhöchstes Handschreiben vom 18. Jänner 1909).
7. 600 000 Kronen zur Errichtung eines Familienwohngebäudes auf dem zu erwerbenden Gute Schönau (Allerhöchstes Handschreiben vom 5. Dezember 1910).
8. Nochmals 600 000 Kronen zu gleichem Zwecke (Allerhöchstes Handschreiben vom 5. Juli 1911).
9. 14 351 Kronen für ärztliche Honorare und Verpflegskosten in Brioni und Wien im Jahre 1914.

Der Kaiser griff, wie man sieht, für seine Lieblingsenkelin tief in die Tasche. Die Fürstin kümmerte sich um geschäftliche Angelegenheiten freilich überhaupt nicht. Sie fragte nicht danach, woher die Mittel kamen, die es ihr erlaubten, ein standesgemäßes Leben zu führen. Sie fragte auch nicht, was damit geschah. Ohne zu zögern, stellte sie auf Wunsch ihres Gatten Dr. Johann Smetana eine Generalvollmacht aus, derzufolge die jährlichen Abrechnungen über die Vermögensverwaltung nur dem Fürsten vorgelegt und von ihm allein gebilligt wurden. Otto Windisch-Graetz nützte das Desinteresse seiner Frau an finanziellen Dingen zu seinem persönlichen Vorteil. Der Kaiser hatte, wie aus der obigen Übersicht zu ersehen ist, mit Handschreiben vom 18. Jänner 1909 seiner Enkelin eineinhalb Millionen Kronen zum Ankauf eines Gutsbesitzes „allergnädigst zuzuwenden geruht". Um diesen Betrag wurde die Herrschaft Schönau an der Triesting in Niederösterreich erworben. Otto Windisch-Graetz ließ sich entgegen der kaiserlichen Widmung und ohne ausdrückliche Zustimmung seiner Gattin mit Kaufvertrag vom 2. Jänner 1911 den Besitz zur Hälfte grundbücherlich anschreiben. Er lebte – wie übrigens auch seine Gattin – auf großem Fuß. Die Ausgaben der Lebensführung überstiegen bei weitem die Erträgnisse des Vermögens. Die Defizite wuchsen von Jahr zu Jahr wie die Jahresringe eines Baumes. Doch der Fürst tat nichts dagegen, und die Fürstin wußte nichts davon. Erst im Sommer 1912, als die Ehe bereits stark angeknackst war, wurde Elisabeth Windisch-Graetz von Smetana über die bestehende Finanzmisere unterrichtet. Die Fürstin entschloß sich nun zu einem energischen Vorgehen. Sie entzog Dr. Smetana die ihm übertragene Vollmacht und gab ihrem Rechtsanwalt, Dr. Erwin Bell, den Auftrag, ihre Vermögensverhältnisse in Ordnung zu bringen. Dieser betraute den gerichtlich beeideten Buchsachverständigen Professor Eugen Schigut mit der Überprüfung der Vermögensgebarung. Die Revision ergab für den Zeitraum von 1902 bis 1912 eine Verminderung des Stammvermögens im Ausmaß von 539 395 Kronen, Kursverluste und Wertabschreibungen nicht miteingerechnet. Zu dieser Summe waren noch 100 000 Kronen in Rechnung zu stellen, die der Umbau des Schlosses Schönau mangels entsprechender Baupläne über den vom Kaiser für diesen Zweck zur Verfügung gestellten Betrag hinaus erforderte.

Eine Neuregelung der Vermögensverwaltung war unter diesen Umständen unumgänglich. Sie kam nach monatelangen, zähen Verhandlungen, die bis an den Rand der Scheidung heranführten, am 22. Jänner 1913 zustande.

Ergebnis: Die Verwaltung des Vermögens wurde einverständlich einem Bevollmächtigten beider Teile übergeben. Otto Windisch-Graetz erhielt für seinen persönlichen Bedarf jährlich 70 000 Kronen und den Ertrag der Obstbaumschule in Schönau gegen die Verpflichtung, den Stall zu erhalten. Zu den wichtigsten Ausgabenposten, die sich daraus ergaben, zählten die Erneuerung und Instandhaltung des Wagenparkes, die Entlohnung des Personals, das Futter und die Reisekosten für die Pferde. Elisabeth Windisch-Graetz verpflichtete sich ihrerseits, für ihre eigenen Bedürfnisse und die ihrer Kinder aufzukommen. Außerdem hatte sie die Kosten und Auslagen für das Palais in der Strohgasse 21 und die Herrschaft Schönau zu bestreiten.

Im Sommer 1913 fuhr die Fürstin über ärztliches Anraten

zu Kur nach Levico. Sie wollte unbedingt ihre Kinder mitnehmen. Ihr Gatte war damit nicht einverstanden. Er ließ sich seine Einwilligung dazu nach langen Verhandlungen teuer abkaufen. Die Fürstin mußte sich in einem notariellen Vertrag bereiterklären, mit der Einrichtung des Schlosses Schönau bis spätestens 1. Oktober 1913 zu beginnen und die Kosten für die Ausstattung der Appartements des Gatten zu übernehmen. Nach ihrer Rückkehr und der Übersiedlung nach Schönau sollte sie die beiden älteren Prinzen einige Male in einer öffentlichen Schule hospitieren lassen.

Die unerquicklichen Vorgänge um die Vermögensverwaltung reflektieren die weitgehende Entfremdung, die zwischen den Ehegatten eingetreten war. Die geschilderten Eskapaden der Fürstin und das Verhalten des Fürsten gegenüber seiner Gattin machten die Entzweiung zur unüberbrückbaren Kluft. Im August 1915 ließ Elisabeth Windisch-Graetz ihrem Gatten ihren Wunsch auf Scheidung der Ehe zur Kenntnis bringen. Der Fürst hatte nichts dagegen. Die Trennung schien einvernehmlich erfolgen zu können. Da schaltete sich der Kaiser ein. Er beauftragte Alfred Windisch-Graetz, den Chef der Familie des fürstlichen Hauses, zwischen den Ehegatten zu vermitteln und eine gütliche Vereinbarung auszuarbeiten, die die Weiterführung der Ehe ermögliche. Otto Windisch-Graetz wurde aus dem Feld zurückberufen.

Nach monatelangen Verhandlungen, die anstelle von Alfred Windisch-Graetz zuletzt vom Obersthofmeister des Kaisers, Fürst Alfred Montenuovo geführt wurden, kam ein „Arrangement à l'amiable" zustande. Der sehr detaillierte gütliche Vergleich scheiterte jedoch, da keine Einigung über die Erziehung, die Pflege und den Verbleib der Kinder erzielt werden konnte. Schließlich bot die Fürstin in einem Brief vom 22. Mai 1916 ihrem Gatten die Hand zur Versöhnung.

„Lieber Otto, in den nun schon so viele Monate dauernden Verhandlungen wurde der Versuch gemacht, zu einer Vereinbarung zu gelangen, die eine Wiederholung der Bitternisse von früher unmöglich machen und uns beiden ein glücklicheres Dasein schaffen sollte", stellte sie sachlich fest und fuhr dann ein wenig pathetisch fort: „Auf diesem komplizierten Weg ist dieses Ziel nicht zu erreichen. Es würde somit nur die Führung eines Prozesses übrig bleiben.

Die Verantwortung, einen solchen Prozeß anzustrengen, welcher, wie immer er ausgehen mag, uns beide der Sensations- und Skandalsucht der klatschsüchtigen Menge preisgeben und auf den Namen unserer Kinder einen vielleicht nie mehr zu beseitigenden Schatten werfen würde, glaube ich vor Gott, vor Seiner Majestät, vor unserem Lande und vor unseren Kindern nicht auf mich nehmen zu dürfen.

Wenn Du in diesem Punkte denkst wie ich", heißt es weiter, „dann müssen wir ein Nebeneinanderleben versuchen. Gewohnt und gewillt, dem Glücke und der Zukunft meiner heiß-geliebten Kinder jedes Opfer zu bringen, bin ich in diesem Falle bereit, Dir die Hand zur Versöhnung zu bieten. Wir müssen dann beide den ehrlichen und rückhaltlosen Vorsatz haben, ohne Haß und Verbitterung nebeneinander zu leben, uns mit Höflichkeit und Takt zu begegnen, unsere väterlichen und mütterlichen Rechte gegenseitig zu respektieren und uns in allem nur vom Wohle der Kinder leiten zu lassen.

Zu einer solchen Regelung unserer Zukunft", predigte sie, „bedarf es keines Vertrages, sondern nur guten Willens."

Abschließend kam sie noch auf Materielles zu sprechen. „Über die Ordnung unserer Vermögensverhältnisse ist nicht viel zu sagen", meinte sie. „Schönau mir, das Palais Dir. Jeder verwaltet sein Vermögen selbst. Diese Auseinandersetzung kann angesichts der hochherzigen Intentionen Seiner Majestät und der Bemühungen der Persönlichkeiten, die sich in so überaus dankenswerter Weise um eine Einigung bemühen, nicht schwer sein."

Der Fürst reagierte in seinem Antwortschreiben vom 8. Juni 1916 auf die versöhnlichen Vorschläge seiner Frau zustimmend. Auch mit der angebotenen vermögensrechtlichen Regelung war er einverstanden. Bezüglich der Kinder erklärte er: „ . . . Vor allem werde ich ein Zeichen Deiner inneren Umkehr darin erblicken, daß Du nicht bloß mit Worten, sondern ohne jeden Vorbehalt auch in der Wirklichkeit die maßgebende Bestimmung über die Erziehung meiner Kinder meiner väterlichen Einsicht und Gewissenhaftigkeit überläßt. Sie gebührt mir nach christlicher Sitte und Gesetz und Du weißt, daß mir das Glück und die Zukunft der Kinder nicht minder als Dir am Herzen liegt. Deinen unberechtigten Argwohn, daß es mir nur darum zu tun wäre, Dir meine Kinder wegzunehmen",

Elisabeth Windisch-Graetz mit ihren vier Kindern

heißt es trostvoll weiter, „mußt Du endlich fallen lassen und mußt darauf vertrauen, daß ich, solange es mir ohne Schaden für das Gedeihen und die Zukunft der Kinder möglich erscheint, dieselben bei Dir als der Mutter belassen werde und daß ich mir nur vorbehalten muß, aus dem Gesichtspunkt des wohlerwogenen Interesses der Kinder den richtigen Zeitpunkt zu wählen, in welchem meine Buben ihren Erziehungsgang etwa anderwärts fortsetzen." Ein wenig skeptisch setzte er hinzu: „Ich irre mich hoffentlich nicht, wenn ich aus Deinem Schritt auch den Entschluß herauslese, daß Du Dir auch in Deinem persönlichen Verhalten Schranken auferlegen willst, um mir das Nebeneinanderleben auch tatsächlich zu ermöglichen."

Die Versöhnung war damit vollzogen. Hinsichtlich des Vermögens wurde folgendes Übereinkommen getroffen, das mit Datum vom 26. Juni 1916 in Kraft trat:

1. Die Fürstin verwaltet in Zukunft ihr Vermögen selbst. Die Herrschaft Schönau an der Triesting ist ihr alleiniger Besitz. Das Palais in der Strohgasse 21 ist ausschließliches Eigentum des Fürsten.
2. Der Kaiser setzt für Otto Windisch-Graetz eine Jahresrente von 50 000 Kronen aus, die nach seinem Tod aus einem Legat an die vier Kinder im Betrag von 1 250 000 4 Prozent Kronenrente auszuzahlen ist.
3. Die Jahresrente gebührt nur für die Zeit des ehelichen Zusammenlebens und erlischt 1½ Jahre nach der notariellen Mitteilung der Scheidungsabsicht eines Teiles.
4. Die Kosten für die Verpflegung und Erziehung der Kinder werden von der Fürstin getragen, solange sie mit ihr im gemeinsamen Haushalt leben.

Die Versöhnung zwischen Elisabeth und Otto Windisch-Graetz war nicht mehr als ein ehelicher Waffenstillstand mitten im Ersten Weltkrieg. Noch ehe der große Krieg zu Ende war, ging das Ehescharmützel weiter. Als im November 1918 die Waffen schwiegen, begann das Fürstenpaar Windisch-Graetz Verleumdungssalven aufeinander abzufeuern, die in die endgültige Trennung der Ehe mündeten.

6. Unerbittlicher Ehezwist

Der alte Kaiser saß in Schönbrunn tief über seine Akten gebeugt. Das Lesen fiel ihm schon schwer, und seine Hand war zitterig. Er war von den Stürmen des Lebens, vom vielen Regieren schon merklich erschöpft. Aber immer noch ließ er sich um halb vier Uhr früh wecken, ging um neun Uhr abends zu Bett, lenkte in den langen Stunden dazwischen vom Schreibtisch aus sein großes Reich. Immer noch schlief er auf einem eisernen Feldbett, verschlang er hastig seine Mahlzeiten, achtete er peinlich genau auf die pünktliche Abwicklung des Tagesprogramms. In den mehr als sechs Jahrzehnten seiner Regierungstätigkeit hatte sich in dieser Hinsicht nichts geändert. Nur älter war auch er, der Kaiser, mit den Jahren geworden, älter und einsamer. Es gab nur noch wenige Menschen, die ihm nahestanden, an deren Leben er Anteil nahm. Zu ihnen gehörten Frau Schratt, seine Tochter Marie Valerie und die Fürstin Windisch-Graetz. Noch am 16. November 1916 empfing er seine Enkelin in Audienz. Worüber gesprochen wurde, ist nicht bekanntgeworden. Fünf Tage später war der Kaiser tot. Schon seit den ersten Novembertagen hatte sich Franz Joseph nicht wohl gefühlt. Sein Befinden gab Anlaß zur Besorgnis. Leibarzt Dr. Kerzl riet zur Reduzierung der Regierungsgeschäfte. Aber der Kaiser hielt nicht viel von ärztlichen Ratschlägen. Am 20. November klagte er über Müdigkeit. Am Morgen des 21. November hatte er 38 Grad Fieber. Trotzdem setzte er sich wie gewöhnlich zum Schreibtisch und bearbeitete seine Akten.

Nach dem Mittagessen fand ihn Dr. Kerzl in sich zusammengesunken im Arbeitszimmer vor. Der Arzt verordnete Bettruhe. Der Kaiser mißachtete die Anordnung. Er amtierte weiter. Offenbar wollte er im Sitzen sterben. Erst um 18 Uhr ließ er sich ins Bett bringen. Das Fieber war auf 40 Grad angestiegen. „Bitte mich morgen um halb vier Uhr zu wecken", befahl Franz Joseph wie jeden Abend seinem Kammerdiener. Dann schlief er ein. Er erwachte noch einmal, wünschte zu trinken. Um halb neun Uhr erhielt er die Letzte Ölung. Eine halbe Stunde später, fünf Minuten nach neun, kam der Tod. Als Todesursache konstatierte man im „Totenbeschau-Befund": Herzschwäche nach Lungen- und Rippenfellentzündung.

Unter den Familienangehörigen, die am Krankenlager verweilt hatten und nun vom toten Kaiser endgültig Abschied nahmen, befand sich auch Elisabeth Windisch-Graetz. Der Großvater war länger als ein Jahrzehnt ihr Vormund gewesen. Er war der einzige Mensch am kaiserlichen Hof, der ihrem Herzen nahegestanden war. Er hatte sich viel um sie gekümmert, ihr beinahe jeden Wunsch erfüllt. Er hatte sie mit ihren Kindern mehrere Male in Schönbrunn gastlich aufgenommen. An so manchen Tagen der Bedrängnis war er ihre letzte Zuflucht gewesen. Nun war das alles vorbei. Sie konnte sich mit ihren Sorgen und Wünschen nicht mehr an ihn wenden. Mit seinem Tod begann für sie auch rein äußerlich ein neues Leben. Am Totenbett des Kaisers wurde ihr das schmerzlich bewußt. Über diese persönlichen Bezüge hinaus wußte Elisabeth Windisch-Graetz natürlich um die weltpolitische Bedeutung der Stunde. Mit Franz Joseph sank die k. u. k. Monarchie ins Grab. Um das zu erkennen, brauchte man kein Hellseher zu sein. Am politischen Horizont dämmerte eine neue Ära herauf . . .

Der Kaiser sorgte über seinen Tod hinaus für seine Lieblingsenkelin. Er setzte sie in seinem Testament vom 6. Februar 1901 neben seinen Töchtern Gisela (verheiratet mit Prinz Leopold von Bayern) und Marie Valerie (verheiratet mit Franz Salvator von Toskana) zur Erbin seines Privatvermögens ein, das bewegliche und unbewegliche Güter umfaßte. Das unbewegliche Vermögen bestand neben einer Reihe von Gutsherrschaften, wie Roregg mit Gutenbrunn und Persenbeug, die Kriau und Petersberg, aus Waldbesitz, Jagdhäusern und Villen. Das bewegliche Vermögen setzte sich aus Bargeld, Staatsschuld-Obligationen, Pfandbriefen, Aktien von Banken, Transport- und Industrieunternehmungen, Pretiosen, Mobilar und Kunstgegenständen zusammen. Der Allodialnachlaß belief sich nach Abzug der Passiva auf insgesamt 45 914 265 Kronen und 26 Heller. Er schmälerte sich durch verschiedene Legate, sodaß auf jede der drei Erbinnen ein Betrag von

14 485 433 Kronen und 36 ⅓ Heller, abzüglich 3 Prozent Erbschaftssteuer, entfiel. Die Fürstin Elisabeth Marie Windisch-Graetz war wieder um ein beträchtliches Stück reicher geworden.

Der Krieg ging weiter. Otto Windisch-Graetz kehrte nach der Teilnahme an den Begräbnisfeierlichkeiten für seinen kaiserlichen Schwiegergroßvater wieder an die Front zurück. Er wurde am 27. November 1916 zum Oberstleutnant befördert, war in Italien an zahlreichen Gefechten beteiligt und wurde „für seine Tapferkeit vor dem Feind" mit dem Militärverdienstkreuz und dem Eisernen Kreuz I. Klasse ausgezeichnet. Als Bataillonskommandant beim 3. Tiroler Kaiserjägerregiment erwarb er sich in kürzester Zeit die Anhänglichkeit der Mannschaft und führte die ihm übertragenen Aufgaben offensiver Natur mit vollem Erfolg durch, steht in seiner Dienstbeschreibung zu lesen.

Auch im Ehezwist mit seiner Gattin ging der Fürst nach der Versöhnung des Jahres 1916 bald zur Offensive über. Er verlangte als Haupt der Familie größeren Einfluß auf die Erziehung der Kinder und ließ seine Gattin in Schönau durch ein ausgeklügeltes Spionagesystem überwachen. Nun, da der Kaiser tot war, fielen auf beiden Seiten die letzten Hemmungen. Als die Fürstin einen Drohbrief von fremder Hand erhielt, schickte sie ihn an Polizeirat Schober mit der Bitte um Untersuchung weiter. Im gleichen Schreiben bat sie den Polizeioffizier auch dringend um Lebensmittel. „Bitte erbarmen Sie sich unser, wir verhungern buchstäblich", flehte sie, „keine Eier, keine Butter, keine Erdäpfel . . ."

Schober, der später Polizeipräsident von Wien und Bundeskanzler wurde, nahm sich der Erzherzogin so tatkräftig an, daß sie ihm für seine Hilfe in einem Schreiben vom 20. März 1917 ihren innigen Dank abstattete.

„Lieber Herr Polizeirat", schrieb sie, „aus ganzem Herzen komme ich Ihnen danken für Alles was Sie für mich tun! Es ist mir so etwas Ungewohntes und Neues, dass mir jemand im Leben hilft, dass ich es doppelt empfinde. Auch für die so günstige Erledigung der Angelegenheit des Inspektors Osternig danke ich Ihnen herzlich. Ich übergebe ihm mit vollem Vertrauen die Leitung und Führung meines Hauses. Gott gebe, dass endlich geordnete und ruhige Verhältnisse hier einziehen. Ende des Monats komme ich nach Wien und hoffe Sie dann sprechen zu können.

Mit nochmaligem innigen Dank und vielen Grüssen
Ihre dankbare
Elisabeth Marie Windisch-Graetz"

Eine Aufklärung dürfte die Angelegenheit nicht gefunden haben. Die Bespitzelung ging jedenfalls weiter, sodaß sich die Fürstin im Spätherbst 1917 noch einmal an den Wiener Polizeipräsidenten und Polizeirat Schober wenden mußte.

Am 29. November 1917 ließ Erzsi durch ihren Rechtsanwalt Dr. Erwin Bell ihrem Gatten mitteilen, daß sie beabsichtigte, ihre Ehe scheiden zu lassen. Es war ihrer festen Überzeugung nach sinnlos geworden, eine Ehegemeinschaft weiterzuführen, die nur noch dem Namen nach bestand. Sie hatte es satt, vor der Öffentlichkeit Komödie zu spielen. Die Durchführung der Scheidung wollte sie mit Rücksicht auf die Zeitumstände erst nach dem Ende des Krieges verlangen. In einem Schreiben vom 30. November 1917 informierte die Erzherzogin Kaiser Karl von ihrem Schritt. Sie brachte darin zum Ausdruck, daß sie bei Weiterführung der Ehe körperlich und geistig zugrundegehen müßte. Sie hoffe, bei ihrem Gatten so viel verständnisvolles Entgegenkommen zu finden, daß sie sich nicht bemüßigt sehen müsse, die Scheidung der Ehe nach Friedensschluß auf dem Prozeßweg zu erzwingen.

Die Antwort des Kaisers fiel höflich, aber kühl aus.

„Liebe Cousine, Dein Schreiben vom 30. hat mich, wie ich Dir nicht verhehlen will, seinem Inhalte entsprechend ernst gestimmt", konstatierte der junge Monarch in seinem Brief vom 21. Dezember 1917 aus Laxenburg. „Ich nehme Deine Anzeige aber dankend zur Kenntnis, zumal Du durch Deine Vermählung, wie Du in Deinem Briefe selbst erwähnst, aus unserem Hause ausgeschieden bist und mir demnach die durch Familienstatut geregelte Einflußnahme auf Deine Geschicke entzogen ist, ich deren Gestaltung vielmehr Deinem Ermessen überlassen muß. Doch wollen die Kaiserin und ich Dich gerne unserer aufrichtigen Anteilnahme versichern.
Dein aufrichtiger
Vetter."

Otto Windisch-Graetz bewies nicht das verständnisvolle Entgegenkommen, das Erzsi bei ihm zu finden gehofft hatte. Er nahm zunächst (scheinbar mit Befriedigung) zur Kenntnis, daß seine Gattin während des Krieges keine Schritte zur Scheidung der Ehe unternehmen wollte. Noch im Mai 1918 versuchte er, offenbar um Zeit zu gewinnen und die jährliche 50 000-Kronen-Apanage nicht zu verlieren, seine Gattin zum Widerruf der notariellen Intimierung (Bekanntmachung) der Scheidungsabsicht zu bewegen. Als die Fürstin darauf nicht einging, holte er zum Gegenschlag aus. Am 18. Jänner 1919 brachte er seinerseits durch seine Anwälte Dr. Ludwig Koessler und Dr. Anton Mravlag die Scheidungsklage ein. Er zieh seine Gattin des Hochmutes, warf ihr unbändige Herrschsucht vor, beschuldigte sie eines würdelosen Benehmens und hegte Zweifel an ihrer Zurechnungsfähigkeit. „Insbesondere ist es ausgeschlossen", heißt es in der umfangreichen Satzschrift, „daß meine Kinder noch fernerhin in den Händen meiner völlig abgeirrten Frau bleiben. Es erscheint mir vielmehr unter diesen Umständen als meine unabweisliche Vaterpflicht, die Pflege und Erziehung meiner Kinder selbst zu übernehmen. Als Scheidungsgründe mache ich geltend:
1. Verletzung der ehelichen Treue und Ehebruch.
2. Unordentlicher Lebenswandel, durch welchen die guten Sitten der Familie in Gefahr gesetzt wurden.
3. Sehr empfindliche, wiederholte Kränkungen.
4. Grobe Verletzungen der guten Sitten.
5. Verletzung der ehelichen Pflichten in Ansehung der Kinder."

Die Satzschrift geht dann im Detail auf die einzelnen Punkte ein und schließt mit dem Antrag, die Ehe aus dem alleinigen Verschulden der Gattin für geschieden zu erklären.

Im Februar 1919 beantragte Otto Windisch-Graetz beim Bezirksgericht Landstraße als dem zuständigen Pflegschaftsgericht, die vier Kinder für die Dauer des Ehescheidungsprozesses der Mutter abzunehmen und in seine Obhut zu übergeben, sowie seiner Gattin zu verbieten, die Kinder außer Landes zu bringen. Begründung: Seine Gattin sei für die Erziehung der Kinder ungeeignet und entfremde sie dem Vater.

Elisabeth Windisch-Graetz legte dem Gericht innerhalb der bis 1. Juni erteilten Frist durch ihre Anwälte Dr. Erwin Bell und Dr. Eduard Coumont eine Gegenklage vor. Sie schilderte in der 120 Seiten umfassenden Schrift zunächst ausführlich das Zustandekommen und die Geschichte ihrer Ehe, entwarf ein keineswegs schmeichelhaftes Bild vom Charakter ihres Mannes und ging dann breit auf die Vorwürfe ein, die der Fürst in der Scheidungsklage gegen sie erhoben hatte. „Die Grundzüge des Wesens meines Gatten sind", so heißt es da, „geistige Beschränktheit, Energielosigkeit, Oberflächlichkeit, Eitelkeit, Falschheit, Hang zum Intriguentum und zur Unwahrheit sowie große Geldgier. Er ist ein ungemein *selbstsüchtiger,* nur auf das eigene ‚Ich' bedachter Mann. Er ist *herzlos* mir und auch den Kindern gegenüber. Wenn Zorn den Firnis seiner Manieren beseitigt, schreckt er auch vor *Roheit* nicht zurück . . ."

„Ohne tieferes geistiges Interesse", geht es in kämpferischem Ton weiter, „und jeder ernsten Tätigkeit abhold, mit fremden Sprachen gar nicht oder nur oberflächlich vertraut, erschöpfte sich mein Gatte in Äußerlichkeiten. Schon als junger Oberleutnant gab er seinen militärischen Beruf auf und lebte nur mehr dem Vergnügen und von meinem Gelde, sein bescheidenes Privateinkommen stand zu seinen Bedürfnissen in keinerlei Verhältnis. Jagd, Reitsport und Polospiel bildeten seine Lebensbeschäftigung, derentwegen er wochenlang von daheim abwesend war und mich und die Kinder vernachlässigte. Die Abwesenheit nahm im Laufe der Jahre immer mehr zu, so daß er sich in den letzten Jahren vor dem Kriege in unserem Haus nur mehr vorübergehend und ganz kurz aufhielt.

Außer den vorerwähnten Vergnügungen bildeten sein höchstes Lebensinteresse seine Toiletten", spinnt Elisabeth Windisch-Graetz ihre Vorwürfe behaglich fort. „Kleidungsstücke und Wäsche schaffte er sich in lächerlichen Mengen und zu unsinnig hohen Preisen an und auch andere Menschen beurteilt er nur nach den Äußerlichkeiten ihres Auftretens und ihrer Toilette, speziell die Güte der *Hosenbügelfalte* schien ihm bei Männern besonders beachtenswert. Diesen Äußerlichkeiten entspricht eine maßlose Eitelkeit, die bei zahlreichen Gelegenheiten zutage tritt, wie in der Veröffentlichung von *nicht* selbstverfaßten Zeitungsartikeln, in der Haltung von Reden, welche ihm andere zusammenstellten, und in der Jagd nach Orden und Auszeichnungen . . ." Und: „Die Geldgier meines Gatten zieht sich wie ein roter Faden durch die Geschichte meiner Ehe."

Die Fürstin legte für alle diese Behauptungen und Anschuldigungen dem Gericht ein umfangreiches Beweismaterial vor. Die von Otto Windisch-Graetz ins Treffen geführten Scheidungsgründe wies sie in ihrer Mehrzahl zurück. Lediglich die Verletzung der ehelichen Treue durch ihr Verhältnis zu Egon Lerch stellte sie nicht in Abrede. Da ihr Gatte sie vollständig vernachlässigte, verantwortete sie sich, habe sie nur die Wahl gehabt, anderweitigen gesellschaftlichen Verkehr zu suchen. Abschließend stellte sie den Antrag, ihre Ehe mit Otto Windisch-Graetz aus dem ausschließlichen Verschulden ihres Gatten von Tisch und Bett zu trennen. Das Ansinnen des Fürsten, ihm die Kinder zu übergeben, wies sie zurück.

Nun hatten die Gerichte das Wort.

Im Ehescheidungsprozeß kam es überraschenderweise schon beim ersten Versöhnungsversuch zu einem Vergleich. Die beiden Streitteile einigten sich über die Trennung des Wohnsitzes. Im März 1920 fanden sie sich einvernehmlich dazu bereit, das Verfahren ruhen zu lassen. Der Kampf um die Kinder wurde hingegen mit größter Schärfe weitergeführt.

Das Gericht begann seine schwierige Arbeit mit der Einvernahme der von beiden Teilen namhaft gemachten Zeugen. In monatelangen Verhandlungen wurden rund fünfzig Personen, Ärzte, Erzieher, Pädagogen und Dienstpersonal aller Art einvernommen. Sie sagten beinahe übereinstimmend aus, daß Elisabeth Windisch-Graetz ihre Kinder sehr liebe und ihnen eine gute, hingebungsvolle Mutter sei. Pflege, Erziehung und Unterricht seien sachgemäß und eine Veränderung der Lage daher nicht zu empfehlen. Das Verhältnis der Kinder zum Vater wurde von mehreren Auskunftspersonen als kühl und distanziert bezeichnet. Bedenkt man, daß sich Otto Windisch-Graetz seit dem Jahre 1909 nicht mehr sehr häufig bei seiner Familie aufhielt und während des Ersten Weltkrieges naturgemäß nur einen sehr losen Kontakt mit den Kindern hatte, wird man diesen Aussagen beweiskräftige Richtigkeit nicht absprechen können.

Trotz dieser eindeutigen Beweislage machte das Gericht am 20. Dezember 1919 beiden Parteien den Vorschlag, die beiden älteren Kinder, Franz Joseph und Ernst Weriand, insbesondere mit Rücksicht auf ihre geschwächte Gesundheit, bei der Mutter zu belassen. Die beiden jüngeren, Rudolf und Stephanie, sollten in die Obhut des Vaters übergeben werden. Der Fürst beharrte jedoch auf seinem Standpunkt, daß ihm alle vier Kinder übergeben werden müßten. Er machte aber einen Vergleichsvorschlag: Die älteren Kinder sollten bei ihm in Mödling wohnen und dort weiter die Schule besuchen. Der geistig zurückgebliebene Rudolf sollte in ein Internat geschickt werden, Stephanie vorläufig bei der Mutter bleiben können. Die Ferien sollten die Kinder je zur Hälfte beim Vater und bei der Mutter verbringen.

Elisabeth Windisch-Graetz wies die Vorschläge des Gerichtes und ihres Gatten mit Entschiedenheit zurück. Sie werde sich von keinem ihrer Kinder freiwillig trennen, erklärte sie in einer Eingabe vom 14. Februar 1920. Eine einvernehmliche Lösung über das Schicksal der Kinder war nicht zu erwarten. Das Bezirksgericht Landstraße erließ nun ohne weitere Erhebungen am 9. April 1920 einen entscheidenden Beschluß: Franz Joseph und Ernst Weriand wurden der Mutter zugesprochen, Rudolf und Stephanie dem Vater. Gegen den Beschluß wurde von keiner Seite ein Rechtsmittel eingelegt. Um die Übergabe der beiden jüngeren Kinder, die Regelung der Besuchsrechte der Eltern und den Ferienaufenthalt aller vier Windisch-Graetz-Sprößlinge setzte jedoch bald ein regelrechtes Tauziehen, ein zermürbender Kleinkrieg zwischen den Ehegatten ein.

Otto Windisch-Graetz wollte die Kinder in den Ferien des Jahres 1920 bei sich haben. Wie lange sollte jedes Kind beim Vater bleiben? Wie oft und wann durfte die Mutter zu Besuch kommen? Was mußte jedem Kind auf die Reise mitgegeben werden? Von wem und wo sollten die bedauernswerten Geschöpfe abgeholt werden? Mit diesen und vielen anderen Fragen wurde das Gericht von den beiden Parteien befaßt. Einer Eingabe des einen Teiles folgte unmittelbar der Gegenvorschlag des anderen.

Verbissen und mit dem Mute einer Löwin kämpfte die Fürstin gegen die Ansprüche ihres Gatten. Nach der patriarchalischen Rechtsauffassung der Zeit, die dem Vater die Stellung des Familienoberhauptes einräumte, war der Standpunkt des Fürsten, die Kinder für sich zu beanspruchen, gesetzlich unanfechtbar. Aber ging es in diesem Streit wirklich nur um die Erfüllung von Rechtsvorschriften? Ging es nur darum, dem Buchstaben des Gesetzes Genüge zu tun? Otto Windisch-Graetz hatte sich um seine Kinder herzlich wenig gekümmert. Alles, was die Windisch-Graetz-Sprößlinge waren, verdankten sie der Mutter, auch wenn deren Erziehungsmethoden nicht immer vorbildlich gewesen sein mögen. Von der Warte einer höheren Moral aus gesehen, gehörten die Kinder der Fürstin. Darüber gibt es für mich keinen Zweifel. Das Gericht vertrat verständlicherweise nicht diese Auffassung.

Die Übergabe der reisefertigen Kinder an den Vater sollte am 15. Juli 1920 in Schönau an der Triesting erfolgen. Damit trat jenes Schloß in das Blickfeld der Öffentlichkeit, das Erzsi zu Beginn des Jahres 1911 mit dem Geld ihres Großvaters erworben hatte.

Schloß und Ort Schönau liegen im Süden Wiens, in der Nähe von Leobersdorf. Sie sind heute mit dem Auto oder mit öffentlichen Verkehrsmitteln in einer knappen Stunde von der Hauptstadt aus bequem zu erreichen.

Die Fürstin Windisch-Graetz war in der langen Geschichte des herrschaftlichen Gutes, die bis in das 12. Jahrhundert zurückreicht, die 21. Besitzerin. Zu ihren Vorgängern als Schloßherren zählten so renommierte Geschlechter wie die Wallseer, die Grafen Lamberg und die Jörger sowie die Herren Baron Peter von Braun, König Jerome, der jüngste Bruder Napoleons, und Erzherzog Otto Habsburg. Das Schloß, zu dem zur Zeit der Fürstin rund hundertsiebzig Hektar Grund und Boden und ein dreißig Hektar großer Park gehörten, wurde oftmals umgebaut. Es geht in seiner heutigen Gestaltung auf Erzherzog Otto zurück. Die Fürstin Windisch-Graetz, die viel von Botanik verstand, pflanzte wertvolle Nadelhölzer und gestaltete den Park um. In der Nähe des „Löwentores" ließ sie Nebengebäude errichten. 1917 kaufte sie die sogenannte Leuzendorf-Villa und rundete so mit den dazugehörigen Liegenschaften ihren Besitz ab. Johann Strauß, dem die Villa gegen Ende des vorigen Jahrhunderts gehörte, schrieb hier seinen „Zigeunerbaron" und die Oper „Ritter Pazman". Die Fürstin wollte das Haus als Wohnsitz für ihre Mutter einrichten. Aber Stephanie Lonyay hat das Haus wahrscheinlich nie betreten. Die Beziehungen zwischen Mutter und Tochter verschlechterten sich seit ihrer Trennung zu Beginn des Jahrhunderts von Jahr zu Jahr. Stephanie stand, wie fast der gesamte österreichische Hochadel, im Ehestreit des Fürstenpaares Windisch-Graetz auf der Seite des Gatten. Noch im Juli 1912 hatte Erzsi die Mutter um Verständnis für ihre Lage gebeten. „Du verurteilst mich, ohne mich gehört zu haben, ohne zu wissen, wie die Dinge stehen", schrieb sie ihr, und: „Gebe Gott, daß wir uns verstehen." Sie verstanden einander nicht. Zwischen der erzkonservativen Mutter und der freisinnigen Tochter, die in zunehmendem Maße das Andenken ihres Vaters vergötterte, taten sich geistige Welten auf. Schließlich durfte auf Schloß Orosvár, der Residenz der Lonyays, der Name der Tochter nicht einmal mehr ausgesprochen werden.

Die Fürstin Windisch-Graetz beschäftigte auf ihrem Gutsbesitz, zu dem eine große Gärtnerei und eine Baumschule gehörten, zeitweise bis zu hundert Leute. Das Schloß blieb bis zum Jahre 1930 in ihrem Besitz. Als sich die Kinder auf die eigenen Beine stellten und der Gutsbetrieb mehr und mehr Geld

Schloß Schönau an der Triesting, das zwanzig Jahre im Eigentum der Fürstin Windisch-Graetz war.
In seinen Mauern spielte sich so manche Tragödie ab

verschlang, verkaufte sie es. Neue Besitzerin des Schloßgutes Schönau wurde um den Kaufpreis von 550 000 Schilling Gräfin Olga Zedtwitz-Liebenstein. Es ist derzeit in den Händen von Gräfin Alexandrine Happack. In den Jahren nach 1930 hatte das Schloß ein wechselvolles Geschick. Während des Zweiten Weltkrieges beherbergte es Dienststellen der Deutschen Wehrmacht, von 1945 bis 1953 waren im Gebäude russische Soldaten untergebracht. Das Gut stand von 1948 bis 1955 als „Deutsches Eigentum" unter russischer USIA-Verwaltung. 1965 wurde in Erzsis Schloß ein Durchgangslager für jüdische Emigranten aus der Sowjetunion eingerichtet. Als 1973 Terroristen durch eine aufsehenerregende Geiselnahme die Schließung des Lagers erzwangen, machte Schönau Schlagzeilen in der Weltpresse. Seit 1978 dient es wieder einem anderen Zweck: Es ist Sitz und Ausbildungsstätte der Anti-Terror-Truppe „Scorpion".

Otto Windisch-Graetz hatte in Schönau einen Reitstall mit rund zwanzig Pferden. Im Schloß waren ein paar Räume für ihn eingerichtet. Der Fürst soll in der schweren Nachkriegszeit, als viele Menschen hungerten, Fleisch an seine Hunde verfüttert haben. Die Bewohner von Schönau und Umgebung mochten ihn nicht. Wenn er zu Besuch kam, gab es im Schloß dicke Luft. Auch am 15. Juli 1920 war das nicht anders. Als er sich mit einigen Begleitpersonen in Schönau einfand, um die Kinder abzuholen, wurde ihm allein der Eintritt in das Schloß gestattet. Er nahm sich daraufhin einen Gendarmen als Assistenz mit, der ihn bis in das Kinderzimmer begleitete. Die Kinder weigerten sich jedoch entschieden, mit dem Vater mitzukommen. Otto Windisch-Graetz mußte unverrichteter Dinge abziehen. Bereits am nächsten Tag beantragte er, die beiden jüngeren Kinder der Mutter gewaltsam abzunehmen. Im Weigerungsfall sollte die Fürstin zu einer Geldstrafe von 10 000 Kronen verurteilt werden. Das Gericht gab dem Antrag zunächst statt, zog die Exekutivbewilligung aber zurück, als die Mutter ein ärztliches Gutachten vorlegte, aus dem hervorging, daß die beiden Kinder sehr verängstigt seien und erhöhte Temperatur hätten. Der Richter ordnete daraufhin eine Untersuchung der Kinder durch den Polizei-Oberbezirksarzt Dr. Stoiber aus Wien an. Ergebnis: Die Kinder seien nicht reisefähig. Sie litten an einer reizbaren Schwäche des Nervensystems. Es sei unbedingt erforderlich, jede Aufregung von ihnen fernzuhalten. Eine Entfernung von der Mutter lasse eine dauernde Schädigung der Gesundheit befürchten.

Otto Windisch-Graetz beantragte ungerührt eine neuerliche ärztliche Untersuchung, um festzustellen, ob die Kinder nicht wenigstens bis Ebreichsdorf gebracht werden könnten. Der dortige Schloßbesitzer habe ihm seinen Besitz zur Verfügung gestellt. Elisabeth Windisch-Graetz legte ein neuerliches medizinisches Gutachten über den schlechten Gesundheitszustand der Kinder vor. Nun platzte dem Richter offenbar der Kragen. Er begab sich persönlich nach Schönau, um sich an Ort und Stelle von der Sachlage zu überzeugen. Die Kinder erklärten, sie würden nur der Gewalt weichen und dem Vater wieder davonlaufen. Sie baten den Richter inständig, bei der Mama bleiben zu dürfen. Der Richter wies daraufhin den Antrag des Vaters auf gewaltsame Herausgabe der Kinder endgültig ab. Otto Windisch-Graetz erhob dagegen Rekurs und verlangte nunmehr die Übergabe der beiden älteren *gesunden* Kinder zwecks Ferienaufenthaltes in seinem Wohnsitz. Nun wiederholte sich das vorhin geschilderte Wechselspiel: Die Kinder weigerten sich, mit dem Vater zu gehen, das Gericht wies den Antrag zurück, Otto Windisch-Graetz legte gegen den Beschluß Rekurs ein . . . Die Ferienmonate gingen vorüber. Die Groteske endete damit, daß der gesamte Pflegschaftsakt am 23. Dezember 1920 „im Hinblick auf den ständigen Aufenthaltsort der Kinder" dem Bezirksgericht Baden zur weiteren Behandlung übertragen wurde. Im Bezirksgericht Landstraße mag man aufgeatmet haben.

Die Weiterführung des Falles wurde in Baden Landesgerichtsrat Dr. Lamel anvertraut. Noch ehe er etwas veranlassen konnte, flatterte bereits die erste Eingabe auf seinen Schreibtisch. Es war ein Bericht der Fürstin über einen Besuch der Kinder beim Vater am 6. Jänner 1921 in dessen Wiener Palais. Die Kinder wurden von ihrem Erzieher Tibor Kerekes in die Strohgasse gebracht, wo sie dem Vater unverblümt erklärten, daß sie nicht bei ihm bleiben wollten. Sie lehnten es sogar ab, die Überkleider auszuziehen. Vergeblich versuchte der Fürst seine Sprößlinge umzustimmen. Als alles gute Zureden nichts half, verlor er die Beherrschung. Er versetzte seinem zweitältesten Sohn Ernst Weriand eine Ohrfeige. In hellster Aufregung verließen die Kinder das väterliche Haus.

Bezirksrichter Lamel sah sich aufgrund dieses Vorfalles veranlaßt, den Streitfall behutsam anzupacken. Er entsandte den Gerichtsarzt Dr. Raab und zwei weibliche Mitglieder der Jugendgerichtshilfe nach Schönau. Sie erklärten übereinstimmend, daß es besser wäre, die Kinder bei der Mutter zu belassen. Der Arzt stellte bei Rudolf eine enorme Pulsbeschleunigung, bei Stephanie Fieber fest. Wie schon sein Amtskollege vom Bezirksgericht Landstraße vor ihm, begab sich nun auch Dr. Lamel persönlich nach Schönau. Er wurde vor dem Schloß von einer Gruppe von Arbeiterräten empfangen, die erklärten, daß die Kinder nur in ihrer Gegenwart vernommen werden dürften. Die Fürstin habe den Arbeitern in ihrer Not geholfen, nun wollten sie ihr helfen, ihre mütterlichen Rechte zu verteidigen. Durch gütiges Zureden gelang es dem Richter, die Arbeitervertreter von ihrem Vorhaben abzubringen. Die Kinder beharrten auch Dr. Lamel gegenüber auf ihrer Weigerung, dem Vater zu folgen.

Der unerquickliche Streit näherte sich nun rasch seinem dramatischen Höhepunkt. Nach einer zweistündigen Aussprache zwischen Landesgerichtsrat Dr. Lamel und Otto Windisch-Graetz, bei der der Vater „mit Wärme und Herzlichkeit" für das Wohl der Kinder eintrat, erließ der Richter am 17. März 1921 einen Exekutionsbewilligungsbeschluß. Jedem Widerstand gegen diese gerichtliche Verfügung sollte mit Gewalt begegnet werden. Nötigenfalls seien die Kinder dem Vater gebunden, also gefesselt, zu übergeben. In der Begründung des Beschlusses wird von der heiligsten Pflicht des Richters gesprochen, „den allerersten Rechten eines Vaters" Geltung zu verschaffen. Möglicherweise verschanzten sich hinter diesem Sachmotiv persönliche Beziehungen. Am Tage des Exekutionsbeschlusses ersuchte Dr. Lamel das Bezirksgendarmeriekommando Baden, für die Übergabe der Kinder an den Vater Assistenz beizustellen. Die Exekution selbst wurde für den 21. März 1921, acht Uhr früh, angeordnet.

Der erste Frühlingstag des Jahres 1921 zog wolkenverhangen ins Land. Die Mitglieder der Gerichtskommission Baden unter der Leitung des Kanzleioffizials Johann Zach, die den Gerichtsbeschluß zu exekutieren hatten, fühlten sich nicht nur wegen des trüben Wetters nicht ganz wohl in ihrer Haut. Die zwangsweise Überführung von Kindern in die väterliche Gewalt durch eine Gerichtskommission, die von zweiundzwanzig schwerbewaffneten Gendarmen begleitet und unterstützt wurde, war zweifellos ungewöhnlich. Eine Amtshandlung dieser Art hätte eher in das Mittelalter als in das 20. Jahrhundert gepaßt. Aber Zach und die ihn begleitenden Beamten waren nur Vollzugsorgane. Sie mußten tun, was ein weltfremder Richter angeordnet hatte.

Es war 7.45 Uhr, als sie vor dem Schloß Schönau ankamen. Zu diesem Zeitpunkt saß Dr. Lamel wahrscheinlich noch nicht einmal an seinem Schreibtisch. Vor dem Schloß stand eine größere Zahl von Arbeitern. Ihr Vertrauensmann, ein gewisser Georg Geissler, erklärte klipp und klar, niemanden einlassen zu wollen. Erst nach wiederholtem Ersuchen und nachdem ein Schlosser die Tür zum Schloßvorgebäude aufgesperrt hatte, konnte die Kommission den Hausflur betreten. Sie wurden dort vom Erzieher der Kinder, Tibor Kerekes, Schloßdirektor Ulrich Weber und zahlreichen Arbeitern nicht eben freundlich empfangen. Ein Sprecher der Arbeiter brachte zum Ausdruck, daß die Kinder nur tot und über ihre Leichen aus dem Schloß gebracht werden könnten. Über Einschreiten der Fürstin konnte sich die Kommission in das Hauptgebäude und anschließend in das Kinderzimmer begeben. Dort klammerten sich die Jugendlichen weinend und schreiend an die Mutter. Sie wollten nicht mitkommen, erklärten sie, traten mit Füßen gegen Offizial Zach und warfen seinen Hut zu Boden. Der Gerichtsvollzieher brach daraufhin die Amtshandlung ab.

In der Zwischenzeit hatten sich vor dem Schloß mehr und mehr Arbeiter aus Schönau und den umliegenden Ortschaften angesammelt. Sie umringten das Auto, in dem die Kinder nach Wien gebracht werden sollten und nahmen gegen Alexandrine Windisch-Graetz und Gabriele Rechberg, die beiden Damen, die darin zurückgeblieben waren, eine drohende Haltung ein. Ihr Wortführer soll den zwei Aristokratinnen folgendes ins Gesicht gesagt (geschrien) haben: „Der Fürst wird niemals die Kinder bekommen. Er hat sich nie um die Kinder gekümmert. Es gibt ein ganzes Buch über seine Verbrechen, das wir kennen.

Er will die Kinder nur haben, um ihr Vermögen nach Jugoslawien zu bringen. Das werden wir nie erlauben. Die Fürstin hat uns das Geld geschenkt. Das gehört uns. Auch werden wir nie die Kinder fortlassen. Diese Kinder haben nichts mehr mit der habsburgischen Sippe zu tun. Diese Kinder werden wir erziehen . . . Wir anerkennen keine Gesetze, darum sind wir in einer Republik. Wir haben unsere eigenen Gesetze."

Ob er seine Worte so wohl gesetzt hat, kann man mit Fug und Recht bezweifeln. Das Auto fuhr weg, die Gerichtskommission und die Gendarmen zogen unverrichteter Dinge ab. Die Arbeiterschaft aus Schönau und Umgebung hatte sich in einer organisierten Aktion – daß es das war, darüber kann es für mich keinen Zweifel geben – hinter die Fürstin gestellt, einen unverständlichen, zynischen Akt der Staatsgewalt abgewehrt.

Die Vorgänge vom 21. März 1921 im und vor dem Schloß Schönau machten in der Presse Schlagzeilen, und sie hatten ein politisches Nachspiel.

Die Fürstin Windisch-Graetz erhob in einem Interview, das am 28. März 1921 in der Wiener Sonn- und Montagszeitung abgedruckt wurde, gegen ihren Gatten schwere persönliche und politische Anschuldigungen. „Mein Gatte wurde ein Jugoslawe", so heißt es da, „um mir mein Vermögen, welches hauptsächlich aus Kriegsanleihe besteht, auf diese Weise zu nehmen und um die feindlichen Instinkte der Serben gegen das Kaiserhaus gegen mich ausschroten zu können. Er versuchte auch, die serbische Regierung sich günstig zu stimmen, indem er beim Wiener Konsul eine Anzeige gegen mich machte, daß ich für die Habsburger mit Horthy konspiriere und meine Kinder zu Feinden Serbiens erziehe . . ."

Die Darlegung der persönlichen Beziehungen gipfelte in dem Satz: „Er repräsentiert jenen Aristokraten, welcher auf der Bühne und in der Literatur verhöhnt wird, den geistig minderwertigen, moralisch unterentwickelten, feigen Geck . . ."

Die Ereignisse um die Exekution der Kinder stellte die Fürstin so dar: „Im Juli 1920 kam er begleitet von einem Gendarmen in das Kinderzimmer und wollte mir meine Kinder rauben. Ich wehrte mich. Daher schickte er bei der letzten Exekution einen Rechtsanwalt mit einer Hundspeitsche und mit Schließen für die Kinder hieher . . . Doch da ist ein Wunder ge-

schehen. Die Enkelin des Kaisers wurde vom Volk gerettet . . .
Gegen 22 bis an die Zähne bewaffnete Gendarmen, 4 Gerichtsvollzieher, die mit geladenen Karabinern ausgezogen waren, Richter, Advokaten, Irrenärzte trat das Volk erfolgreich auf. Diese Kundgebung hat meine größte Dankbarkeit und Bewunderung ausgelöst . . ."

Daß sie bei diesem Wunder ihre Hand im Spiel hatte, sagte die Kaiserenkelin nicht.

Am 24. März 1921 griffen die Abgeordneten Dr. Hans Schürff, Dr. Leopold Waber und Genossen die Affäre um die Windisch-Graetz-Kinder im Parlament auf. In ihrer Anfrage an den Justizminister stellten sie zunächst fest, daß nach einer Statthalterverordnung vom 19. Februar 1889 nicht einmal Kälber mit Stricken gebunden werden dürfen. Die Maßnahme des Richters sei unmenschlich gewesen und mache den Eindruck der Ungesetzlichkeit. Otto Windisch-Graetz sei Jugoslawe geworden. Es sei daher verwunderlich, daß die österreichischen Behörden für diesen Herrn einen so großen Apparat in Bewegung gesetzt hätten. Der Minister möge untersuchen lassen, inwieweit in diesem Fall Gesetzesbestimmungen überschritten, verletzt oder falsch ausgelegt worden seien. Er solle dafür sorgen, daß in Hinkunft Urteile, die das Rechtsgefühl der Bevölkerung grob verletzen, nicht mehr gefällt werden können.

Selbst Bundespräsident Michael Hainisch sah sich veranlaßt, einzugreifen, wie er in seinen Memoiren berichtet. Er bat Justizminister Rudolf Paltauf zu sich und ersuchte um Intervention. Obwohl der Bundespräsident für keine Seite Partei ergreifen wollte, plädierte er mit dem Argument, daß die Kinder nicht getrennt werden sollten, indirekt doch für den Verbleib der Kinder bei der Mutter. Das Gericht hat sich dieser Rechtsauffassung schließlich dann auch angeschlossen. „Das Verfahren gegen Elisabeth Windisch-Graetz und Genossen wegen Exekutionsvereitelung", das nach den Vorfällen in Schönau eingeleitet worden war, wurde eingestellt. Der Bundespräsident persönlich benachrichtigte die Fürstin davon, als sie ihm anläßlich eines Besuches ihren Dank für seine Hilfe abstattete.

Elisabeth Windisch-Graetz hatte den Kampf um ihre Kinder, den sie mit Ausdauer und Hartnäckigkeit geführt hatte, gewonnen. Es war ein Sieg der Vernunft über eine veraltete, patriarchalisch bestimmte Rechts- und Gesellschaftsordnung, der Sieg einer um ihre Rechte kämpfenden Mutter über einen Mann, dem es vor allem um materielle Vorteile ging.

Es wäre verlockend, in einer Zeit energischer Bemühungen um die Gleichberechtigung der Frau den erfolgreichen Kampf der Fürstin Windisch-Graetz emanzipatorisch auszuschlachten. Ich möchte dieser Versuchung widerstehen. Die Enkelin des Kaisers war keine Frauenrechtlerin. Aber sie hatte den Mut, die Kraft und das Beharrungsvermögen, schon vor mehr als einem halben Jahrhundert als Frau gegen die Vorrechte der Geburt, des Standes und gegen Vorurteile aller Art mit Dynamik und männlicher Grobheit anzukämpfen.

Der Ehestreit des Fürstenpaares wurde mit Bescheid des Landesgerichtes Wien vom 26. März 1924 formell beendet. Das Dokument hatte folgenden Wortlaut: „Nach vergeblich vorgenommenen Versöhnungsversuchen wird den Ehegatten Otto Fürst zu Windisch-Graetz, Oberstleutnant a. D., und der Frau Fürstin Elisabeth Marie Windisch-Graetz infolge des von ihnen einverständlich gestellten Ansuchens und aufgrund ihrer Angabe, daß sie über die Bedingungen in Bezug auf Vermögen und Unterhalt miteinander einverstanden sind, die Scheidung von Tisch und Bett genehmigt. Ihre allfällige Wiedervereinigung haben die Ehegatten dem Gericht anzuzeigen."

Für Elisabeth Windisch-Graetz schloß damit ein bewegter, skandalumwitterter Lebensabschnitt. Die Wende im Leben der Kaiserenkelin hatte sich bereits ein paar Jahre früher vollzogen, als sie jenen Mann kennengelernt hatte, mit dem sie fortan Freud und Leid teilte und dem sie bis an sein Lebensende treu verbunden blieb: Leopold Petznek.

Petznek war Lehrer und sozialdemokratischer Politiker. Er kam, sozial gesehen, von ganz unten: aus kleinbäuerlichem Milieu. Elisabeth Windisch-Graetz kam von ganz oben: aus der Familie des Kaisers. Daß sich diese beiden Menschen gefunden haben, daß sie einander verstanden und liebten, mutet wie ein Märchen an. Unüberwindliche soziale Barrieren werden sehr oft nur in der Phantasie der Märchenerzähler übersprungen. Nur das Leben ist ab und zu noch erfinderischer. Die jahrzehntelange Ehegemeinschaft und die späte Ehe zwischen Elisabeth Marie, der geborenen Erzherzogin von Österreich, und Leopold Petznek, dem Sohn eines Kleinbauern, war die Verwirklichung einer Sozialutopie.

7. Genossin Windisch-Graetz

Am 19. Oktober 1918 machte der Wiener Polizeipräsident Dr. Franz Brandl eine interessante Eintragung in seinem Tagebuch. „Prinzessin Elisabeth Windischgrätz, Enkelin Kaiser Franz Josefs", schrieb er, „die mit ihrem Gatten im Ehescheidungsprozeß steht, erkundigt sich um die Adresse Viktor Adlers und die Telephonnummer der ‚Arbeiter-Zeitung'. Sie will den Führer der Sozialdemokraten für ihre Angelegenheit interessieren. Eine neue Zeit geistert herauf."

Der Herr Polizeipräsident wertete den Kontaktversuch der Kaiserenkelin mit dem Führer der Sozialdemokratie ungebührlich auf. Er hatte mit seiner Notiz natürlich nicht unrecht. Nur: die neue Zeit, von der er sprach, geisterte nicht erst herauf. Sie war bereits angebrochen. Es gab genug Anzeichen dafür. Die Soldaten an der Front waren des Krieges überdrüssig. Die Menschen in der Heimat hungerten. In Wien betrug im Oktober 1918 die Fettration vier Dekagramm, die Kartoffelration ein Kilogramm pro Kopf und Woche. Aber die Vorräte waren ausgegangen. Die Tschechoslowaken lieferten keine Kohle mehr, die Ungarn keine Milch. Die spanische Grippe forderte täglich zahlreiche Tote. In Prag, Agram und Sarajewo verfluchte man das Haus Habsburg.

Am 16. Oktober 1918 erließ Kaiser Karl ein Manifest, mit dem er die Umwandlung der Monarchie in einen Bundesstaat ankündigte. Es war zu spät. Ein paar Wochen danach war das Ende da: das Kriegsende und das Ende der altehrwürdigen österreichisch-ungarischen Monarchie. In den Straßen der Haupt- und Residenzstadt schrien die Menschen: „Nie wieder Habsburg" und „Wir brauchen keinen Kaiser". Der Vielvölkerstaat fiel auseinander, löste sich in seine Einzelbestandteile auf. Der Kaiser unterschrieb eine Erklärung, in der er „auf jeden Anteil an den Staatsgeschäften" verzichtete. Am 23. März

1919 verließ die kaiserliche Familie unter britischer Bewachung Österreich. Sie fand in der Schweiz Asyl. Knapp vor Verlassen des Staatsgebietes nahm Karl I. die Verzichtserklärung zurück, die er am 11. November 1918 abgegeben hatte. Offenbar war er von seiner Wiederkehr überzeugt. Die Weltgeschichte hat ihm ein anderes Schicksal zugedacht. Er starb nach zwei gescheiterten Restaurationsversuchen in Ungarn am 1. April 1922 auf der Insel Madeira.

In Österreich wurde der Adel abgeschafft. Alle jene Mitglieder des Hauses Habsburg, die der Republik den Treueid verweigerten, mußten das Land verlassen. Ihr Vermögen wurde für verfallen erklärt.

Für die Fürstin Windisch-Graetz blieb das alles ohne Bedeutung. Sie war durch ihre Heirat aus dem Kaiserhaus ausgeschieden. Die Habsburgergesetze tangierten sie nicht. Der Zusammenbruch der Monarchie markierte in ihrem Leben keine entscheidende Wende. Sie hatte sich schon vorher aus ihren gesellschaftlichen Bindungen gelöst, ihre Rechnung mit der Vergangenheit beglichen. Für diese Feststellung gibt es zwei Zeugen: den Privatgelehrten Dr. Michael Hainisch, der 1920 zum ersten Bundespräsidenten der Republik gewählt wurde, und Dr. Viktor Eisenmenger, den langjährigen Arzt der Erzherzogin. Hainisch war vor Kriegsende einmal auf Schloß Schönau bei der Fürstin zu Besuch. „Wir blieben bis zum Abendessen in Schönau", berichtet er darüber in seinen Memoiren, „und ich hatte den Eindruck, daß die Prinzessin eine ebenso schöne wie geistig hochstehende Frau sei, die alle Vorurteile ihrer Familie abgelegt hatte."

Eisenmenger macht in seinem Buch über den Thronfolger Franz Ferdinand über die eigenwillige Erzherzogin einige weniger freundliche Bemerkungen. „Ihre Extravaganzen machten sie zum Ziel eines gehässigen Klatsches", schreibt er, „sie glaubte darüber erhaben zu sein, und es machte ihr Vergnügen, Situationen zu provozieren, die erst recht zum Klatsch herausforderten. Wenn dann die Folgen eintraten und ihre Standesgenossen von ihr abrückten, so ärgerte sie sich doch darüber und arbeitete sich in einen fanatischen Haß und eine tiefe Verachtung gegen ihre Gesellschaftsklasse hinein, die sie bei jeder Gelegenheit unverhohlen zum Ausdruck brachte, auch mir, ihrem langjährigen Arzt gegenüber.

‚Glauben Sie‘, sagte sie einmal in Gegenwart ihres Gatten zu mir, ‚daß ein einziger aus unseren Kreisen gescheit genug ist, ein Doktor zu werden?‘ Dieser Haß steigerte sich später so weit, daß sie eine überzeugte Sozialdemokratin wurde und eifrig für die Partei agitierte.

Die Enkelin des Kaisers Franz Josef, die Habsburgerin, die Aristokratin und Kapitalistin, jeder Zoll von ihr ein rotes Tuch für einen Sozialisten, wurde von der Partei mit offenen Armen aufgenommen – ein grimmiger Witz in der Geschichte des österreichischen Kaiserhauses.“

Die Feststellungen des Hofarztes bedürfen im Detail einer Korrektur. Die Erzherzogin verachtete ihre Standesgenossen nicht deshalb, weil diese ihrer Extravaganzen wegen von ihr abrückten. Die Gründe für ihre Geringschätzung der Hofgesellschaft und der Aristokratie lagen viel tiefer. Sie sind im väterlichen Erbe und in ihren Lebensumständen zu suchen. Es war auch nicht der Haß auf ihre Gesellschaftsschicht, der aus einem Mitglied des Kaiserhauses ein sozialdemokratisches Parteimitglied machte. Mit einer Trotzreaktion kann man den geistigen Wandlungsprozeß, der diesem Schritt vorausging, nicht erklären. Eine solche Betrachtungsweise ist allzu vordergründig und wird der vielschichtigen Persönlichkeit der Erzherzogin nicht gerecht. Die Gründe für den Gesinnungswandel der Fürstin Windisch-Graetz waren, wie noch zu zeigen sein wird, wesentlich komplexer. Andererseits ist es vollkommen richtig, daß die gesamte österreichische Aristokratie, mit wenigen Ausnahmen wie etwa den Grafen Adalbert Sternberg und dessen Schwester, die Gräfin van der Straten, der abtrünnig gewordenen Fürstin mit unverhohlener Feindschaft begegnete. Man brach alle Brücken zu ihr ab, vermied jedweden Kontakt mit ihr.

Der geistige Loslösungsprozeß der Erzherzogin von Kaiserhaus und Aristokratie begann, so darf man wohl annehmen, noch zu Lebzeiten Franz Josephs. Es gibt eine Version, nach der Elisabeth Marie schon vor dem Tod des Kaisers Abonnentin der sozialdemokratischen „Arbeiter-Zeitung“ gewesen ist. Das Abonnement soll auf „Erzherzogin Elisabeth Marie, Wien-Hofburg“ gelautet haben. Das ist gewiß nicht mehr als ein guter Gag. Abgesehen davon, daß die Fürstin Windisch-Graetz auch nach der Entzweiung mit ihrem Mann ihren dauernden Wohnsitz nicht in der Wiener Hofburg hatte, hätte sie sich eine solche Provokation des Kaisers nicht erlaubt. Sie war ihrem Großvater in respektvoller Dankbarkeit verbunden. Es kann aber keinen Zweifel darüber geben, daß sie schon als junges Mädchen eine Abneigung gegen die Hofgesellschaft empfand, daß sie in frühreifer Hellsichtigkeit die Brüchigkeit des monarchischen Systems durchschaute. Das Grauen vor dem vom Kaiser arrangierten und inszenierten Verwandtenehen war mit ein Grund für ihre überstürzte Vermählung. Ihre latente Aversion gegen die Aristokratie wurde während ihrer Ehe mit dem Fürsten Windisch-Graetz zur bewußten, offen ausgesprochenen und zur Schau gestellten Überzeugung, wiewohl sie selbst aristokratisches Gehaben an den Tag legte und ihre Abstammung aus vornehmster Familie bis an ihr Lebensende nicht verleugnen konnte. Selbstverleugnung und Selbstentäußerung passen nicht in das Persönlichkeitsbild der Fürstin Windisch-Graetz. Die Kaiserenkelin konnte und wollte nicht über ihren eigenen Schatten, über den Schatten ihrer hocharistokratischen Erziehung springen. Ihr geistiger Demokratisierungsprozeß hatte scharf markierte Grenzen.

Der Anstoß dazu ging jedenfalls von ihr selbst aus. Sie mag dabei mit zunehmendem Alter auch das Vorbild ihres Vaters vor Augen gehabt haben. Sobald sie unabhängig und reif genug dazu war, stellte sie Überlegungen zum Freitod des Kronprinzen an, versuchte sie diesen Tod zu erklären, seinen Hintergründen auf die Spur zu kommen. Sie sammelte alles, kaufte alles auf, was an ihn erinnerte: Waffen, Kleidungsstücke, Uniformen, Möbel, schriftliche Aufzeichnungen, Akten. Sie vergötterte sein Andenken. An jedem Todestag ließ sie für den Kronprinzen und „die arme Kleine", die mit ihm in den Tod gegangen war, eine Messe lesen. Der Orden der unbeschuhten Karmeliterinnen, der in Mayerling die Kirche betreut, die dem Andenken Rudolfs gewidmet ist, und der Kapuzinerorden als Hüter der Kapuzinergruft, der Begräbnisstätte des Erzhauses, wurden von ihr großzügig unterstützt. Selbst in ihrem Testament vermachte sie den beiden religiösen Gemeinschaften ein Legat.

Was nicht in das Bild paßte, das sie sich von ihrem Vater zurechtgelegt hatte, bekämpfte sie mit der ihr eigenen leidenschaftlichen Starrköpfigkeit. So wurde in den dreißiger Jahren die Aufführung eines Rudolffilmes auf ihren Einspruch hin verboten. Und auch gegen die Publikation der Memoiren ihrer Mutter, in denen nach ihrer Meinung das Andenken des Vaters herabgesetzt wurde, legte sie durch ihren Rechtsanwalt ein Veto ein. Das Buch, das im Oktober 1935 in einem deutschen Verlag erschien, durfte über Regierungsbeschluß in Österreich im Buchhandel nicht vertrieben werden.

In dem Maße, in dem die Verehrung für den Vater wuchs, verschlechterte sich das Verhältnis zur Mutter. Die Fürstin Windisch-Graetz machte für das Scheitern der Kronprinzenehe Stephanie verantwortlich und lehnte sich von ihrer ganzen Veranlagung her gegen die Mutter auf. Die beidseitigen Kontakte wurden seltener, das Gespräch verstummte, bis die beiden Frauen einander schließlich mit jenem Höchstmaß an Haß begegneten, dessen sie fähig waren. Stephanie Lonyay machte 1934 den Versuch, ihre Tochter unter Kuratel stellen zu lassen und enterbte sie in ihrem Testament. Davon wird später noch zu sprechen sein.

Obwohl streng katholisch erzogen, entwickelte Elisabeth Windisch-Graetz bald starke liberale Neigungen. Diese Liberalität entsprang aus zwei Lebensströmen: aus dem väterlichen Erbe und als Abwehrreaktion gegen die Bigotterie der Mutter. Da der politische Liberalismus längst abgewirtschaftet hatte, ist es verständlich, daß sich die Fürstin nach Kriegsende der Sozialdemokratie näherte und sich ihr schließlich anschloß. Die sozialdemokratische Bewegung war die einzige Freiheitsbewegung der ersten österreichischen Republik. Elisabeth Windisch-Graetz suchte bei ihr Verständnis für ihre Probleme, Unterstützung im Kampf um ihre Kinder. Sie fand beides. Auf sich allein gestellt, mutterseelenallein, wäre sie in diesem Kampf gegen eine ihr nicht gerade wohlgesinnte Justiz von vornherein auf verlorenem Posten gestanden. Mit Hilfe der Arbeiterschaft hat sie sich behauptet, hat sie der Staatsgewalt getrotzt. Sie hat das nie vergessen. Diese Unterstützung brachte sie den einfachen Menschen näher, schärfte ihr Auge, ihren Sinn für die Nöte des Volkes. Sie hat später bis in das hohe Alter in Not geratenen einfachen Menschen geholfen und auf diese Weise ihren Dank für die seinerzeitige Hilfe abgestattet.

In den Tagen ihrer ärgsten Bedrängnis, als man ihr ihre Kinder nehmen wollte, kreuzte sich dann auch ihr Lebensweg mit jenem Leopold Petzneks. Bei einer sozialdemokratischen

Leopold Petznek: Der Mann, mit dem sie glücklich wurde

Wählerversammlung in Leobersdorf wandte sich die Fürstin an Petznek, den damaligen Schutzbundkommandanten des Viertels unter dem Wienerwald, um Hilfe. Es war eine Sternstunde im Leben der Kronprinzentochter. Aus einem ersten, aus der Not der Zeitumstände geborenen Kontakt wurde eine Bekanntschaft, eine lebenslange Verbindung. Die Gutsherrin von Schönau und der sozialdemokratische Lehrer, der nach den Wahlen vom April 1921 als Abgeordneter in den Niederösterreichischen Landtag einzog, teilten von nun an Glück und Leid. Leopold Petznek gab dem verpfuschten Leben der Kaiserenkelin neuen Sinn, neuen Inhalt. Aus der skandalumwitterten Aristokratin wurde nun endgültig eine Sozialdemokratin, die den Kampf ihres Lebensgefährten um bessere Lebensbedingungen für das arbeitende Volk tatkräftig unterstützte.

Leopold Petznek wurde am 30. Juni 1881 in Bruck an der Leitha geboren. Nur um zwei Jahre älter als seine nunmehrige Lebensgefährtin, verlief sein Dasein von allem Anfang an in völlig anderen Bahnen. Er erblickte nicht wie die Kronprinzentochter das Licht, sondern das Elend der Welt. Seine Eltern, die ein kleinbäuerliches Anwesen bewirtschafteten, starben nach dem Verlust ihres Besitzes in jungen Jahren. Die Großmutter väterlicherseits, die selbst noch für schulpflichtige Kinder zu sorgen hatte, konnte nach dem Tod der Eltern den Buben nicht in ihre Obhut nehmen. Es gelang ihr jedoch, höchstwahrscheinlich aufgrund irgendeiner Fürsprache, den intelligenten, aufgeweckten Knaben 1889 im Hyrtlschen Waisenhaus in Mödling unterzubringen. Es war das Jahr, in dem Kronprinz Rudolf Selbstmord beging. Die kleine Erzherzogin Elisabeth verlor am 30. Jänner 1889 ihren Vater. Der kleine Leopold Petznek trat zwei Wochen nach diesem Ereignis in Mödling in die 3. Volksschulklasse ein. Er blieb bis zu seinem 14. Lebensjahr Zögling der von Dr. Josef Hyrtl und Josef Schöffel gegründeten Anstalt. Die Ausbildung war militärisch streng, der Tagesablauf genau geregelt. Von halb sechs Uhr früh bis zum Abend lief das pädagogische Programm, das auch Exerzieren einschloß.

Der Waisenhauszögling Leopold Petznek gab zu den schönsten Hoffnungen Anlaß. Seine schulischen Leistungen waren so gut, daß ihm Schöffel nach Abschluß der Bürgerschule einen Platz am niederösterreichischen Landeslehrerseminar in St. Pölten verschaffte. Nach Unstimmigkeiten mit der Schulleitung übersiedelte Petznek auf Anraten seines Gönners nach Wiener Neustadt, wo er im Jahre 1900 sein Studium mit der Reifeprüfung abschloß.

Der frischgebackene Volksschullehrer erhielt seine erste Anstellung in Siebenhirten. Er kehrte dann nach Mödling zurück und wirkte bis 1914 (ab 1911 als Bürgerschullehrer) an der Hyrtlschen Waisenanstalt, jener Schule, in der er aufgewachsen war und die sein Wesen entscheidend geprägt hatte.

Petznek unterrichtete Deutsch, Geschichte und Geographie. Er brachte vor allem aber auch der Musik, der Literatur und der Kunst großes Interesse entgegen. In diese Zeit fallen seine Heirat mit Emilie Bärnat, die Geburt seines Sohnes Otto und seine Begegnung mit der Schulreformbewegung Otto Glöckels. Petznek entfaltete im Verein „Freie Schule", der für eine moderne Pädagogik eintrat, eine rege Tätigkeit und wurde Mitglied der Sozialdemokratischen Arbeiterpartei.

Bei Ausbruch des Ersten Weltkrieges wurde er einberufen und an die russische Front abkommandiert. Für seine „Tapferkeit vor dem Feind" in Rußland und später in Italien wurde er mehrfach ausgezeichnet. Er diente sich in den vier Kriegsjahren vom einfachen Soldaten bis zum Leutnant hinauf. Seine im Wiener Kriegsarchiv aufbewahrte Qualifikationsliste weist ihn als heiteren, mannhaften Charakter aus und lobt seinen Fleiß und seinen unermüdlichen Pflichteifer.

Am 16. Dezember 1918 kehrte Leopold Petznek aus dem Krieg nach Mödling zurück. Er nahm seinen Lehrberuf wieder auf, widmete sich aber mehr und mehr der Arbeit für die Sozialdemokratische Partei, der er schließlich seine ganze Kraft und Zeit zur Verfügung stellte. Der kluge, besonnene, kenntnisreiche sozialdemokratische Lehrer, der fast im Alleingang ein rotes Lokalblatt, „Die Volksstimme aus dem Wienerwald", schrieb und redigierte, machte rasch Karriere. Er wurde nach der Gemeinderatswahl vom 24. Juni 1919 zum Finanzreferenten seiner Heimatstadt bestellt, war Obmann der sozialdemokratischen Bezirksorganisation und Leiter der Kreisorganisation des Schutzbundes im Viertel unter dem Wienerwald. 1922, ein Jahr nach seiner Wahl in den Niederösterreichischen Landtag, übernahm er nach dem Ausscheiden Dr. Karl Renners, mit dem ihn eine herzliche Freundschaft verband, die Funktion des Obmannes der sozialdemokratischen Landtagsfraktion. Die Fürstin begleitete ihren Lebensgefährten zu Kundgebungen und Versammlungen. Sie richtete in Schönau einen Kindergarten ein, unterstützte die Leobersdorfer Parteiorganisation bei der Errichtung eines Arbeiterheimes und stellte den Roten Falken einen Teil ihrer weitläufigen Schönauer Schloßanlage zur Verfügung. Vor allem aber tat sie nun den letzten, entscheidenden Schritt: Sie wurde Mitglied der Sozialdemokratischen Arbeiterpartei. Wann sie den Beitritt vollzog, läßt sich heute nicht mehr eindeutig feststellen. Ein Mitgliedsausweis der II. Sektion des 3. Wiener Gemeindebezirkes, der im Dokumentationsarchiv des Österreichischen Widerstandes abschriftlich aufliegt, weist ihre Mitgliedschaft per 1. Oktober 1925 aus. Nach einer Aussage, die sie 1934 anläßlich einer Hausdurchsuchung machte, ist sie „seit ungefähr zwölf Jahren eingeschriebenes, organisiertes Mitglied der Sozialdemokratischen Partei gewesen". Ein schriftlicher Nachweis dafür läßt sich allerdings nicht erbringen.

Die politische Sensation war perfekt, etwas Unvorstellbares eingetreten. Eine Habsburgerin, eine geborene Erzherzogin von Österreich, bekannte sich zu jener Partei, die den Kampf gegen die Monarchie, gegen die Privilegien des Adels von jeher auf ihre Fahnen geschrieben hatte. Die Lebensgemeinschaft der Fürstin mit einem Sozialdemokraten hätte man in monarchistischen Kreisen aus menschlichen Gründen gerade noch verstehen können. Die Enkelin des Kaisers als aktive Sozialdemokratin agieren zu sehen, überstieg das Toleranzvermögen dieser Kreise, war in ihren Augen eine politische Blasphemie.

Die Lebensgefährtin Leopold Petzneks ließ es bei einer einfachen Parteimitgliedschaft nicht bewenden. Sie wollte keine Karteisozialdemokratin sein, die monatlich ihren Mitgliedsbeitrag zahlte und ansonsten Politik Politik sein ließ. Sie betätigte sich bei den roten Kinderfreunden, in der sozialdemokratischen Frauenbewegung und beteiligte sich an den Feiern zum 1. Mai. „Sie marschiert bei diesen odiösen Aufzügen mit", entrüstete sich Fürst Elemer Lonyay in Orosvár, „sie verkauft rote Nelken auf der Straße." Ob sie letzteres wirklich tat, läßt sich nicht sagen. Daß sie in den zwanziger Jahren in Schönau und Wien am Maiaufmarsch teilnahm, haben mir Auskunftspersonen, Gräfin Alexandrine Happack und Frau Elisabeth Dornfeld, unabhängig voneinander, bestätigt. 1926 soll die Fürstin auch eine der Teilnehmerinnen am Sozialdemokratischen Parteitag in Linz gewesen sein, auf dem das umstrittene, vielfach mißverstandene und falsch ausgelegte „Linzer Programm" beschlossen wurde. Auch an der Wahlwerbung für die Nationalratswahlen im April 1927 nahm sie aktiv teil. Sie besuchte Wählerversammlungen der Sozialdemokratischen Partei und gab am 19. April 1927, fünf Tage vor dem Urnengang, der „Wiener Sonn- und Montagszeitung" ein Interview, in dem sie

Die "rote Erzherzogin" war sozialdemokratisches Parteimitglied

Sozialdemokratischer Delegiertenausweis der Fürstin Windisch-Graetz

darlegte, warum sie Sozialdemokratin geworden war. „Man kann auf mancherlei Wegen zum Sozialismus gelangen", stellte sie einleitend fest. „Man kann in ihn hineingeboren werden, die Zugehörigkeit zur Partei mit dem Leben selbst in sich aufnehmen. Dieser Weg erscheint mir gewiß als der glücklichste, denjenigen Menschen vergleichbar, die in der Freiheit geboren wurden und sie nicht erst mühsam erringen müssen. Andere Menschen bedürfen eines Anstoßes, um zum Sozialismus zu gelangen", bemerkte sie weiter und leitete unmittelbar auf sich selbst über: „Ich mußte erst durch die Schule des Lebens gehen, mußte erst Erfahrungen über die Lebensauffassung derjenigen Kreise sammeln, in denen ich nach meiner Verheiratung zu leben gezwungen war. Dazu kam noch der schwere Kampf um meine Kinder, den ich hauptsächlich führte, um sie in meinem Sinne erziehen zu können. Der Fall hat ja die Öffentlichkeit leider lange Zeit beschäftigt. Alle Gewalten schienen gegen mich verbündet, als mir Hilfe von dort kam, wo ich sie am wenigsten erwartet hatte: von der Sozialdemokratie. Wenn ich persönlich gewiß mit der Vergangenheit gebrochen hatte, so konnte ich ihr doch als eine von den vielen Repräsentanten der besiegten Staatsordnung gelten. Aber die Sozialdemokraten traten für mich ein, halfen mir, eroberten mir mein heiligstes Recht, das der Mutter.

In jener Wirrnis von Angst und Kampf, in der ich damals lebte", fuhr sie fort, „war das nicht die unbedeutendste Erkenntnis: wenn eine Frau in ihrem Rechte, wenn eine Mutter in ihrem Gefühle gekränkt ist, tritt ihr die Sozialdemokratie immer zur Seite.

Ich bin eine Frau, die gerne weiter zu denken liebt", spann die Fürstin ihre Ausführungen, deutlich wahlwerbend weiter. „Wo stünden die Frauen heute, sagte ich mir, wenn wir nicht die neuen republikanischen Errungenschaften hätten? Was mein Erlebnis war, das ist vielleicht in anderer Wandlung das Erlebnis vieler oder aller Frauen. Jede Frau und Mutter hat zu kämpfen, im Hause und in der Welt draußen. Womit stehen in diesem Kampf andere Weltanschauungen den Frauen bei? Mit Trost, mit Mahnungen mit Mitteln der Resignation. Die Sozialdemokraten allein haben den Frauen mit der Tat geholfen und trotzdem werden sie gerade oft von den Frauen nicht verstanden. Was z. B. die Gemeinde Wien in den letzten Jahren für die

Frauen und Kinder getan hat, das allein schon müßte jede denkende Frau der jetzigen Verwaltung im Rathaus näherbringen." Das Interview schloß mit den Worten: „Ich bin der festen Überzeugung: Die Zukunft gehört dem Sozialismus, und daher warte ich mit nicht geringerer Spannung als irgendein anderer Parteigenosse auf die Entscheidung des 24. April."

Elisabeth Windisch-Graetz stieß spät zur Sozialdemokratie. Sie kam aus der Welt der Hocharistokratie. In ihrem fürstlich-feudalen Lebensstil blieb sie dieser Welt bis zu ihrem Tod verbunden. Was sie von ihren ehemaligen Standesgenossen jedoch grundlegend unterschied, war ihre geistige Haltung, ihr soziales Engagement, ihre Hilfsbereitschaft. Sie hat gewiß Karl Marx nicht gelesen, von Sozialismus nicht viel verstanden. Mit den arbeitslosen sozialdemokratischen Gesinnungsgenossen in den Wiener Arbeiterbezirken hatte sie, von ihrer Lebenshaltung her gesehen, überhaupt nichts gemeinsam. Aber sie unterstützte ihren Kampf um größere soziale Rechte, um mehr Demokratie, um Menschenwürde, um eine bessere, gerechtere Gesellschaftsordnung. In diesem Sinne war sie eine echte Sozialdemokratin.

8. Gezeiten des Schicksals

Elisabeth Windisch-Graetz stand nun in ihrem zweiundvierzigsten Lebensjahr. Ihre Ehe war geschieden. Sie hatte einen Partner gefunden, der zu ihr paßte, den sie aus ganzem Herzen liebte. Es war keine ungestüme, blinde Jugendliebe mehr, sondern eine echte Zuneigung, die aus der Reife des Lebens kam, über bittere Enttäuschungen und gesellschaftliche Abgründe hinweg. Mit ihren schön geschnittenen, leuchtend blauen Augen, ihrer schlanken, hochgewachsenen Gestalt, ihrem ausdrucksvollen Gesicht, aus dem freilich die Heiterkeit und Unbeschwertheit früherer Tage gewichen waren, war sie noch immer eine attraktive Erscheinung. Nur ihre großen Hände und Füße, ein Erbe der Mutter, paßten nicht ganz zu ihrem anziehenden Exterieur. Obwohl sie sich nach ihrem Bruch mit der Vergangenheit in ihrer Lebensführung und Kleidung betont bürgerlich gab, konnte sie ihre Abkunft nicht verleugnen. Stolz, selbstbewußt, intellektuell unabhängig strahlte sie ein (aristokratisches) Flair aus, das nicht immer zu jener Umgebung paßte, in der sie nun lebte und verkehrte.

Um den neugierigen Blicken der Öffentlichkeit, die sie durch das Schauspiel ihrer Ehescheidung auf sich aufmerksam gemacht hatte, zu entgehen, zog sie sich mit ihren Kindern von Schönau in die Anonymität der Großstadt zurück. Sie mietete im Haus Marxergasse 3 im dritten Wiener Gemeindebezirk eine herrschaftliche Wohnung. Sie wollte ihre Ruhe haben, ihr privates Glück genießen. Ein Teil des Schönauer Mobiliars wurde in das Wiener Absteigquartier übersiedelt. Um einer eventuellen Anforderung durch das Wohnungsamt zu entgehen – in Wien herrschte Wohnungsnot –, wurde ein Teil des geräumigen Appartements, das das ganze erste Stockwerk umfaßte, an den Kaufmann Dr. Hermann Grimmeisen untervermietet. Dies engte nicht nur den Wohnraum der Familie ein, es führte auch zu persönlichen Querelen und Widerwärtigkeiten. Wegen der Benützung des im Vorzimmer installierten gemeinsamen Telefones kam es eines Tages zwischen Dr. Grimmeisen und seiner Wohnungsgeberin zu einer verbalen Auseinandersetzung, in deren Verlauf die Fürstin zu einem ihrer Dienstmädchen sagte: „Der Saujud soll später telefonieren." Die in einer Gemütsaufwallung gemachte Äußerung läßt keineswegs auf antisemitische Neigungen der Kronprinzentochter schließen. Aber die Angelegenheit hatte ein gerichtliches Nachspiel, und das „Illustrierte Wiener Extrablatt" berichtete am 13. Juli 1922 genüßlich darüber.

Dieselbe Zeitung machte drei Jahre später die Fürstin Windisch-Graetz und ihren Lebensgefährten neuerlich zum Mittelpunkt ihrer Berichterstattung. Unter der auf der Titelseite prangenden Schlagzeile: „Die Enkelin des Kaisers heiratet einen sozialdemokratischen Abgeordneten", wußte sie ab 1. Juli 1925 ihren sensationslüsternen Lesern folgendes zu vermelden: „Ein neuer Roman, der in das Haus Habsburg hinüberreicht: Elisabeth Windischgrätz, die Tochter des Kronprinzen Rudolf, die Enkelin des Kaisers Franz Josef, trägt sich mit der Absicht, den sozialdemokratischen Landtagsabgeordneten Petznek zu heiraten.

In unseren Zeiten der Gleichstellung, da Adelsprädikate und sonstige Vorrechte der Geburt dem demokratischen Charakter der Republik entsprechend beseitigt worden sind, bildet gleichwohl dieser Fall eine *Besonderheit, die ohne Beispiel dasteht* ..." Der Sensationsreporter schloß seine Darstellung im Überschwang demokratischen Selbstverständnisses mit den Worten: „Die Verbindung der Kronprinzentochter mit dem einfachen Mann aus dem Volke ist nicht ein bloßes Symptom der Freiheit in unserem Lande, hier liegt vielmehr ein Herzensroman vor, der weit über die Grenzen des Landes hinaus größte Sensation erregen wird. Die Fürstin und der Lehrer aus Mödling – es ist ein Beispiel jener wahren Freiheit, der keine Fesseln starren Kastengeistes hemmend entgegenstehen."

Diese Verbindung rief auch andere Wiener Blätter auf den Plan. Das „Neue Wiener Tagblatt" berichtete in seiner Ausgabe vom 2. Juli 1925 ebenfalls von der bevorstehenden Heirat, glaubte aber zu wissen, daß Leopold Petznek von seiner in Mödling wohnenden Frau noch immer nicht die Einwilligung

Fürstin Windisch-Graetz und Leopold Petznek im Schloßpark von Schönau. Die Kaiserenkelin und der Kleinhäuslersohn fanden einander in Glück und Zufriedenheit. Eine Liebesromanze des 20. Jahrhunderts

zur Scheidung bekommen habe. Die Fürstin Windisch-Graetz habe in wiederholten Gesprächen, bei denen es zu dramatischen Szenen gekommen sei, Frau Petznek umzustimmen versucht. Dies sei ihr jedoch nicht gelungen. Die „Neue Freie Presse" wollte etwas von einer Dispensehe gehört haben. Das „Neue Wiener Journal" entsandte kurzerhand einen Reporter in die Marxergasse. Über den Verlauf seines Besuches lieferte er seiner Zeitung folgenden Bericht:

„Es war diesmal leichter, bei Elisabeth Windisch-Graetz eine Audienz zu erlangen, als dereinst. Das Vorzimmer, wo ein Stubenmädchen meine Visitkarte übernahm, ist finster. Hohe Kleiderschränke füllen es an, auf denen wieder eine Unmenge von Reisetaschen und Koffern lagert. Ich wurde durch ein mit kostbaren alten Möbeln ausgestattetes Speisezimmer in ein Schlafgemach geführt. Zwei weiße Betten standen darin. Darüber war eine Antenne gespannt. Auf dem Messingnachtkästchen stand der dazugehörige Detektorapparat. Das Mobiliar scheint aus der ehemaligen kaiserlichen Ausstattung zu stammen, es sind lauter kostbare Stücke, wenn auch die Zeit nicht spurlos an ihnen vorbeigegangen ist. An der Wand hängen einige ungerahmte Zeichnungen . . .

Die Zofe sagte: ,Die Dame kommt gleich' und entfernte sich. Einige Minuten hindurch blieb ich im Zimmer allein. Dann öffnete sich die Tür nach dem anschließenden Gemach und Elisabeth Windisch-Graetz trat ein. Sie trug eine weiße Bluse, eine schottisch karierte Schoß und darüber einen Hausmantel aus grauem Stoff mit grünem Kragen.

,Was führt Sie zu mir?' fragte sie und forderte mich zum Sitzen auf. Ich trug ihr mein Begehren vor und überreichte das Abendblatt, auf dessen erster Seite mit fetten, fast fingergroßen Lettern die Nachricht von der Verlobung verzeichnet war. Sie blickte einige Minuten hindurch aufmerksam in die Zeitung, dann erhob sie sich und sagte: ,Warten Sie einen Augenblick. Ich werde den Artikel durchlesen und Ihnen dann Bescheid sagen.'

Damit entfernte sie sich aus dem Zimmer. Es verging eine Viertelstunde, ehe sie zurückkehrte. Sie hatte den Artikel, der bloß aus einigen Zeilen bestand, anscheinend nicht bloß durchgelesen, sondern mit ihren Angehörigen auch darüber beraten, was sie nun antworten sollte. Als sie dann wieder in das Zimmer trat, blieb sie bei der Türe stehen und sagte: ,Das ist unerhört!' Es ist also nicht wahr? fragte ich. ,Es ist unerhört!' wiederholte Elisabeth Windisch-Graetz und zitterte am ganzen Körper vor Aufregung. ,Es ist unerhört, daß man solche Sachen zusammenschreibt. Warum befassen sich die Zeitungen mit mir? Was wollen sie von mir? Warum läßt man mich nicht leben? Was ist denn das überhaupt für ein Blatt?'

Ich gab ihr Auskunft. ,Also das ist einfach unerhört!' wiederholte sie zum drittenmal und schloß: ,Ich habe nichts dazu zu sagen.' "

Die Meldungen über die Eheabsichten der Kronprinzentochter beruhten auf bloßen Gerüchten. Natürlich kann man annehmen, daß sich Elisabeth Windisch-Graetz und Leopold

Petznek mit der Absicht trugen, ihre Lebensgemeinschaft zu legalisieren. Petznek lebte mit seiner Frau, die er am 7. August 1905 geheiratet hatte und die an einer schweren Nervenkrankheit litt, um diese Zeit längst nicht mehr in häuslicher Gemeinschaft. Er hat von allem Anfang an sein Verhältnis zur Fürstin Windisch-Graetz vor ihr nicht verheimlicht. Es gab auch, wie mir sein Sohn Dr. Otto Petznek mitteilte, Scheidungsgespräche, die aber von dritter Seite hintertrieben wurden. Eine Ehe zwischen der Enkelin des Kaisers und dem sozialdemokratischen Landtagsabgeordneten war ausgeschlossen, da die Frau Petzneks sich nicht scheiden ließ. Dazu kam, daß nach dem damaligen Eherecht auch die Ehe zwischen Elisabeth und Otto Windisch-Graetz nach wie vor aufrecht war. Sie war lediglich von Tisch und Bett geschieden, jedoch nicht getrennt worden. Erst als Frau Petznek am 9. Juni 1935 in der Nervenheilanstalt Mauer-Öhling starb und Elisabeth Windisch-Graetz ihre erste Ehe auch dem Bande nach löste, was rechtlich erst 1938 bei Einführung des deutschen Eherechtes möglich war, hätten die beiden eine vom Staat anerkannte eheliche Bindung eingehen können. Daß sie es nicht taten, ist aus den Zeitläuften zu erklären. Erst am 4. Mai 1948, drei Jahre nach dem Ende des Zweiten Weltkrieges und nach einer Reihe von schweren Schicksalsschlägen, legalisierten sie ihren Lebensbund.

Unterdessen machte Leopold Petznek im niederösterreichischen Landhaus Karriere. Der besonnene, kompromißbereite Politiker entwickelte sich rasch zu einem der besten Budgetfachleute im Landtag. Er ergriff in zahlreichen Debatten über Schul- und Finanzfragen das Wort und erwarb sich durch seine Sachlichkeit und Sachkenntnis auch beim politischen Gegner Achtung und Anerkennung. Seine Fähigkeiten blieben nicht unbelohnt. 1925 entsandte ihn seine Fraktion als Obmannstellvertreter in den Landesfinanzkontrollausschuß. 1927 wählte ihn der Niederösterreichische Landtag zu seinem zweiten Präsidenten. Es war das Jahr, in dem die Erste Republik einer schweren Belastungsprobe ausgesetzt war. Die Zeichen der Zeit standen auf Sturm. Die beiden großen politischen Lager Österreichs, die Christlichsozialen und die Sozialdemokraten, standen einander mit unverhohlener Feindschaft gegenüber. Die Sprengung von Versammlungen des politischen Gegners, die Störung von öffentlichen Kundgebungen und Aufmärschen, heftige, bis zur persönlichen Beleidigung gehende Auseinandersetzungen im Parlament gehörten zum politischen Alltag. Die Wehrformationen der beiden Großparteien formierten sich zu bewaffneten Heerlagern. Provokationen und Tätlichkeiten standen auf der Tagesordnung.

Bei einer dieser Veranstaltungen gerieten am 23. Jänner 1927 im kleinen burgenländischen Ort Schattendorf Mitglieder des linksgerichteten Republikanischen Schutzbundes mit Angehörigen der rechtsstehenden Frontkämpfervereinigung aneinander. Zusammenstöße zwischen diesen beiden paramilitärischen Verbänden waren durchaus nicht unüblich. Fast an jedem Wochenende gab es irgendwo in Österreich eine Rauferei zwischen sozialdemokratischen Parteigängern und ihren bürgerlichen Gegnern. In Schattendorf artete das Handgemenge in eine Schießerei aus. Das Resultat waren zwei Tote (ein kriegsinvalider Hilfsarbeiter und ein Kind) und fünf Verletzte.

Ein halbes Jahr später mußten sich die Täter vor einem Wiener Schwurgericht verantworten. Die Anklage lautete auf öffentliche Gewalttätigkeit. Am Abend des 14. Juli 1927 wurden die beiden Angeklagten nach elf Verhandlungstagen von den Geschworenen freigesprochen. Das (unverständliche) Urteil des Gerichtes löste in der Wiener Arbeiterschaft glühende Empörung aus, die durch einen scharfen, von sittlichem Ernst getragenen Leitartikel in der Arbeiter-Zeitung aus der Feder ihres Chefredakteurs Friedrich Austerlitz zur Flamme entfacht wurde. In zahlreichen Wiener Betrieben blieben am 15. Juli 1927, dem Tag nach dem Freispruch der Frontkämpfer, die Fabrikstore geschlossen. Die Arbeiter zogen in die Innenstadt, um in einer eindrucksvollen Demonstration gegen das Urteil zu protestieren. Da es die sozialdemokratische Parteiführung unterlassen hatte, durch die Mobilisierung des Schutzbundes den Protestmarsch in geregelten Bahnen zu halten, rissen radikale Elemente die Führung der Massen an sich. Es kam zu Ausschreitungen und Zusammenstößen mit der Polizei. Der Justizpalast, für die Arbeiter das Symbol bürgerlicher Klassenjustiz, ging in Flammen auf. Schließlich gab Polizeipräsident Schober der Exekutive den Befehl zum Schießen.

Die Bilanz dieses unglückseligen Tages war erschütternd: neunzig Tote (darunter fünf Polizisten) und mehr als fünfhundert Verletzte.

Der 15. Juli 1927 war ein Wendepunkt in der österreichischen Innenpolitik. Die Sozialdemokratie hatte eine entscheidende Niederlage erlitten. Ihre Führung mit Otto Bauer an der Spitze hatte versagt. Sie wurde parteiintern einer heftigen Kritik unterzogen. Zu ihren Kritikern gehörte auch Leopold Petznek, der in die Ereignisse des 15. Juli nicht unmittelbar involviert gewesen war. In einer Sitzung der niederösterreichischen Landesparteivertretung am 20. Juli 1927 erklärte er unter anderem, im Parteivorstand säßen „zu viele Theoretiker". Es kann keinen Zweifel darüber geben, daß diese Feststellung vor allem auf Otto Bauer gemünzt war. Petznek schätzte den Führer der österreichischen Sozialdemokratie persönlich außerordentlich. Er bewunderte seine überragenden geistigen Qualitäten, seine sittliche Größe und warme Menschlichkeit. Aber er erkannte auch seine Schwächen. Er hielt nicht viel von seiner verbalen Kraftmeierei und seinem Doktrinarismus. Er stand politisch hinter Karl Renner, er gehörte zum rechten Flügel der Partei. Er war wie seine niederösterreichischen Gesinnungsgenossen Oskar Helmer, Heinrich Schneidmadl und Franz Popp ein Mann des Ausgleiches, des Kompromisses, des Gespräches mit dem politischen Gegner.

Das harte Vorgehen der Regierung unter Bundeskanzler Prälat Dr. Ignaz Seipel am 15. Juli 1927 veranlaßte allerdings

Die Kaiserenkelin war auch Mitglied des Bundes der religiösen Sozialisten

auch ihn zu persönlichen Konsequenzen: mit zehntausenden anderen Sozialdemokraten trat er aus der römisch-katholischen Kirche aus. Seine Lebensgefährtin tat diesen Schritt nicht. Sie wurde am 8. Jänner 1929 Mitglied des Bundes der religiösen Sozialisten Österreichs, einer nicht sehr bedeutsamen Teilorganisation der Sozialdemokratischen Partei. Es ist nicht ganz klar, was und ob sie damit überhaupt etwas dokumentieren wollte. Wahrscheinlich war es eine bloß unterstützende Mitgliedschaft. Es gibt jedenfalls keinen Beleg dafür, daß sie sich in dieser Vereinigung aktiv beteiligt hat. Es lassen sich daraus auch keine Rückschlüsse auf ihre religiösen Gefühle oder gar auf ihre Religiosität ziehen. Mit Sicherheit kann man nur sagen, daß sie zur Religion und zur römisch-katholischen Kirche mit zunehmenden Jahren eine immer stärker werdende kritische Distanz gewann.

Laut amtlichem Meldezettel lebten Elisabeth Windisch-Graetz und Leopold Petznek seit dem 29. Dezember 1929 in einem neuen Domizil. Die Wohnung in der Marxergasse war nur eine Übergangslösung gewesen, ein Absteigequartier in der Großstadt. Die Fürstin hatte seit längerem für ihren Schönauer Gutsbesitz einen Käufer und für sich und ihren Lebensgefährten – von den Kindern hielt sich zuletzt nur noch die Tochter bei ihr auf – eine neue Heimstätte gesucht. Sie fand beides. Das Schloßgut Schönau wurde um mehr als eine halbe Million Schilling an Gräfin Olga Zedtwitz-Liebenstein verkauft. Mit Kaufvertrag vom 4. Juni 1929 erwarb Elisabeth am westlichen Stadtrand von Wien, in der Linzer Straße 452, ein kleines Palais.

Die Windisch-Graetz-Villa, wie sie noch heute genannt wird, ist straßenseitig durch eine Baumreihe abgeschirmt, die nur im Herbst und im Winter den Blick auf die kaisergelb gefärbte Fassade einigermaßen freigibt. Achtlos rollt heute tagaus, tagein der Verkehr daran vorüber.

Die Villa in der Linzer Straße in Hütteldorf wurde wahrscheinlich um die Mitte des vorigen Jahrhunderts für die Familie Lederer-Trattner errichtet. Das genaue Entstehungsjahr und der genaue Name des Bauherrn ließen sich nicht ermitteln. Hütteldorf war in der Biedermeierzeit eine beliebte Sommerfrische mit würziger Luft und ausgedehntem Baumbestand. Es ist daher anzunehmen, daß die zunächst eingeschoßige Villa ihren Besitzern als Sommerresidenz diente. Das Haus war von 1891 bis 1898 Eigentum eines Herrn Rudolf Hlawatsch, der es an August Ritter von Miller-Aichholz verkaufte. Der neue Eigentümer ließ die Villa 1899 nach den Plänen des Baumeisters Franz Abele aufstocken sowie ein neues Stiegenhaus, eine Terrasse und eine Loggia errichten. Damals wurden auch die Fassaden verändert und an der Schmalseite ein Erker angefügt, ohne daß dadurch der biedermeierliche Charakter des Hauses verändert worden wäre. Sein äußerer Baubestand blieb trotz mancher Adaptierungen im Inneren bis zum heutigen Tag erhalten.

Die Villa, die übrigens unter Denkmalschutz steht, wendet ihre Schaufront der Gartenseite zu. Die einst dazugehörende ungefähr 27 000 Quadratmeter große Grundfläche ist heute auf zirka fünftausend Quadratmeter zusammengeschrumpft. Davon wird noch zu reden sein. Die Fassade der straßenseitig zweigeschoßigen Villa wird durch einen Mittelrisalit mit Giebelfeld gegliedert, dessen gartenseitiges Gegenstück einen künstlerisch unbedeutenden Skulpturschmuck aufweist.

Die Fürstin Windisch-Graetz ließ das kleine Palais mit dem kostbaren Mobiliar aus Schönau und aus der Wohnung in der Marxergasse ausstatten, was geraume Zeit in Anspruch nahm. Prachtvolle alte Stilmöbel aus den verschiedensten Epochen, Vitrinen mit Schaufiguren der österreichisch-ungarischen Regimenter, wertvolle Delfter Fayencen, Miniaturvasen aus dem 18. Jahrhundert, chinesisches Porzellan, Meißener Porzellangruppen, Vasen, Büsten, Silberkrüge, kostbare Teppiche, Gemälde bedeutender österreichischer und ausländischer Maler, unter ihnen Werke von Waldmüller, Kriehuber, Amerling, Schindler, Rudolf von Alt, Familienporträts von unschätzbarem historischem Wert, die Privatbibliothek und der Brautschleier der Kaiserin Elisabeth, die Goldhaube und eine Elfenbeinspindel Maria Theresias, Tafelgeschirr, Schmuck und viele andere Pretiosen wurden im neuen Heim untergebracht.

Man betrat das Haus seitlich durch eine prachtvoll eingerichtete Halle, in der ein riesiger ausgestopfter Braunbär die Blicke der Besucher auf sich zog. Von den zahlreichen Räumen wären zunächst der Terrassensalon, der in den Park hinausführte, und das Speisezimmer zu nennen, das für vierundzwanzig Gedecke Platz bot. Getafelt wurde im Hause Windisch-

Die Windisch-Graetz-Villa in Wien-Hütteldorf wendet ihre Schauseite dem Park zu

Graetz allerdings selten. Die Bibliothek, der Canova-, der Empire- und Renaissancesalon waren wie die übrigen Räumlichkeiten mit Kostbarkeiten ausgestattet. Daneben gab es private Schlafräume und Gästezimmer, Räume für die Dienerschaft und einen mit exotischen Pflanzen reich ausgestatteten Wintergarten. Von den Nebengebäuden sind ein Pförtnerhaus, eine von Pflanzen überrankte Pergola und Glashäuser erwähnenswert. Im Park gab es einen Teich mit Goldfischen, zahlreiche Steinfiguren und Plastiken, die aus Schönau herbeigeschafft worden waren.

Dem Park gehörte im übrigen die große Liebe der ehemaligen Erzherzogin. Elisabeth, die eine perfekte Botanikerin war, ließ ihn großzügig um- und ausgestalten. Mit seinem reichen Bestand an Silberfichten, Zedern, Kastanienbäumen, vielen anderen Gehölzen und einer uralten Blutbuche, die unter Denkmalschutz stand, war er eine Sehenswürdigkeit. Er erblühte vom Frühling bis in den Spätherbst in allen Farben. Seine Betreuung kostete viel Geld, das die Fürstin in diesem Fall wie übrigens bei vielen anderen Gelegenheiten mit vollen Händen ausgab. Hatte sie doch zum Geld überhaupt keine Beziehung. Sie hatte genug davon und schätzte daher seinen Wert nicht.

Auf der Anhöhe des riesigen Parkareals stand ein auf Säulen ruhendes Gartenhäuschen, das mit etwas Phantasie an die Gloriette erinnerte. Für die Fürstin Windisch-Graetz war die Biedermeiervilla in der Linzer Straße ihr „kleines Schönbrunn". Sie wollte hier Ruhe finden, in Glück und Zufriedenheit fernab vom Trubel der Welt mit ihrem geliebten Leopold leben. Sie hat dieses private Glück auch gefunden, aber die Stürme der Zeit, die in den dreißiger Jahren unseres Jahrhunderts das Fundament der jungen österreichischen Demokratie erschütterten, gingen auch am idyllischen Palais in Hütteldorf nicht spurlos vorüber.

Die von den Vereinigten Staaten von Amerika ausgehende Krise der kapitalistischen Wirtschaft ergriff und erschütterte Europa. Im Mai 1931 brach die angesehenste österreichische Bank, die Creditanstalt, zusammen. Viele Fabrikstore wurden geschlossen, die Arbeitslosenziffern stiegen, die faschistischen Strömungen nahmen zu. Bei den Gemeinderatswahlen in Wien, Niederösterreich und Salzburg im April 1932 erzielten die Nationalsozialisten erhebliche Stimmengewinne. Die parlamentarische Demokratie, die seit dem Ende der Monarchie in manchen Bevölkerungskreisen nie richtig Wurzeln geschlagen hatte, geriet mehr und mehr in Mißkredit. Die Formen der politischen Auseinandersetzung wurden härter, brutaler, unbarmherziger. Auch der besonnene Leopold Petznek und seine aristokratische Lebensgefährtin bekamen das zu spüren. Der politische Gegner scheute nicht davor zurück, die „rote Fürstin" bei jeder Gelegenheit zu diffamieren. Am 7. März 1932 berichtete die christlichsoziale „Freiheit" unter der Überschrift: „Genossin Windisch-Graetz als Arbeitgeberin": „Eine besondere Zierde der sozialdemokratischen Partei ist die Fürstin Windisch-Graetz. Ein großes Dienstpersonal sorgt dafür, der roten Fürstin das Leben besonders angenehm zu machen. Man sollte glauben, daß solche ‚Proletarier' wenigstens die sozialen Errungenschaften ihrer Angestellten und Arbeiter achten... Dem ist aber nicht so." Die Zeitung führte in diesem und weiteren Artikeln aus, daß Gärtnergehilfen ohne Kündigungsfrist entlassen worden seien, die Hausangestellten bis 21.00 oder 22.00 Uhr ohne einen Groschen Mehrentschädigung arbeiten müßten, daß sie zum Nachtmahl zumeist nur ein Glas Milch und eine Semmel bekämen und daß das Personal von der Fürstin des öfteren mit Schimpfnamen wie „Was macht denn dieser Trottel schon wieder?" oder „Wo ist denn dieser Esel?" bedacht würde. Petznek mache immer ein Donnerwetter, wenn er nach dem Aufstehen nicht „sein auf ein Zehntel vorgewärmtes Bad" habe. Elisabeth Windisch-Graetz und Leopold Petznek wurden von einigen ihrer entlassenen Arbeitnehmer angezeigt und mußten sich vor Gericht zu diesen Vorwürfen verantworten. Nun kann man nicht behaupten, daß die Fürstin Windisch-Graetz mit ihrem Personal mit aristokratischer Noblesse verfuhr. Ihr Umgangston mit ihren Untergebenen war nicht eben fein, und es gab im Hause Windisch-Graetz auch verhältnismäßig viel Personalwechsel. Zahlreiche Zeugen haben mir das bestätigt.

Frau Ing. Katharina Gall erinnert sich: „Als ich mit meiner Gärtnerlehre fertig war, fragte mich der damalige Direktor der Bundesgärten, Franz Matschkal, eines Tages, ob ich Lust hätte, bei der Fürstin Windisch-Graetz als Blumendekorateurin zu arbeiten. Ich war über dieses Angebot sehr erfreut, obwohl mich meine Freunde nicht darum beneideten. Der Tochter des Kronprinzen Rudolf ging der Ruf voraus, hochgradig hysterisch zu sein. Aber ich wollte es versuchen und nahm mir vor, mein Bestes zu geben. Ich war neunzehn Jahre alt, als ich meinen Dienst bei der Fürstin antrat. Schon nach ein paar Tagen erkannte ich, daß es nicht leicht war, ihren Ansprüchen und Launen zu genügen. Jeden Morgen mußte ich gemeinsam mit den anderen Bediensteten vor dem Schlafzimmer der Erzherzogin postieren. Kaum hatte die Empire-Uhr im Salon sieben geschlagen, trat Elisabeth Windisch-Graetz in einem hochgeschlossenen Schlafrock, den Kopf voller Lockenwickler durch die Türe und gab ihre Anordnungen. Ich bekam jeweils den Auftrag, die Vasen und Jardinieren in den verschiedenen Salons mit Blumen und Grünpflanzen zu dekorieren. Die Arbeit dauerte zumeist bis Mittag und wurde pro Stunde mit achtzig Groschen bezahlt, für die damalige Zeit ein guter Stundenlohn. Obwohl ich fleißig und ohne Unterbrechung arbeitete – ich hatte kaum Zeit für einen Imbiß – ging der Erzherzogin die Arbeit nicht rasch genug vonstatten. Ständig stand sie hinter mir, erteilte Befehle, die sie gleich darauf widerrief. Man konnte ihr

Elisabeth Petznek mit einem ihrer „Lieblinge"

einfach nichts recht machen. Sie wollte immer alles anders haben. Ich biß die Zähne zusammen und machte weiter. Ich brauchte das Geld, um damit zum Unterhalt meiner Familie beizutragen.

Nach ein paar Wochen traf die Fürstin eine sonderbare Anordnung. Ich mußte in Begleitung des Hundedresseurs in ihrem Beisein mit den sieben Schäferhunden, die sie damals besaß, einige Male um den langen Speisetisch im Salon spazieren. Die Hunde verhielten sich vollkommen ruhig, sie gaben keinen Laut von sich. Sie hatten mich offenbar akzeptiert.

Sie war eine seltsame Frau, die Fürstin Windisch-Graetz", lächelte Frau Ing. Gall in der Erinnerung still vor sich hin. „Sie hatte etwas Hoheitsvolles an sich, aber sie war kühl, nüchtern und sah fahl und abgehärmt aus." „Und wie ging es mit Ihnen weiter?" warf ich ein. „Das ist kurz erzählt", sagte die liebenswerte Dame, die zu dieser Episode in ihrem Leben längst Abstand gewonnen hat. „Eines Tages stand die Fürstin plötzlich wieder hinter mir und fuhr mich an: ‚Jetzt habe ich aber genug. Ehe Sie mit Ihrer Arbeit fertig werden, stürzt ja das Haus zusammen. Sie können gehen, Sie sind entlassen.'

Ich packte meine Sachen zusammen und bat um ein Arbeitszeugnis. Als ich das Haus verließ, traf ich Herrn Petznek.

‚Es tut mir leid, daß ich Ihnen nicht helfen kann', sagte er und drückte mir die Hand. Er war ein feiner, stiller Mann, der allerdings der Fürstin kaum je widersprach.

Mein Arbeitszeugnis wurde mir einige Zeit später zugesandt. Da es unvollständig war, urgierte mein Vater die Ausstellung eines neuen. Es erinnert mich noch heute an meine erste Anstellung, obwohl es nicht sachgemäß abgefaßt wurde. Es hat folgenden Wortlaut:

Zeugnis

Käthe Gall, geboren am 13. März 1916 in Korneuburg, N.Oe. war bei mir vom 25. November 1935 bis 29. Februar 1936 als Gärtnerin in Stellung, wurde während dieser Zeit hauptsächlich im Glashaus beschäftigt und hat sich als verwendbar und fleissig erwiesen.

Elisabeth Windisch-Graetz"

Die Fürstin entlohnte, wie man sieht, ihre Bediensteten großzügig, und zu hungern brauchte in ihrer Villa bestimmt niemand. Sie war freilich eine ungemütliche Dienstgeberin. Wer ihr nicht zu Gesicht stand, wurde schon nach kurzer Zeit wieder entlassen, sie duldete nicht den leisesten Widerspruch. Sie war eine herrische Persönlichkeit. Was sie wollte, mußte geschehen. Trotzdem haben ihr so manche Bedienstete bis zu ihrem Tod die Treue gehalten, wie etwa ihr langjähriger Sekretär Rudolf Feltrini und ihre Kammerzofe und spätere Vertraute Pepi Steghofer, die 1907 in ihren Dienst trat und selbst nach ihrer Verheiratung die lange Fahrt von Schönau nach Hütteldorf nicht scheute, um sie zu umsorgen und zu betreuen. Natürlich mit zeitlichen Unterbrechungen und nicht jeden Tag. Sie ließ ihre Herrin nicht im Stich. Sie hatte sie in ihren jungen Jahren überallhin begleitet, nach Ploschkowitz, nach Gries und Miramare, nach Brioni, Levico und Bad Ischl. Für Pepi Steghofer blieb die Kronprinzentochter, die nach ihrem Bruch mit Otto Windisch-Graetz nur noch mit „Gnädige Frau" angesprochen werden wollte, zeitlebens ihre verehrungswürdige „Kaiserliche Hoheit", der sie bedingungslos ergeben war.

Leopold Petznek, den man in dieser schonungslosen Zeit ebenfalls zu verunglimpfen versuchte, war ein feiner, kultivierter Mann von vornehmster Gesinnung, ein Grandseigneur vom Scheitel bis zur Sohle. Ich habe mit vielen Menschen gesprochen, die ihn gekannt haben, mit Gesinnungsgenossen, Freunden, Gegnern und Bediensteten. Sie alle haben unabhängig voneinander seine menschliche Wärme gepriesen, sein chevalereskes Benehmen. „Er war", so schrieb mir die sozialdemokratische Politikerin Rosa Jochmann, die wie Theodor Körner, Julius Deutsch, Robert Danneberg, Karl Renner, Franz Rauscher und andere Funktionäre der Sozialdemokratie im Hause Windisch-Graetz verkehrte, „einer der reizendsten, liebenswertesten, klügsten Menschen, denen ich jemals im Leben begegnet bin. Und er war von einer solchen Güte und einem solchen Verständnis den Menschen gegenüber, daß man das überhaupt nicht schildern kann. War man mit Elisabeth und Leopold Petznek beisammen, dann hatte man eigentlich das Gefühl, daß *er* fürstlicher Abstammung ist und nicht sie. Nicht, daß er sich so nobel benommen hätte, oder so vornehm, sondern ihm war die Vornehmheit von Geburt mitgegeben. Kein Wunder, daß ihn seine engsten Parteifreunde zuweilen liebevoll launig als ‚Fürsten' titulierten."

*Leopold Petznek im Park der Windisch-Graetz-Villa.
Er teilte mehr als drei Jahrzehnte lang mit der Tochter des
Kronprinzen Freud und Leid*

So entgegenkommend und tolerant, so mitfühlend und warmherzig Leopold Petznek auch war, gegen Inhumanität und Barbarei trat er mit Tatkraft und Entschiedenheit auf. Als im Jahre 1933 die Regierung Dollfuß durch einen geschickten legistischen Trick das Parlament ausschaltete, den Republikanischen Schutzbund auflöste und den Verfassungsgerichtshof aufhob, als die Heimwehren immer unverschämter wurden und die Regierung immer unverhüllter einen autoritär-diktatorischen Kurs steuerte, hielt Petznek im Dezember 1933 im Niederösterreichischen Landtag eine eindrucksvolle Rede gegen den drohenden Faschismus. „Wir leben, das muß man offen sagen, in Österreich unter einer Diktatur", so führte er aus. „Die Demokratie ist verschwunden, die Demokratie zeigt sich nur mehr in den Gemeinden und in den Landtagen . . . Die Heimwehrbewegung ist die Bewegung der Aristokratie, der Großgrundbesitzer, sie ist die Bewegung derer, die wieder die alten

Verhältnisse haben wollen . . ." Als er im weiteren Verlauf seiner Rede Starhemberg und Fey Verbrecher nannte, erhielt er vom Präsidenten des Landtages einen Ordnungsruf. Petznek meinte dann weiter, die sozialdemokratische Arbeiterschaft werde sich mit allen ihr zu Gebote stehenden Mitteln gegen den Faschismus wehren. Seine mutige Rede gipfelte in den Worten: „Wir haben diesen Staat mitgeschaffen als demokratische Republik, und wir lassen uns diese Demokratie nicht rauben."

Zwei Monate später war die Sozialdemokratische Partei, die Hüterin der österreichischen Demokratie, ausgeschaltet, und Leopold Petznek saß wie viele seiner Gesinnungsgenossen im Gefängnis.

Der 12. Februar 1934: Ein Schicksalstag der ersten österreichischen Republik. Nach zahlreichen Repressionsmaßnahmen der Regierung leistet in Linz der Schutzbundführer Richard Bernaschek gegen eine Waffensuchaktion der Polizei bewaffneten Widerstand. Der Bürgerkrieg beginnt. In Wien wird der Schutzbund mobilisiert und der Generalstreik ausgerufen. Prominente niederösterreichische Sozialdemokraten, unter ihnen Leopold Petznek, versuchen in einem Gespräch mit Landeshauptmann Josef Reither das Ärgste zu verhindern. Sie waren stets für eine Versöhnung eingetreten, für eine Zusammenarbeit mit dem demokratischen Flügel der Christlichsozialen. Sie liefen einer politischen Fiktion nach. Für einen Ausgleich, für eine Verständigung zwischen den beiden großen politischen Lagern war es zu spät. Der historische Zug war längst unaufhaltsam in Richtung Faschismus abgefahren.

Landeshauptmann Reither verspricht, mit Bundeskanzler Dollfuß zu reden. Die Sozialdemokraten erwarten im Landhaus in der Wiener Herrengasse vergeblich eine Antwort auf ihre Vorschläge.

Gegen Mittag begibt sich Leopold Petznek auf den Weg in das Arbeiterheim Mödling, um bei den Seinen zu sein, falls es auch dort losgehen sollte. Er wird vom Bezirkshauptmann Dr. Adalbert Pamperl zu einer Besprechung eingeladen. Statt eines Gespräches wird er festgenommen und in das Gefängnis nach Liesing eingeliefert. Grund: Verdacht des Hochverrates und Anstiftung zum Aufruhr. Die Verhaftung des angesehenen und geschätzten Mandatars löste in der Arbeiterschaft heftige

Proteste aus. Nach zehn Tagen wurde Petznek in das Landesgericht Wien II überstellt. Die gerichtliche Untersuchung nahm mehrere Monate in Anspruch. Unter den zahlreichen Zeugen, die vor Gericht geladen wurden, befanden sich der Staatssekretär für das Sicherheitswesen in der Regierung Dollfuß, Carl Karwinsky, und der niederösterreichische Landeshauptmann Josef Reither. Während Karwinsky Petznek beschuldigte, er habe die Mödlinger Arbeiterschaft zum Widerstand gegen die Staatsgewalt aufgehetzt, stellte Reither seinem langjährigen politischen Gegner ein faires politisches Zeugnis aus. Petznek, so sagte er, habe sich bei Verhandlungen immer von sachlichen Überlegungen leiten lassen und sei für vernünftige Kompromißvorschläge zu haben gewesen. Er sei in den schwierigsten Situationen für eine Verständigung eingetreten und habe den guten Willen gehabt, die Gegensätze mit der Mehrheit des Landtages zu mildern.

Leopold Petznek machte die Haft schwer zu schaffen. Da er seit Jahren an einem chronischen Gallenleiden und an Blasenbeschwerden litt, wurde ihm bereits im März Verköstigung von außen gestattet. Am 14. Juli 1934 empfahl ein von Dr. Felix Fuchs erstellte ärztliches Gutachten seine Aufnahme in die urologische Abteilung der Allgemeinen Poliklinik, zwei Tage später brachte man ihn dahin. Der spätere sozialdemokratische Staatssekretär Franz Rauscher, der damals steckbrieflich gesucht wurde, hat dort, wie er mir erzählte, als Arzt verkleidet, mit ihm Kontakt aufgenommen.

Am 18. Juli 1934 fand die Hauptverhandlung gegen Leopold Petznek statt. „Der Lord", wie ihn seine Parteifreunde nannten, wurde wegen Vergehens gegen die öffentliche Ruhe und Ordnung und wegen Paragraph 12 des Waffengesetzes zu zwei Monaten Arrest, verschärft durch zwei harte Lager, und zum Ersatz der Kosten des Strafverfahrens verurteilt. Die Strafe war durch die Untersuchungshaft abgebüßt.

Petznek hatte über Anraten des Untersuchungsrichters in der Haft ein zwanzig Seiten langes, handschriftliches Memorandum verfaßt. Es reflektiert die Bewußtseinslage eines Teiles der am rechten Flügel der Sozialdemokratischen Partei angesiedelten Funktionärsschicht, zeigt ihre unüberbrückbaren kontroversiellen Auffassungen zur innerparteilichen Linksopposition sowie die Kluft zwischen der Wiener Parteileitung und den Bundesländersozialisten auf und macht die Verzögerungs- und Hinhaltetaktik der Regierung Dollfuß gegenüber der versöhnungs- und verständigungsbereiten Politik der niederösterreichischen Sozialdemokraten transparent.

In der Denkschrift verantwortete sich Petznek auch gegenüber den Vorwürfen, die ihm von seiten der Anklagebehörde gemacht wurden.

Unterdessen blieb auch die „rote Erzherzogin", die treu zu ihrem Lebensgefährten hielt und ihn jede Woche im Gefängnis besuchte, vom neuen Regime nicht ungeschoren. Nach einer nächtlichen Hausdurchsuchung am 14. Februar 1934, über deren Verlauf wir nicht unterrichtet sind, erging am 28. März von Sektionschef Friedrich d'Elvert, dem Leiter der Generaldirektion für die öffentliche Sicherheit, an den Wiener Polizeipräsidenten Dr. Eugen Seydel telefonisch folgende Weisung:

„Frau Windisch-Graetz soll nach einer eingelangten Nachricht Otto Bauer in ihrem Auto über die Grenze gebracht haben. Es wird ihr auch zur Last gelegt, daß sie Geld nach der Tschechoslowakei verschickt. Sie ist vorzuladen. Es ist ihr vorzuhalten, daß sie Geld nach der Tschechoslowakei bringt oder gebracht hat und daß sie auch sonst weitere Verbindung mit soz.dem. Parteigängern aufrecht erhält. Sie ist zu verpflichten, Österreich nicht zu verlassen (OPass) abnehmen. Während ihrer Anwesenheit im Amte ist in ihrem Unterstande eine Revision vorzunehmen.

Dr. Böhm m. p."

Es scheint, daß diese Anordnung durch eine Anzeige ausgelöst wurde, die Otto Windisch-Graetz gegen seine ehemalige Gattin einbrachte. Im Allgemeinen Verwaltungsarchiv in Wien gibt es einen Akt des Bundesministeriums für Justiz, in dem der Fürst im Namen seiner Schwiegermutter Stephanie um Verhängung der Kuratel über seine von ihm geschiedene Gattin Elisabeth ersucht. Als Begründung für diesen zweifellos schäbigen Schritt führt er aus, daß die Fürstin seit der Zeit nach dem Ersten Weltkrieg die Sozialdemokratische Partei mit beträchtlichen Beträgen unterstütze, wodurch ihre ehelichen Kinder schwer geschädigt würden. Sie scheue keine Mittel und Wege, ihrem verhafteten Lebensgefährten die Freiheit zu verschaffen. Sie habe bei mehreren Vertretern auswärtiger Mächte in Wien um Intervention für ihn angesucht, und es stehe leider zu erwarten, daß er in Bälde enthaftet werde. „Es sei damit zu rechnen", heißt es in der Eingabe weiter, „daß Elisabeth Windisch-Graetz nach einer möglichst hohen Belehnung oder Veräußerung ihrer inländischen Liegenschaften mit Petznek Österreich verlassen und ihn und seine Familie noch mehr als bisher unterstützen wird. Außerdem besteht die Gefahr, daß sie den Marxismus weiterhin mit Geld unterstützt, wozu sie das große Vermögen von ihrem Großvater Franz Joseph gewiß nicht geerbt hat."

Diesem Ersuchen um Verhängung der Kuratel schloß sich auch der älteste Sohn Franz Joseph Windisch-Graetz im eigenen Namen und im Namen seiner Geschwister an. Im wesentlichen brachte er dieselben Gründe wie sein Vater dafür vor. Seine Mutter verwende die Früchte und Kapitalbeträge ihres Vermögens dazu, der Sozialdemokratischen Partei und ihrem Lebensgefährten bedeutende Zuwendungen zu machen. Während sie ihren vier Kindern monatlich nur 1 600 Schilling zuwende, verwende sie für sich selbst 15 000 Schilling. Wenn Petznek seine Freiheit wiedererlange, sorgt sich der Sohn weiter, werde er und seine Familie ganz der Mutter zur Last fallen und sie werde den Marxismus weiterhin nach Kräften unterstützen. Um dies zu verhindern, möge man die Mutter entmündigen.

Die Eingabe wurde Hofrat Dr. Antoni zur Bearbeitung vorgelegt, der in einem Aktenvermerk der Meinung Ausdruck gab, daß die unzweckmäßige Verwendung von Geldmitteln für eine Entmündigung nicht genüge. Voraussetzung dafür sei, daß eine Person sich oder die Familie durch Verschwendung der Gefahr des *Notstandes* preisgebe.

Der Akt ging am 31. März 1934 an den Minister weiter, der sich offenbar der Ansicht des Sachbearbeiters anschloß und möglicherweise Prinz Franz Joseph Windisch-Graetz zur Zurücknahme seiner Eingabe bewog. Jedenfalls nahm Franz Joseph unter demselben Datum im eigenen Namen und dem seines Vaters von seinem Begehren Abstand. Die beiden Eingaben wurden zurückgezogen, der Akt mit Datum vom 3. April 1934 eingelegt. Die Sache war damit erledigt.

Ob die Fürstin von diesem unwürdigen Vorgehen ihres Gatten und ihrer Kinder gegen sie und ihren Lebensgefährten je etwas erfahren hat, war nicht zu eruieren. Die Entfremdung von ihren Kindern, die sie später in ihrer Hütteldorfer Villa nur noch gelegentlich und kurz empfing, wäre damit teilweise zu erklären.

Leopold Petznek brauchte von seiner Lebensgefährtin jedenfalls nicht sonderlich unterstützt zu werden. Er bezog bis zu seiner Verhaftung ein auskömmliches Gehalt als Abgeordneter zum Niederösterreichischen Landtag und dazu einen Ruhegenuß als Hauptschuldirektor, der ihm mit Dekret vom 17. August 1933 zuerkannt wurde. Nach seiner Haftentlassung wurde ihm seine Pension von einer Sonderkommission des niederösterreichischen Landesschulrates mit Wirkung vom 30. November 1934 aberkannt. Petznek erhob gegen diese Entscheidung beim Bundesgerichtshof Einspruch. Dieser gab dem Rekurs mit Erkenntnis vom 8. Mai 1935 statt.

Wie hochherzig sich Leopold Petznek im Unterschied zu Otto Windisch-Graetz in finanziellen Dingen im übrigen benahm, wird durch die Tatsache belegt, daß er später ausdrücklich auf sein gesetzliches Erbrecht verzichtete und es ablehnte, irgendwelche Widmungen aus dem Nachlaß der Fürstin anzunehmen. Wir werden darauf noch zu sprechen kommen.

Bei ihrer polizeilichen Einvernahme am 29. März 1934 stellte die Fürstin entschieden in Abrede, daß sie vor oder nach dem 12. Februar irgendwelche Vermögenswerte in die Tschechoslowakei oder das sonstige Ausland gebracht habe. „Mein Vermögen", so heißt es in der polizeilichen Niederschrift, „besteht zum großen Teil aus Immobilien, einem Haus in Wien und meiner Villa in Hütteldorf und weiters aus dem Fruchtgenuß des sogenannten Donationsvermögens, das ist dasjenige Vermögen, welches von meinem Vater für mich gebunden durch eine Verfügung des Kaisers Franz Josef, für mich und meine Kinder angelegt wurde. Von diesem Vermögen bekomme ich nur solange ich lebe, die Zinsen . . . Das Auto, welches ich besitze", heißt es in dem Dokument weiter, „ist in meiner Villa in Hütteldorf garagiert. Seit den Tagen der Feberrevolte, ich glaube schon einige Tage früher, schlief der Chauffeur des Autos namens Frank auch in der Villa. Mit dem Auto wurden seit dem 12. 2. 1934 bestimmt keine Fahrten an die Grenze oder ins Ausland unternommen. Mein Chauffeur hat lediglich einmal, als in den Tagen der Revolte die Eisenbahn nicht fuhr, den Sohn des Petznek, namens Dr. Otto Petznek, nach Mödling hinausgeführt. Sonst ist mir eine Überlandsfahrt des Autos nicht bekannt geworden. Ich müßte von so einer Fahrt unbedingt Kenntnis bekommen haben."

Otto Bauer wurde nicht im Auto der Fürstin Windisch-Graetz über die Grenze gebracht. Das steht einwandfrei fest. Ein Wiener Chauffeur, der deutschböhmische Sozialdemokrat Ernst Paul und der langjährige Mitkämpfer Bauers, Josef Pleyl, waren es, die, nachdem die Lage aussichtslos geworden war, den Führer der österreichischen Sozialdemokratie mit einem gefälschten Paß zur Flucht nach Bratislava verhalfen. Die Fürstin sagte in diesem Fall durchaus die Wahrheit. Daß sie die führenden Funktionäre der Partei seit einer schweren septischen Erkrankung im Jahre 1930 nicht mehr gesehen habe, wie sie angab, war unter den gegebenen Umständen eine verzeihliche Notlüge. Leopold Petznek und seine Lebensgefährtin haben Anfang der dreißiger Jahre in ihrer Villa in Hütteldorf mit vielen sozialdemokratischen Freunden Kontakt gehabt. Als Beweis für diese Behauptung mag nur ein einziges Beispiel dienen. Franz Rauscher zeigte mir anläßlich eines längeren Gespräches, das ich mit ihm führte, das Buch: „Eine Orientreise", das den Kronprinzen zum Verfasser hatte. Darin steht die Widmung: „Geschenk der ‚roten Fürstin' Elisabeth Windisch-Graetz, Tochter des Kronprinzen Rudolf. Hütteldorf, Mai 1933." Die Polizei nahm der Fürstin auftragsgemäß den Reisepaß ab. Sie durfte Österreich nicht verlassen. Aber das wäre ganz gewiß auch gar nicht ihre Absicht gewesen.

Die Hausdurchsuchung in der Linzer Straße erbrachte keine nennenswerten Ergebnisse. Es wurden lediglich Mitgliedsbücher verschiedener sozialdemokratischer Organisationen sowie Geldbeträge in der Höhe von 26 000 Schilling, 3 000 Schweizer Franken und 2 000 Tschechenkronen vorgefunden, die in einer eisernen Kasse verwahrt waren. Den Valutenbesitz erklärte die Fürstin als Restbestände von Urlaubsreisen in die beiden Länder in den Jahren 1929 (ČSSR) und 1931 (Schweiz).

Die „rote Erzherzogin" ließ sich durch diese Polizeiaktion nicht davon abhalten, der Partei und in Not geratenen Genossen zu helfen, wo immer und wann immer sich eine Gelegenheit dazu bot.

Rosa Jochmann: „Als wir (Franz Rauscher war mit dabei,

Anmerkung des Verfassers) bei ihr in Hütteldorf gewesen sind, da war ihr Mann eingesperrt und sie erkundigte sich, ob wir irgendetwas brauchen und ob sie uns irgendwie helfen kann. In der Folge sind wir dann sehr oft mit ihrem Chauffeur und Wagen ausgefahren und haben Flugblätter verstreut. Vor allem hat sie uns immer finanziell geholfen, damit wir manche ausstatten konnten, die in Not gewesen sind. Da war zum Beispiel die Genossin Maria Emhart, die in St. Pölten verhaftet wurde, weil sie bereit gewesen ist, die Republik bewaffnet zu verteidigen. Sie war schwer lungenkrank und wurde von den Heimwehren verfolgt. Also mußte man trachten, daß man sie in die Schweiz bringt. Dort war ein sozialistischer Arzt, der ein Sanatorium hatte, bereit, Genossin Emhart aufzunehmen. Von der Fürstin Windisch-Graetz bekamen wir die finanziellen Mittel, damit wir sie nobel ausstatten konnten, und sie wurde dann illegal über die Grenze gebracht und konnte sich dort – sie hatte eine schwache Lunge – erholen."

Maria Emhart hat mir bestätigt, daß sie sich zur Behandlung ihres Lungenleidens sechs Wochen in Davos aufgehalten hat. Ein Jahrzehnt später sollte sie Gelegenheit haben, sich als Vizebürgermeisterin von Bischofshofen für diese Hilfe ein wenig zu revanchieren.

Auch Franz Rauscher hat mir die Hilfsbereitschaft der Fürstin Windisch-Graetz in glühenden Farben geschildert. Er wurde nach den Februarereignissen 1934 steckbrieflich verfolgt und hielt sich in der Zeit bis zu seiner Verhaftung jede Woche drei Tage in Wien und vier Tage in den Bundesländern auf. An einem kalten, windigen Herbsttag traf er in der Wiener Innenstadt zufällig die Fürstin. Als sie sah, daß er keine Überkleidung trug, bugsierte sie ihn in das nächste Geschäft und kaufte ihm einen Mantel. Staatssekretär Rauscher erzählte mir auch, daß sie einige ihrer Riesenvolieren verkaufte und den Erlös für die Familien der von der Regierung 1934 justifizierten Genossen zur Verfügung stellte. Wie hoch die Geldbeträge waren, die sie den ins Ausland geflüchteten Sozialdemokraten zukommen ließ, welche ihrer internationalen Verbindungen sie spielen ließ, um deren Los zu erleichtern, wird sich im einzelnen kaum je mehr feststellen lassen. Tatsache ist, daß sie auch nach den veränderten politischen Verhältnissen ihre Gesinnung nicht preisgab und sich durch Repressalien nicht einschüchtern ließ. Als sie anläßlich einer polizeilichen Einvernahme der diensthabende Beamte um ihre Personalien fragte, soll sie geantwortet haben – und ich halte das für durchaus glaubwürdig –: „Mein Großvater war der Kaiser Franz Joseph, mein Vater der Kronprinz Rudolf. Wollen Sie noch etwas wissen?"

Nach seiner Haftentlassung im Juli 1934 lebten Elisabeth Windisch-Graetz und Leopold Petznek zurückgezogen in ihrer Hütteldorfer Villa. Der Ständestaat ließ die Fürstin und ihren Lebensgefährten fortan unbehelligt. Die Kronprinzentochter konnte 1935 über ihren Rechtsanwalt Dr. Egon Witrofsky sogar das Verbot der Publikation der Memoiren ihrer Mutter durchsetzen. Bei der Regelung dieser Angelegenheit kam ihr zweifellos der legitimistische Kurs der Regierung Schuschnigg zustatten. Schuschnigg hob am 13. Juli 1935 die Landesverweisung des Hauses Habsburg auf, 1936 erging eine Verordnung, die die Rückgabe des Habsburgervermögens aussprach.

Leopold Petznek enthielt sich nach 1934 jeglicher illegalen politischen Betätigung. Dem Nachfolger des Republikanischen Schutzbundes im Untergrund, dem „autonomen Schutzbund" sowie den Aktivitäten der Revolutionären Sozialisten blieb er fern. Den Kontakt mit den sozialdemokratischen Freunden hielt er jedoch aufrecht. Er traf sich des öfteren mit Franz Popp, Karl Renner, Paul Speiser und anderen Gesinnungsgenossen im Café Weghuber oder im Café Herrenhof zu einer Tarockpartie, bei der man sich natürlich nicht nur dem Kartenspiel, sondern auch dem politischen Gespräch widmete. Julius Deutsch, Theodor Körner und andere Freunde kamen unauffällig nach Hütteldorf zu Besuch. Exgeneral Körner, der später Wiener Bürgermeister und Bundespräsident werden sollte, hat den Weg in die Linzer Straße auch im Winter oft zu Fuß und stets ohne Hut und Mantel zurückgelegt.

Leopold Petznek und seine Lebensgefährtin ließen es sich aber auch nicht nehmen, inhaftierten Gesinnungsfreunden offen Trost zu spenden. So entbot Petznek am 31. Dezember 1936 dem im Anhaltelager Wöllersdorf gefangengehaltenen Franz Rauscher folgenden offenen Kartengruß: „Zum Jahreswechsel Ihrer gedenkend, herzliche Grüße mit den besten Wünschen für das kommende Jahr, von dem wir hoffen, daß Sie es bald in Freiheit genießen können. Petznek." Und Elisabeth Windisch-Graetz setzte in ihrer markanten, eigenwilligen

Schrift hinzu: „In Gedanken oft bei Ihnen, Alles Liebe." Daß Elisabeth Windisch-Graetz dem in Wöllersdorf inhaftierten Genossen Pakete sandte, sagte mir der ehemalige Abgeordnete zum Nationalrat Hermann Lackner.

Österreich trieb zu dieser Zeit längst unaufhaltsam seinem politischen Untergang zu. Als am 22. Februar 1937 der deutsche Reichsminister des Auswärtigen, Konstantin Freiherr von Neurath, zu einem Staatsbesuch nach Wien kam, schrien sich tausende illegale Nationalsozialisten auf der Mariahilfer Straße mit „Heil-Hitler-Rufen" die Kehlen heiser. Im November 1937 entwickelte der „Führer und Reichskanzler" in der Berliner Reichskanzlei vor versammelter Generalität sein außenpolitisches Programm, das die Okkupation Österreichs und der Tschechoslowakei vorsah. Was folgte, ist bekannt. Der deutsche Druck auf Österreich verstärkte sich. Am 12. Februar 1938 trat Schuschnigg den Canossagang zu Hitlers Berchtesgadener Berghof an. Und dann kam der 11. März 1938. Es war ein Freitag, der Karfreitag der ersten österreichischen Republik. Hitler hatte sich endgültig entschlossen, die österreichische Frage so oder so zu lösen. Nach dramatischen Verhandlungen und Gesprächen, nach einander sich überstürzenden Telefonaten zwischen offiziellen und inoffiziellen Stellen in Wien und Berlin bot Schuschnigg dem Bundespräsidenten seinen Rücktritt an. In seiner letzten Rundfunkrede sagte der Bundeskanzler: „Österreicher und Österreicherinnen! Der heutige Tag hat uns vor eine schwere und entscheidende Situation gestellt. Der Herr Bundespräsident beauftragt mich, dem österreichischen Volke mitzuteilen, daß wir der Gewalt weichen. Wir haben, weil wir um keinen Preis, auch in dieser ernsten Stunde nicht, deutsches Blut zu vergießen gesonnen sind, unserer Wehrmacht den Auftrag gegeben, für den Fall, daß der Einmarsch durchgeführt wird, ohne wesentlichen Widerstand, ohne Widerstand sich zurückzuziehen und die Entscheidungen der nächsten Stunden abzuwarten . . ." Schuschnigg schloß mit den Worten: „So verabschiede ich mich in dieser Stunde von dem österreichischen Volke mit einem deutschen Wort und einem Herzenswunsch: Gott schütze Österreich!"

Rosa Jochmann erlebte den Abend des 11. März 1938 in der Hütteldorfer Villa der Fürstin Windisch-Graetz. Sie berichtete mir darüber: „An dem Abend, als Schuschnigg seine Abschiedsrede an die Österreicher hielt, da waren wir, Genosse Rauscher und ich, bei der Fürstin zu Besuch. Ihr Mann war auch mit dabei. Natürlich hatten wir schon vorher darüber gesprochen, was es denn jetzt geben wird, und dann kam plötzlich aus dem Radio die Stimme von Schuschnigg und wir wußten, daß der Würfel gefallen ist. Wir haben uns alle umarmt, und ich war erstaunt über die Frau, die vor Erschütterung kaum reden konnte und nur ihren Leopold angesehen hat und sagte: ‚Hoffentlich können wir wenigstens zusammen die folgende Zeit überstehen.'

Als wir auf die Straße kamen und zur Straßenbahn gingen, hatte sich das Bild der Stadt Wien verändert. Denn so viele Hakenkreuze, die auf dem Boden verstreut lagen und so viele Hakenkreuzarmbinden an den Ärmeln der Wachleute und Schaffner wie an diesem Abend, sah man später nicht mehr. Das war wirklich das Ende von Österreich."

In den Morgenstunden des 12. März 1938 überschritten Einheiten der deutschen Armee widerstandslos die österreichische Grenze. Adolf Hitler folgte seinen Truppen im Triumphzug auf dem Fuß. Es wurde ihm überall begeistert zugejubelt.

Am 15. März 1938 erstattete er vom Balkon der Wiener Hofburg aus seine größte Vollzugsmeldung vor der Geschichte: den Eintritt seiner Heimat in das Großdeutsche Reich. Eine außer Rand und Band geratene, fanatisierte Menschenmenge brüllte in vieltausendfachem Chor: „Ein Volk, ein Reich, ein Führer!" Die „rote" Erzherzogin und ihr sozialdemokratischer Lebensgefährte waren wie zehntausende anderer Österreicher nicht darunter. Sie saßen schweren Herzens in ihren Wohnungen und bangten einem ungewissen Schicksal entgegen. Während die Massen jubelten, klopfte die Geheime Staatspolizei (Gestapo) bereits an die Türen prominenter Antifaschisten, dampften die ersten Häftlingszüge in die Konzentrationslager ab. Die Villa in der Linzer Straße 452 und seine beiden Insassen blieben vom nationalsozialistischen Terror verschont. Vielleicht war Leopold Petznek nicht prominent genug, vielleicht hat man auf ihn vergessen, vielleicht wollte man die Kaiserenkelin schonen, vielleicht . . . Auch in der nationalsozialistischen Perfektionsmaschinerie gab es, Gott sei Dank, da und dort, Schwachstellen.

Ob die Fürstin Windisch-Graetz und Leopold Petznek bei der Volksabstimmung am 10. April 1938 unter jenen 99,7 Prozent Österreichern waren, die für den Anschluß an das Deutsche Reich stimmten? Man kann es annehmen. Wenn sie es taten, brauchten sie sich dafür gewiß nicht zu schämen. Dr. Karl Renner und Kardinal Theodor Innitzer stimmten auch dafür, auch sie fügten sich in das Unvermeidliche. Den Menschen ist bekanntlich das Hemd immer näher als der Rock. 1938 war es das Braunhemd. Man trug es zur Schau oder man tat so, als trüge man es. Ein anderes Hemd zu tragen erregte Mißfallen, verlangte Mut und bedeutete zumeist Verfolgung und täglich bewiesene Todesbereitschaft. Es gab damals Menschen in Österreich, die dieses Los auf sich nahmen. Die meisten wendeten ihre oppositionelle Gesinnung nach innen. Sie gingen in die innere Emigration. Zur letzteren Gruppe gehörten auch Leopold Petznek und Elisabeth Windisch-Graetz.

Die Anschlußeuphorie wich in breiten Bevölkerungsschichten bald einem politischen Katzenjammer. Aus Österreich wurde die Ostmark. Der Zusammenhang der Bundesländer mit Wien wurde zerstört, das ehemalige Bundesgebiet in sieben Reichsgaue eingeteilt. Sie wurden von Reichsstatthaltern geleitet, die unmittelbar Berlin unterstanden. Der österreichische Gold- und Devisenschatz wanderte in die Reichshauptstadt. 90 000 Kilogramm gemünztes und ungemünztes Gold im Wert von 540 Millionen Schilling und 60 Millionen Schilling in Valuten wurden aus dem „armen" Österreich nach Deutschland abtransportiert. Das Rechts- und Bildungswesen wurde gleichgeschaltet, jüdische Betriebe „arisiert", ein Großteil der österreichischen Wirtschaft in „Deutsches Eigentum" übergeführt.

Die Ernüchterung vieler Österreicher ließ nicht lange auf sich warten. Sie machte sich in kurzen Arbeitsniederlegungen Luft, die in der Wiener Ankerbrotfabrik begannen. Spontane Streiks in mehreren Betrieben folgten. Die unorganisierte Bewegung wurde von den Nationalsozialisten durch die Verhaftung der Streikführer und andere Maßnahmen jedoch bald unter Kontrolle gebracht. Die veränderte Stimmung kam im Bericht eines österreichischen SA-Führers an eine deutsche Zentralstelle vom 1. Februar 1939 deutlich zum Ausdruck: „Ich glaube in meinem Urteil nicht fehlzugehen", so hieß es da,

„wenn ich behaupte, daß, wenn heute eine Abstimmung gemacht würde, das Resultat ganz anders aussehen würde als im Vorjahr."

Genau sieben Monate später, am 1. September 1939, begann Adolf Hitler seinen Krieg. Der „Blitzfeldzug" gegen Polen forderte auch unter den österreichischen Soldaten, die in das deutsche Heer eingegliedert wurden, die ersten Opfer. Zu diesem Zeitpunkt beklagte die Kronprinzentochter draußen in Hütteldorf in ihrem „kleinen Schönbrunn" den Verlust ihres drittgeborenen, ihres jüngsten Sohnes. Rudolf Windisch-Graetz fiel nicht auf dem Feld der Ehre, er starb nicht den Heldentod, wie man sich damals auszudrücken beliebte. Er war am 9. Juni 1939 bei einer Trainingsfahrt für das Zweite Wiener Höhenstraßenrennen mit seinem Motorrad so schwer zu Sturz gekommen, daß er bald darauf seinen Verletzungen (Schädelgrundbruch) erlag. Rudi, wie ihn seine Freunde nannten, war seit seiner frühesten Jugend ein Motorradnarr. „Er fuhr wie ein Wilder", erzählte mir Franz Steghofer, der Sohn der getreuen Pepi. Er fuhr in den Tod.

Rennfahrende Prinzen sind eine Rarität. Der tödliche Unfall hatte daher in der Tagespresse ein verhältnismäßig breites Echo. Das Neue Wiener Tagblatt berichtete ausführlich darüber, die Kronen-Zeitung schrieb in ihrer Ausgabe vom 11. Juni 1939 unter der Überschrift: Ein schwerer Verlust für den österreichischen Motorsport:

„Am Freitag ist beim Training zum Höhenstraßenrennen der ostmärkische Motorsportmann Prinz Rudolf Windisch-Graetz tödlich verunglückt. In dem Verblichenen verliert der ostmärkische Motorsport einen sympathischen und ausgezeichneten Fahrer, der erst am Beginn einer schönen sportlichen Laufbahn stand. Prinz Windisch-Graetz wäre schon in der nächsten Zeit berufen gewesen, in das Lager der Sportwagenfahrer einzutreten. Nun hat ein unglücklicher Zufall seinem jungen Leben ein frühes Ende gesetzt."

Im September 1939 waren die Zeitereignisse über dieses familiäre Einzelschicksal natürlich längst hinweggerollt. Die deutschen Armeen überrannten einen Staat nach dem anderen. Auf Polen folgten Dänemark, Norwegen, Frankreich, Jugoslawien, Griechenland, Nordafrika, Rußland. Im Rundfunk jagte eine Siegesmeldung die andere. Der Aktionsradius des NS-Regimes reichte vom Nordkap bis in die Cyrenaika, vom Atlantik bis Stalingrad. Adolf Hitler schwelgte in Weltherrschaftsträumen. Aber mit der Vernichtung der 6. deutschen Armee bei Stalingrad im Winter 1942/43 kam die große Wende, die militärische Götterdämmerung. Ab diesem Zeitpunkt wurden in den deutschen Wehrmachtsberichten „die Fronten begradigt", die nationalsozialistische Lesart für Rückzug und Niederlage. Alliierte Truppen landeten in Sizilien und Unteritalien, alliierte Bomberverbände griffen deutsche und österreichische Städte an.

Die Zivilbevölkerung bekam den Krieg am eigenen Leib zu spüren. Die Versorgung der Menschen mit Lebensmitteln wurde schwieriger, das Leben im Hinterland immer härter und unbequemer. Auch Elisabeth Windisch-Graetz und ihr Lebensgefährte bekamen das zu spüren. Leopold Petznek, der unter polizeilicher Beobachtung stand, fuhr wohl gelegentlich in die Innere Stadt, um in Kaffeehäusern Gesinnungsfreunde zu treffen. Er vermied jedoch jede aktive politische Betätigung. Er war herzleidend und wollte sich nicht unnötig in persönliche Schwierigkeiten bringen. Die Fürstin verließ nur selten ihren weiträumigen Lebensbereich. Es scheint, daß sie, die in ihrem letzten Lebensjahrzehnt an einer schweren Arthrose litt, schon Anfang des Krieges gehbehindert war. Magdalena Schirl, die Gattin des Tierarztes, der die Schäferhunde der Fürstin jahrzehntelang betreute, erinnert sich, daß die Kronprinzentochter schon 1940 beim ersten Besuch in der Ordination ihres Mannes einen Gehstock bei sich hatte.

Die kriegsbedingten Einschränkungen in der Lebensführung haben Elisabeth Windisch-Graetz und ihren Lebensgefährten sicherlich weniger hart getroffen als viele andere Zeitgenossen. Die Fürstin hatte Geld und damit ließ sich auch damals vieles besorgen. Die treue Pepi Steghofer, die auch während des Krieges den langen Weg von Schönau an der Triesting in die Linzer Straße nicht scheute, und der langjährige Sekretär Rudolf Feltrini versorgten ihre „Kaiserliche Hoheit" immer wieder mit Hühnern, Frischeiern und anderen Lebensmitteln aus dem ländlichen Raum.

Als der Bombenkrieg Wien erreichte, wurden die wertvollsten Gegenstände aus der Windisch-Graetz-Villa fortgeschafft. Delfter Fayencevasen und -krüge aus dem 18. Jahrhundert,

Porzellangruppen, zahlreiche historische Gemälde und andere kostbare Kunstgegenstände wurden an sicheren Orten untergebracht. Beim Herannahen der Front wurde der Schmuck in drei Blechbüchsen im Park vergraben.

Und dann kam der 20. Juli 1944, der Tag, dessen furchtbare Folgewirkungen bis in das Leben des altgewordenen Paares in der Biedermeier-Villa in Hütteldorf ausstrahlen sollten. Nach dem mißglückten, von Oberst Stauffenberg durchgeführten Attentat auf Adolf Hitler im Führerhauptquartier in Ostpreußen wurde von Berlin aus auch in Österreich eine Verhaftungswelle gegen potentielle Mitverschwörer und Gegner des Regimes ausgelöst. Leopold Petznek blieb zunächst unbehelligt. Am 22. August 1944 wurde er jedoch auf offener Straße von der Gestapo verhaftet und in die Untersuchungshaft abgeführt, wo er verschiedentlich Verhören unterzogen wurde. Seine Lebensgefährtin setzte alle Hebel in Bewegung, sie ging von Pontius zu Pilatus, um ihn freizubekommen. Es nützte alles nichts. Rosa Jochmann schrieb mir darüber: „Ganz dunkel erinnere ich mich an eine Begebenheit, die sie mir erzählte. Es war die Zeit, da ihr Leopold abermals eingesperrt war. Da ging sie zu irgendeinem Richter, um die Erlaubnis zu bekommen, mit ihm zu reden. Sie hatte das Gefühl, daß der Richter sich ihr gegenüber so benommen hat wie das nicht der Fall sein sollte, und da stand sie auf und sagte zu ihm: ‚Holen Sie mir ein Glas Wasser, Sie scheinen nicht zu wissen, wer vor Ihnen steht. Ich bin die Enkelin des Kaisers Franz Joseph.‘ Und tatsächlich sei der Richter aufgestanden, hätte sich tief verbeugt und ihr das Glas Wasser gebracht. Als sie das erzählte, da war so ein Triumph in ihr, daß man das nicht schildern kann. Und doch entsprang das alles nicht dem Gefühl, daß sie sich mehr vorgekommen ist als der andere. Aber sie spürte, daß der Richter sie demütigen wollte und da erfaßte sie die Situation und hat den Spieß umgedreht. Sie war eine ganz seltsame Frau."

Wie es Leopold Petznek in der Untersuchungshaft ergangen ist, läßt sich mangels an Unterlagen nicht sagen. Im allgemeinen wurden die prominenten sozialdemokratischen Häftlinge, wie man aus einer Zeugenaussage Adolf Schärfs vor dem Landesgericht Wien vom 30. September 1947 folgern darf, „höflich und anständig" behandelt. Andere Häftlinge wurden, wie wir wissen, mißhandelt.

Konzentrationslager ...Dachau... Art der Häft.h.DR... Gef.-Nr.:110535

Konzentrationslager ...	*Petznek*	Häftl.-Nr. 110 535

Gefangenen-Eigentumsverwaltung

Effekten-Verzeichnis

für den *Peh* -Häftling *Petznek, Leopold*

g... am 30.687 ... zu ... Eingel. am: 20.9.44

Hut/Mütze	Binder	Füllhalter
Paar Schuhe/Stiefel	Halstuch/Schal	Schlüssel
„ Strümpfe	Paar Handschuhe	Feuerzeug
„ Gamaschen	Arbeitsanzug	Rasierzeug
Mantel, Sommer/Winter	Handtuch	Aktentasche
Rock ... Kittel	Manschetten-Knöpfe	Koffer
Hose	Brieftasche m. Papier.	Paket
Weste	Inv.-Vers.-Karte	Verschiedenes:
Pullover ... Strickw.	Arbeitsbuch	
Hemd	Wehrpass	
Unterhose	Ausschließungsschein	
Kragen	Drehbleistift	

Wertsachen:

mit Inhalt lt. besonderem Verzeichnis

Ich erkenne vorstehende Eintragungen als richtig an:

(Unterschrift des Häftlings)

K. L.

den ....

Für die Richtigkeit:
Gefangenen-Eigentumsverwaltung:

Das Effekten-Verzeichnis des KZ-Häftlings Leopold Petznek

Am 20. September 1944 jedoch, nach ungefähr vier Wochen, wurde der dreiundsechzigjährige ehemalige Vizepräsident des Niederösterreichischen Landtages in das Konzentrationslager Dachau eingeliefert. Er erhielt die Häftlingsnummer 110.535. Damit begann die härteste Prüfung seines Lebens. Aber auch für die einst im Rampenlicht der Öffentlichkeit stehende Kaiserenkelin, die, nur von wenigen Getreuen umsorgt, in ihrer Hütteldorfer Villa zurückblieb, brachen nun schwere Zeiten an.

9. Leben im Ausgedinge

Der von Adolf Hitler entfachte Krieg, der die ganze Welt mit Schrecken überzogen hatte, ging seinem Ende zu.

Im März 1945 überschritten sowjetische Truppen die österreichische Grenze. Reichsstatthalter Baldur von Schirach überließ am 5. April Wien seinem Schicksal, nicht ohne vorher in einem Aufruf der Bevölkerung zu verkünden, daß nunmehr die Zeit der Bewährung gekommen sei. Der großmäulige Kapitän verließ das sinkende Schiff. Schon am nächsten Tag drangen die ersten russischen Kampfverbände vom Süden her in die zum Verteidigungsbereich erklärte Stadt ein. Bereits am 8. April besetzten die Truppen der Roten Armee die westlichen Bezirke Wiens bis an den Gürtel heran, am 13. gaben die Sowjets das Ende der Kampfhandlungen bekannt.

Die Stadt glich einem Trümmerhaufen. 37 000 Wohnungen waren total zerstört, 50 000 schwer beschädigt. Der Stephansdom war in Brand geschossen worden, die Pummerin in die Tiefe gestürzt und zerborsten. In den Straßen, Parks und Häuserruinen lagen 12 000 Leichen. Es gab kein elektrisches Licht, kein Gas, keine Telefon- und Telegrafenverbindung. 97 Brükken waren total zerstört, die Straßenbahn stand still. Diebstahl, Gewalt, Mord und Plünderung waren an der Tagesordnung. Die Menschen wurden von nagendem Hunger gequält. Bis zum 20. April gab es pro Kopf der Bevölkerung täglich ein Viertel Kilogramm Brot. Aber nicht jeder bekam es. Die Geschäfte waren leer, gebrandschatzt, ausgeplündert. Die Menschen standen vor dem Nichts.

Auch die dreiundsechzigjährige, gichtgeplagte ehemalige „Kaiserliche Hoheit" in der Linzer Straße blieb in ihrer Villa nicht ungeschoren. Noch vor dem Herannahen der Russen war ihr Stiefsohn Dr. Otto Petznek mit dem Fahrrad nach Hütteldorf gefahren, um seine Stiefmutter zu sich nach Mödling zu holen. Die Fürstin ließ sich zunächst dazu überreden. Man packte die notwendigen Habseligkeiten in einige Koffer. Alles war zum Weggehen vorbereitet. In letzter Minute überlegte sie es sich dann doch wieder anders. Ihr sprichwörtlicher Eigensinn und ihr Stolz ließen es nicht zu, ihren Besitz zu verlassen. Was konnten ihr die Russen schon anhaben? Eine Erzherzogin von Österreich kapituliert nicht. Die Fürstin hatte in ihrem Leben schon vielen Gefahren getrotzt, in zahlreichen schwierigen Situationen ihren Mut und ihre Unerschrockenheit bewiesen. Dr. Otto Petznek wußte, daß man die Stiefmutter nicht umstimmen konnte, wenn sie sich einmal etwas in den Kopf gesetzt hatte. Unverrichteter Dinge fuhr er wieder nach Mödling zurück.

Und dann waren plötzlich die Russen da. Die ehemalige Erzherzogin trat ihnen furchtlos entgegen. Für die Szenen, die sich an diesem Tag im Palais in der Linzer Straße abgespielt haben, gibt es keinen Zeugen mehr. Nach Aussage des Mannes von Fanny Neubauer, die jahrzehntelang im Dienste der Fürstin gestanden war, soll die Kronprinzentochter, mitten in einer Schar Russen stehend, mit der Hand auf ihre Brust gezeigt und immer wieder geschrien haben: „Da, schießen Sie, schießen Sie!" Die Russen schossen nicht. Sie quartierten sich allerdings in der Villa ein und wiesen die Fürstin aus ihrem Heim. Da halfen keine Proteste, keine Bitten und Drohungen. Ein paar Monate lang blieben sie im Palais. Die Nachbarin im Hause Linzer Straße 454 erinnert sich: „Sie stellten ihre Militärautos im Park ab, warfen die Perserteppiche aus den Zimmern und benützten die Tischtücher als Stiefelfetzen." So mancher wertvolle Gegenstand wechselte seinen Besitzer, wurde in die Hermesvilla oder anderswohin geschafft.

Obdachlos geworden, suchte Elisabeth Windisch-Graetz bei den Schwestern von der Kongregation der Dienerinnen des hl. Herzens Jesu, die stadteinwärts an ihr Besitztum grenzten, Unterschlupf. Sie fand bereitwillige Aufnahme. Das Kloster existiert heute nicht mehr. Es wurde abgerissen und mußte zusammen mit dem dazugehörigen weitläufigen Garten einer modernen Wohnungsanlage weichen. Die Kongregation übersiedelte in das Mutterkloster nach Mödling. Nur noch eine einzige Schwester, die diese schwere Zeit mitgemacht hat, ist am Leben. Schwester Dorwina erzählte mir: „Als die Russen kamen, kam die Fürstin Windisch-Graetz an das Gitter und bat um Aufnahme. Sie hat nichts mitgehabt als das, was sie am Körper hatte, und ihre Hunde. Sie erhielt zwei große Räume mit den dazugehörenden Nebenräumen zugewiesen. Später kam eine ehemalige Kammerzofe hinzu, die für sie kochte. Wahrscheinlich war ihr das Essen nicht gut genug. Sie vertrieb sich die Zeit mit den Hunden und ging oft im Garten spazieren. Mit uns Schwestern hatte sie nur den nötigsten Kontakt. Als Herr Petznek aus Dachau zurückkam, lebten sie gemeinsam in der Wohnung. Er war sehr nett und gesprächig." Auf meine Frage, ob die Fürstin jemals den Gottesdienst besucht habe, gab Schwester Dorwina wehmütig zur Antwort: „Leider nein, obwohl die Kapelle gleich an die Wohnung anschloß."

Frau Elsa Schneider, die, von Herrn Feltrini angeworben, im Juni 1946 drei Wochen im Dienste der Fürstin stand, weiß über Elisabeth Windisch-Graetz nicht viel Gutes zu berichten. „Ich fuhr damals jeden Tag von Günselsdorf nach Wien", erzählte sie mir. „Gekocht wurde in der Klosterküche, aber die Fürstin hatte eine eigene Köchin. Es war immer etwas zu essen da, auch für die Gäste. Um die Angestellten hat man sich jedoch nur wenig gekümmert. Fanny Neubauer, Pepi Steghofer, Herr Feltrini und ich haben das Essen mitgebracht. Die Fürstin hatte damals eine Lungenentzündung, was die Übersiedlung in die Wolfersberggasse verzögerte. Eine ungarische Baronin war ihre Krankenschwester, mit der sie nicht zufrieden war. Da habe ich sie einmal sagen gehört: ‚Bei mir fangen die Menschen erst beim Grafen an.' Obwohl mein Gehalt nicht kleinlich war und ich gut behandelt wurde, war ich doch von meiner Tätigkeit sehr enttäuscht. Ich habe daher gekündigt und bin in die Datenverarbeitung gegangen. Ich muß leider sagen, daß die Fürstin keine guten Manieren hatte. Ich habe es Herrn Petznek, der ein feiner Mensch war, auch einmal gesagt. Aber er konnte das sicherlich nicht ändern."

Zu der Zeit, als die Fürstin Windisch-Graetz aus ihrem Heim vertrieben wurde, sah ihr Lebensgefährte in Dachau einem ungewissen Schicksal entgegen. Durch das rasche Vorrücken der amerikanischen Truppenverbände im März und April 1945 vermehrten sich die Häftlingstransporte aus den Lagern, die bereits in den Frontbereich geraten waren. Das seit langem überbelegte Lager wurde von Woche zu Woche voller. Normalerweise war das Konzentrationslager Dachau mit 6 000 bis 7 000 Häftlingen belegt. Jetzt, gegen Kriegsende, waren es 30 000. Die Blöcke waren zum Bersten voll, die Ernährung wurde von Tag zu Tag schlechter. Es mangelte an allem, an Kleidung, Decken, Medikamenten ... Seit Dezember 1944 wütete das Fleckfieber, dem in den letzten Monaten, Wochen und Tagen tausende Häftlinge zum Opfer fielen. Das Furchtbarste unter all den Bedrängnissen, denen die Insassen ausgesetzt waren, war in den letzten Tagen vor der Befreiung die Ungewißheit, die quälende Frage: Was wird morgen, was übermorgen passieren? Werden uns unsere teuflischen Bewacher, deren Gesichter von Tag zu Tag finsterer und verschlossener wurden, allesamt liquidieren? Wird es aus dieser Hölle ein Entkommen geben, nach ihr ein Leben in Frieden und Freiheit? Es ist für einen Außenstehenden unmöglich, die Qualen dieser Menschen zu schildern, ihre seelischen Nöte und Kümmernisse zu beschreiben.

Ich habe versucht, das Einzelschicksal Leopold Petzneks aus diesem Inferno herauszufiltern, es dem Kollektiverleben zu entreißen. Es ist mir nur zum Teil gelungen. Es gibt keinen lebenden Mithäftling, der mir Näheres hätte mitteilen können. Selbst sein Sohn konnte mir nicht mehr sagen als: „Mein Vater hat über Dachau kaum gesprochen. Er wollte es aus seinem Leben streichen. Er teilte seine Pritsche mit drei anderen Häftlingen, er sorgte dafür, daß sich die Leute wuschen, er machte ihnen Mut. Da er herzleidend war, wurde er offenbar keinem Arbeitskommando zugeteilt. Es wäre sein sicherer Tod gewesen. Als die Front herankam, wurde er zusammen mit anderen Häftlingen von der Bewachungsmannschaft aus dem Lager getrieben. Sie haben noch vieles durchgemacht, sie mußten im Schnee schlafen etc., ehe sie von den Amerikanern befreit wurden."

Diese Information deckt sich im wesentlichen mit der Aussage von Johann Schwing, der seit Februar 1944 in der Besoldungsstelle von Dachau Dienst versah. Schwing war seit 1922 bei der Wiener Polizei. Eines Tages steckte man ihn in eine SS-Uniform und kommandierte ihn nach Dachau ab. Dort kam er über Vermittlung von Frau Lina Dittelbach, einer langjährigen Freundin der Fürstin Windisch-Graetz, die seine Gattin kannte, mit Petznek in Berührung. Er veranlaßte, daß Petznek mit einem Kommando jeden Vor- und Nachmittag in seinem Büro Schreibarbeiten verrichtete. Seine Frau und er fungierten zwischen Petznek und seiner Lebensgefährtin als Postillon d'amour. Sie übermittelten Briefe und Lebensmittel. Herr Schwing berichtete mir, daß Leopold Petznek noch vor der Befreiung des Lagers durch die Amerikaner am 29. April 1945 mit der ersten Gruppe von Häftlingen Dachau verließ.

Man kann daher mit Sicherheit annehmen, daß Leopold Petznek den sogenannten „Todesmarsch der Dachauer" mitgemacht und überlebt hat, diesen Marsch, der nach der Ankunft des ersten Dachautransportes in der Heimat am 3. Juni 1945 im „Neuen Österreich" (Ausgabe vom 5. Juni) folgende Darstellung gefunden hat:

„Am 3. Juni, um 9 Uhr abends, kam eine große Gruppe von Überlebenden aus dem KZ Dachau auf dem Wiener Ostbahnhof an. Das Wiener Radio hatte die Ankunftszeit rechtzeitig gemeldet, sodaß sich die Angehörigen und Freunde zum Empfang einfinden konnten. Die Eisenbahnwaggons waren mit Fahnen und Spruchbändern festlich geschmückt. Vizebürgermeister Steinhardt begrüßte die Heimkehrer im Namen der Stadt Wien. Nachstehend bringen wir einen Bericht über die furchtbaren letzten Erlebnisse dieser ,Dachauer' von der endgültigen Befreiung . . .

Schon längere Zeit vor dem 26. April versuchte die Lagerleitung durch Entzug der Zeitungen die Häftlinge von der Außenwelt gänzlich abzuschließen. Trotzdem brachten wir den Zusammenbruch der deutschen Front in Erfahrung . . . Am 26. April bekam das Lager den Befehl, innerhalb einer Stunde marschbereit zu sein. Von allen Angetretenen wurden die Österreicher, Russen und Juden ausgesondert. Sie sollten der Vernichtung ausgesetzt werden. Bei Nacht rückten unter strengster Bewachung 5 000 Mann aus dem Lager aus . . . Darunter waren 280 Österreicher . . . Die Bewachungsmannschaft bestand aus SS, schwer bewaffnet, und Hundeführern mit dressierten Bluthunden. Mit Hilfe von Wehrmachtlern, die in SS-Uniformen gesteckt wurden, brachten sich ca. 20 Österreicher im Münchener Flachland in Sicherheit. Der Marsch sollte in das Ötztal gehen, wo wir liquidiert werden sollten. In den Bayrischen Voralpen gab es für uns keine Fluchtmöglichkeit. Die ersten Erschöpften blieben am Wege liegen. Mit Blausäureinjektionen wurden die Zurückgebliebenen wie tolle Hunde getötet. Dann wurden sie mit Genickschüssen erledigt oder durch Gewehrkolbenhiebe getötet. Von unserer Gruppe blieb keiner liegen. Wer nicht weiter konnte, wurde von den selbst schon zu Tode erschöpften Kameraden weitergeschleppt, denn unsere Losung war: Entweder alle durchkommen oder alle zugrundegehen. Es setzte dann zu allem Überfluß noch Schneetreiben ein. Wir wurden dann in einem Waldkessel zusammengetrieben, wo die toll gewordene SS Schützenfeste veranstaltete . . . Wir hatten schon lange nichts gegessen, die Kleider waren naß, viele starben an Erfrierung, Erschöpfung und Hunger. Was in der letzten Nacht unter der SS vorgegangen ist, wissen wir bis heute nicht genau. Es scheint ihnen die Munition ausgegangen zu sein, und alle die Banditen waren am nächsten Morgen nicht mehr da. Sie waren in die Berge geflohen. Zurückgeblieben waren einige, mit denen wir am Wege ein gutes Verhältnis angeknüpft hatten. Mit ihnen besprachen wir unsere Sicherheit vor eventuellen Überfällen und quartierten uns bei Bauern in Scheunen ein. So fanden uns am 2. Mai 1945, um halb vier Uhr, die amerikanischen Panzerspitzen. Von den 5 000 blieben etwa 3 500 am Leben . . . Wenn gerade wir, die österreichische Gruppe verhältnismäßig gut den Todesmarsch überstanden haben, so nur – wie schon einmal gesagt – dank unseres unzerreißbaren Zusammenhaltens . . .‟

Der Dachautransport stand auf der Heimreise nach Wien einen Tag und eine Nacht in Bischofshofen auf einem Abstellgleis, da in Schladming die Russen waren und der Paß Lueg noch unpassierbar war. Maria Emhart, damals Vizebürgermeisterin der Stadt, organisierte für die ausgehungerten ehemaligen KZ-Häftlinge Kleidung und Nahrung, sie sorgte dafür, daß der Zugsgarnitur eine Lokomotive vorgespannt wurde, um die Waggons heizen zu können. So konnte sie an Leopold Petznek, den sie von der Parteiarbeit in Niederösterreich vor 1934 her kannte, und seinen Gefährten den Dank für die Hilfe abstatten, die ihr Elisabeth Windisch-Graetz einst gewährt hatte. So verschlungen sind die Wege des Schicksals, so barmherzig ist manchmal das Leben.

Als Dr. Otto Petznek erfuhr, daß der Dachautransport mit seinem Vater Wiener Neustadt erreicht hatte, requirierte er kurzerhand ein russisches Militärauto – er war damals provisorischer, von Theodor Körner ernannter Bezirkshauptmann von Mödling – und holte ihn zu sich heim. Auch die Stiefmutter nahm für kurze Zeit bei ihm Logis. Dann zogen beide in das Kloster der Dienerinnen des hl. Herzens Jesu.

Johann Schwing bekam nach seiner Rückkehr nach Wien Schwierigkeiten. Seine Frau wandte sich an Leopold Petznek um Hilfe, der ihr mit Datum vom 26. 7. 1945 folgendes Empfehlungsschreiben gab, das an einen gewissen Hauptmann Eibl gerichtet war:

„Sehr geehrter Herr Hauptmann!
. . . Herr Schwing war während des Krieges zur Waffen-SS in Dachau kommandiert. Dort arbeitete er mit mir und vielen anderen Häftlingen in der Besoldungsstelle, ohne daß ihm ein Aufsichtsrecht an den Häftlingen zustand. Sein Benehmen den Häftlingen gegenüber war tadellos. Mir und anderen Wiener Häftlingen hat er dadurch geholfen, daß er uns, so oft er auf Urlaub oder dienstlich nach Wien fuhr, Briefe und Lebensmittel von unseren Angehörigen brachte. Sie wissen, was er dabei aufs Spiel setzte.

Nun wurde er gestern plötzlich verhaftet. Sollte der Grund in seiner Zugehörigkeit zur SS liegen, so geschieht ihm sicherlich unrecht, denn er hat sich uns gegenüber tadellos verhalten, uns vielmehr geholfen, wo er konnte. Ich wende mich an Sie, sehr geehrter Herr Hauptmann, mit der Bitte, sich des Mannes anzunehmen. Er verdient es.

Mit bestem Gruße und vorzüglicher Hochachtung
Ihr ergebener
L. Petznek"

Als Leopold Petznek am 3. Juni 1945 in die Heimat zurückkehrte, war das ganze Stadtgebiet von den Truppen der Alliierten besetzt, die Wirtschaft lag vollkommen darnieder. Aber in den Gemeinden und Städten regte sich schon wieder demokratisches Leben. Schon am 17. April hatte in Wien General Körner, unterstützt von Leopold Kunschak, eine provisorische Stadtverwaltung eingerichtet. Zehn Tage später erließ die unter Staatskanzler Dr. Karl Renner gebildete provisorische Staatsregierung die „Unabhängigkeitserklärung", welche die Wiederherstellung der demokratischen Republik Österreich proklamierte. Damit waren wohl die Weichen für die staatliche Entwicklung der Zweiten Republik gestellt, aber der Bestand des Staates war damit natürlich noch lange nicht gesichert. Die Herren im Hause Österreich waren nicht die Bundesregierung, nicht die Landesregierungen noch die Bürgermeister in den Dörfern und Städten, sondern die Besatzungsmächte. Sie beschlossen zunächst einmal die Teilung des Landes in vier Besatzungszonen. In die Bundeshauptstadt Wien, die in russischen Händen war, zogen gemäß einem Abkommen vom 9. Juli 1945 amerikanische, englische und französische Truppenverbände ein. Die Viermächtebesetzung Wiens war am 1. September vollzogen.

Für die Besitzerin der Villa in der Linzer Straße 452 bedeutete die Regelung zunächst, daß die Russen das Haus verließen, da der 14. Wiener Gemeindebezirk der französischen Besatzungsmacht zur Verwaltung übergeben wurde. Elisabeth Windisch-Graetz und Leopold Petznek kehrten für kurze Zeit in ihr Heim zurück. Wie sie es vorfanden, kann heute niemand mehr sagen. Sicherlich war es nicht in dem Zustand, in dem es die Fürstin ein paar Monate zuvor verlassen hatte. Völlig verwüstet war das Haus jedenfalls nicht. Dr. Otto Petznek erzählte mir, daß die Russen zum Beispiel in der Bibliothek keinen Schaden angerichtet haben. Er fand nach deren Abzug hinter den Büchern noch den Schmuck, den er dort versteckt hatte. Diese Aussage steht allerdings im Gegensatz zu Feststellungen des französischen Hochkommissärs General Béthouart, der in seinem Buch „Die Schlacht um Österreich" schreibt: „Der französische Sektor umfaßte die vier Westbezirke mit einer großen Geschäftsstraße, der Mariahilfer Straße . . . Die Garnison lag in der Breitenseerkaserne, und ich selbst wohnte in Hütteldorf in der Villa von Frau Petznek, der Gattin eines sozialistischen Politikers . . . Die Villa war mehrere Monate lang von den Russen besetzt gewesen, die meisten Möbel waren verschwunden, die Adelskronen, die einzelne Bücher der Bibliothek zierten, waren herausgerissen. Der Park war völlig verwüstet, nur die Bäume und Glashauspflanzen hatte man verschont. Es dauerte geraume Zeit, bis das Haus wieder instandgesetzt und eingerichtet war."

General Béthouart läßt in seinem Bericht unerwähnt, daß er die Windisch-Graetz-Villa für sich und seinen Stab nach Besatzungsrecht requirierte. Die Fürstin und ihr aus dem KZ zurückgekehrter, schwer herzleidender Lebensgefährte mußten in das angrenzende Kloster zurückkehren, ehe ihnen in einer, durch einen Bombentreffer schwer beschädigten Villa in der Wolfersberggasse 3 ein völlig unzumutbares Notquartier zugewiesen wurde. Sie mußten in diesem Haus fast ein Jahrzehnt verbringen. Man kann sie daher mit Fug und Recht zu jenen Österreichern zählen, die unter dem Besatzungsregime persönlich schwer gelitten und sogar gesundheitlichen Schaden genommen haben. Sie haben sich ihr Leben nach der Befreiung Österreichs von der Naziherrschaft gewiß anders vorgestellt.

Ich habe General Béthouart im Zusammenhang mit der Beschlagnahme der Windisch-Graetz-Villa ein paar Fragen gestellt, die er mir ausweichend beantwortete. „Was die Prinzessin Elisabeth anlangt", schrieb er mir, „so habe ich während der fünf Jahre, die ich in Wien blieb, ihre Villa bewohnt und ihr im Austausch dafür ein anderes, nahegelegenes Hause geben lassen. Unsere Beziehungen blieben kühl, da sie einen schwierigen Charakter besitzt. Im wesentlichen haben sie sich auf die Bezahlung meiner Miete beschränkt."

Da der Herr General in dieser Angelegenheit nicht mehr angesprochen werden wollte, überließ er die weitere Korrespondenz François Duschnitz, einem seiner engsten Mitarbeiter, der einige meiner „indiskreten" Fragen beantwortete. „Als General Béthouart die Villa bezog, gab es darin keine Möbel", teilte mir Herr Duschnitz mit. „Das Schlafzimmer des Generals wurde von Bürgermeister Jonas (sic!) aus den Beständen der Stadt Wien möbliert, das Speisezimmer aus dem Bundesmobiliendepot, der gartenseitige Ecksalon aus dem Besitz der Familie Lederer usw. Für die Fürstin Windisch-Graetz war das Haus", so meint er, „nach der Plünderung und dem Abzug durch die Russen ganz unmöglich zu bewohnen, da sie es ja gar nicht heizen konnte ... Es war in einem elenden, dreckigen Zustand und mußte von uns ganz hergerichtet werden. Die große Anzahl teilweise wertvoller historischer Bilder", so Duschnitz weiter, „die wir wegen der Malerarbeiten von den Wänden nehmen mußten, wurden von mir im Einverständnis mit dem Anwalt der Fürstin und in seiner Anwesenheit dem damaligen Direktor des Museums am Stubenring treuhändig und unter Wahrung des Eigentumsrechtes der Fürstin übergeben."

Auf meine Frage, ob die Fürstin bei General Béthouart je vorgesprochen habe, erhielt ich die Antwort: „Fürstin Windisch-Graetz hat einmal das Haus besuchen wollen. Nachdem aber weder der General noch ich etwas von diesem Vorhaben wußten, hat sie leider der marokkanische Wachtposten, der sie natürlich nicht kannte, nicht hineingelassen. Hätte ich eine Ahnung von diesem geplanten Besuch gehabt, hätte ich sie natürlich mit allen Ehren empfangen. Ich glaube, General Béthouart war zu dieser Zeit in Tirol. Jedenfalls erhielt er einen mit Recht wütenden Brief (ich glaube, auf französisch), den sie mit Elisabeth Windisch-Graetz, geb. Erzherzogin von Österreich zeichnete."

Die Richtigkeit dieser Darstellung ist nicht überprüfbar. Die Fürstin war jedenfalls begreiflicherweise darüber erbittert, daß sich die französische Besatzungsmacht in ihrer Villa breitmachte, während sie und ihr Lebensgefährte in einem Notquartier hausen mußten. In dieser schweren Nachkriegszeit, am 23. August 1945, starb in der Benediktinerabtei Pannonhalma, ohne daß die Tochter etwas davon erfuhr, ihre Mutter Stephanie Lonyay.

Leopold Petznek nahm nach seiner Rückkehr aus Dachau seine bis 1934 ausgeübte politische Tätigkeit nicht wieder auf. Sein schlechter Gesundheitszustand ließ dies nicht zu. Wohl aber folgte er einer Einladung Renners, den Posten des Rechnungshofpräsidenten zu übernehmen. Der Rechnungshof, der damals in der Annagasse im 1. Wiener Gemeindebezirk untergebracht war, spielte in den ersten Jahren nach 1945 im politischen Leben eine untergeordnete Rolle. Leopold Petznek fiel die Aufgabe zu, diese in einem demokratischen Staat so wichtige Kontrollinstanz aus ihrem Dornröschenschlaf zu wecken, ihr wieder ein wenig Geltung zu verschaffen. Sektionschef Dr. Erich Hausch erinnert sich an diese Zeit: „Ich bin einer der wenigen, die Petznek noch gekannt haben. Er kam Ende 1945. Es war der erste Winter nach dem Krieg. Wir waren nur wenige Beamte. Wir hatten nichts zu heizen. Wir saßen alle in einem großen Zimmer, einer behinderte den anderen. Ein geregelter Dienstbetrieb war kaum möglich. Petznek war der erste Sozialist im Rechnungshof, ein ernster, zurückhaltender, vornehmer Mann. Er begann, den Wiederaufbau in die Wege zu leiten, die Prüfungstätigkeit in Schwung zu bringen. Er hat sein Amt ernst genommen, er war den ganzen Tag da und forderte Pflichterfüllung. Er war geistig vollkommen auf der Höhe. Daher war es verwunderlich, daß er nach mehr als einem Jahr abgelöst wurde."

Die Ablösung Petzneks, die am 23. Februar 1947 erfolgte, war in der Tat seltsam. Sein Nachfolger, der ehemalige christlichsoziale Landeshauptmann von Oberösterreich, Hofrat Dr. Josef Schlegel, war bei seiner Ernennung 78 Jahre alt. Sachliche Gründe für den Wechsel an der Rechnungshofspitze gab es nicht. Für Schlegel bedeutete der Posten zweifellos eine Sinekure, die ihm die Österreichische Volkspartei in Parteienverhandlungen mit den Sozialisten verschaffte. Er übte die Funktion noch sechs Jahre lang aus, obwohl er zuletzt wegen eines schweren Augenleidens die Akten, die er zu unterzeichnen hatte, kaum noch lesen konnte.

Leopold Petznek trat nun endgültig von der Bühne der Öffentlichkeit ab. Daß ihn seine Parteifreunde fallenließen, mag ihn geschmerzt haben. Er ging nun in den wohlverdienten Ruhestand.

Am 13. Februar 1948 brachte die „Weltpresse" einen kurzen Artikel, von dem wahrscheinlich nur wenige Leser Notiz nahmen. Die Zeitung teilte kurz und bündig mit, daß Elisabeth Windisch-Graetz gegen ihren Gatten beim Bezirksgericht Hietzing den Antrag auf Trennung ihrer Ehe eingebracht und daß das Gericht der Scheidungsklage stattgegeben habe.

Die Meldung war nicht aus der Luft gegriffen. Elisabeth Windisch-Graetz und Leopold Petznek hatten beschlossen, ihre jahrzehntelange Lebensgemeinschaft eherechtlich zu legalisieren. Da die Kronprinzentochter 1924 von ihrem ersten Gatten, der damaligen Rechtslage entsprechend, lediglich von Tisch und Bett geschieden worden war, mußte die Scheidung nun auch dem Bande nach durchgeführt werden, ehe sie Leopold Petznek heiraten konnte. Das Gericht, das die Frage zu prüfen hatte, ob nach der Scheidung von Tisch und Bett eine Wiedervereinigung der Ehegatten erfolgt war oder nicht, lud die Rechtsanwälte Dr. Helfried Herdegen und Dr. Ernst Pieta, Josefine Steghofer sowie den zweitältesten Sohn der Fürstin, Ernst Weriand Windisch-Graetz, als Auskunftspersonen vor. Sie bekundeten einmütig, von einer Wiedervereinigung der Ehegatten nichts zu wissen. Otto Windisch-Graetz, der sich unbekannten Aufenthaltes in der Schweiz aufhielt, konnte nicht vernommen werden. Aufgrund der Ergebnisse des Verfahrens sprach das Gericht am 2. Februar 1948 die Scheidung der Kronprinzentochter von ihrem ersten Gemahl aus. Die Entscheidung wurde am 20. Februar rechtsgültig. Damit kam auch rein formal ein unerfreuliches Kapitel im Leben der Fürstin zu seinem endgültigen Abschluß.

Die Heirat zwischen Elisabeth Windisch-Graetz und Leopold Petznek fand am 4. Mai 1948 im Standesamt Hadersdorf-Weidlingau statt. Ein Aufgebot unterblieb, da, wie es in der Begründung hieß, „in der näheren und weiteren Umgebung der Ehewerber die Meinung vorherrscht, die Ehe sei schon mit Rücksicht auf den langjährigen gemeinsamen Wohnsitz vor Jahren geschlossen worden". Ich habe in den Wiener Tageszeitungen vergeblich nach einem Bericht über die Eheschließung gesucht. Die Geheimhaltung funktionierte scheinbar perfekt. Als Trauzeugen fungierten Bezirksvorsteher Josef Pfeifer, der mit der Fürstin seit 1919 in regem gesellschaftlichem Verkehr stand, und der Landeshauptmann-Stellvertreter von Niederösterreich Franz Popp, ein langjähriger Freund und Gesinnungsgenosse Petzneks. Popp über die Trauung: „Sie ging vollkommen formlos vor sich, ohne jedes Zeremoniell. Es wurden keine Reden gehalten, es gab keine Feier. Nachher nahmen wir Abschied und gingen wieder auseinander."

Der glanzvollen Fürstenhochzeit des Jahres 1902, an der der Kaiser teilgenommen hatte, war fast ein halbes Jahrhundert später eine stille Trauung gefolgt, an der die Öffentlichkeit keinen Anteil nahm, von der sie faktisch ausgeschlossen war. Ein größerer Kontrast als der zwischen diesen beiden Eheschließungen ist nicht vorstellbar. Er dokumentiert einen Zeitenwandel von gewaltigen Ausmaßen. Er reflektiert im und durch das Schicksal zweier Menschen die gigantischen Umbrüche unseres aus den Fugen geratenen Jahrhunderts.

Aus Elisabeth Windisch-Graetz war nun endgültig Elisabeth Petznek geworden, die allerdings in der Heiratsurkunde nicht darauf verzichtete, unter ihrem neuen Namen hinzuzusetzen: geb. Habsburg-Lothringen. Ihre aristokratische Herkunft wollte und konnte sie aus ihrem Leben nicht streichen.

Das Leben der Petzneks im Notquartier in der Wolfers-

Nr. 47   A

Erster Teil

Wien, den 4.Mai 19 48

1. Der Präsident des Rechnungshofes außer Dienst Leopold

P e t z n e k - - - - - ohne religiöses Bekenntnis

geboren am 30.Juni 1881 - in Bruck an der Leitha,N.Ö.

(Matrikenstelle rk.Pfarre Bruck an der Leitha, -/74),

wohnhaft Wien,14.,Hadersdorf,Wolfersberggasse 3 - - -

- , und

2. die Elisabeth Maria Henriette Stephania Gisela
WINDISCH-GRAETZ, geborene HABSBURG-LOTHRINGEN
- - - - - - - - - - - - römisch katholisch - - - -

geboren am 2.September 1883 in Wien-Laxenburg - - - - -

(Matrikenstelle Hof-und Burgpfarre Wien I Nr. 1/65),

wohnhaft Wien,14.,Hadersdorf,Wolfersberggasse 3 - -

- ,

erschienen heute zum Zwecke der Eheschließung vor dem unterzeichneten
Standesbeamten. Der Standesbeamte fragte sie einzeln und nacheinander,
ob sie die Ehe miteinander eingehen wollen.
Die Verlobten bejahten die Frage. Der Standesbeamte sprach aus, daß sie nunmehr rechtmäßig verbundene Eheleute seien.

Vorgelesen, genehmigt und unterschrieben

Der Standesbeamte

Heiratsurkunde: Leopold Petznek – Elisabeth Windisch-Graetz berggasse 3 ging weiter. Während sich der Rechnungshofpräsident damit einigermaßen abzufinden schien, litt die Kaiserenkelin unter den bedrückend engen Raumverhältnissen. Ihre Gelenksentzündung verschlechterte sich. Immer wieder klagt sie in Briefen an die getreue Pepi Steghofer über ihren schlechten Gesundheitszustand. „Es geht mir nicht gut", heißt es in einem Schreiben vom 17. März 1950, „meine Beine sind ganz steif und ich bin so erschöpft." Und ein andermal jammert sie: „Mir geht es gar nicht gut. Ich schwitze Tag und Nacht und bin so müde."

Da zeichnete sich im Sommer 1950 eine Änderung der Situation ab. In einem Schreiben vom 15. Juli teilte das französische Hochkommissariat im Auftrag General E. Béthouarts den Rechtsanwälten Elisabeth Petzneks, Dr. Ernst Pieta und Dr. Nikolaus Schlitter, mit, daß die Rückgabe der Villa für den 1. August 1950 vorgesehen sei. Die Freude über diese Nachricht im Hause Petznek kann man sich vorstellen. Aber der Jubel schlug in grenzenlose Enttäuschung um, als diese Mitteilung kurze Zeit später widerrufen wurde. Sie reflektiert sich in einem Schreiben vom 29. Juli 1950 an Pepi Steghofer:

„Meine liebe Pepi", heißt es da, „stellen Sie sich vor, heute kamen zwei Franzosen um uns zu sagen, dass der General das Haus für seinen Nachfolger weiter beschlagnahmt. Wir sind beide ganz weg ... Ich bin so weg, dass ich gar nicht schreiben kann.

Alles Liebe

Ihre

Elisabeth Petznek"

Dazu General Béthouart: „Als mein Nachfolger, Herr Payart, mir mitteilte, daß er das von mir bewohnte Haus während der gesamten Dauer seines Aufenthaltes in Wien bewohnen wolle, habe ich einen Adjutanten zur Prinzessin geschickt, die vor Zorn über diese Mitteilung ihre Hunde auf ihn hetzte."

So heftig die Tochter des Kronprinzen Rudolf vor allem gegenüber ihren Bediensteten oft sein konnte – sie soll sie ab und zu sogar mit der Reitpeitsche traktiert haben –, in diesem Fall kann man ihre Reaktion verstehen.

Alle Interventionen österreichischer sozialdemokratischer Regierungsmitglieder bei der französischen Regierung, der

Fürstin die Villa zurückzustellen, blieben ergebnislos. Die guten Beziehungen Petzneks und seiner Gattin zum Wiener Rathaus hätten es sicherlich möglich gemacht, dem Ehepaar eine Gemeindewohnung zur Verfügung zu stellen. Selbst bei der damals herrschenden Wohnungsnot wäre eine solche Zuweisung moralisch durchaus vertretbar gewesen. Ob diese Möglichkeit überhaupt erwogen wurde, entzieht sich meiner Kenntnis. Es ist denkbar, daß die Fürstin davon überhaupt nichts wissen wollte.

Und so blieben die Petzneks noch ein paar Jahre in ihrem Notquartier. Sie fanden sich damit nur sehr schwer ab, sie litten unter der Ungunst der Zeitverhältnisse. Ein paar weitere Briefe an Pepi Steghofer beweisen es.

„Meine liebe Pepi", schrieb die „Kaiserliche Hoheit" (für Pepi Steghofer blieb sie es zeitlebens) am 9. September 1950, „herzlichen Dank für Ihren lieben Brief. Es ist nichts besonderes los, bis auf Veränderungen in den Knochen der Wirbelsäule durch den starken Rheumatismus. Der wird halt durch Kälte und Feuchtigkeit immer schlechter. Ich bin so froh, dass man Sie telefonisch erreichen kann.

Herzliche Grüße von uns beiden

Ihre
Elisabeth Petznek"

Und am 8. Jänner 1952 schrieb sie ihrer Getreuen:

„Meine liebe Pepi!
Herzlichen Dank für Ihren lieben Brief. Wenn nur endlich die Erlösung käme. Der Winter ist fast unerträglich in diesem Haus. Wir sind beide noch recht elend. Heute ist der Ofen im Badezimmer explodiert, es ist ja alles hien hier. Liebe Pepi, wäre es Ihnen möglich, uns einige Eier zu bringen? Der Mann drüben hat uns vorige Woche nur zwei gebracht, seine Hendeln legen nicht. Wir wären Ihnen und Ihrem Mann sehr dankbar. Bitte kommen Sie nicht am Dienstag, Donnerstag oder Samstag, da ist der Dr. da und danach muß ich liegen . . .

Herzliche Grüße von uns beiden auch an Ihren Mann

Ihre
Elisabeth Petznek"

Das Jahr 1952 brachte der leidgeprüften Erzherzogin auch den Verlust ihres zweitgeborenen Sohnes Ernst Weriand, der sich als Maler einen Namen gemacht hatte. Er starb am 23. Dezember an einem Herzschlag. Zwei Tage später schied auch Otto Windisch-Graetz in Lugano in der Schweiz aus dem Leben. Dr. Otto Petznek: „Er hatte zuletzt in bedrängten finanziellen Verhältnissen gelebt und wurde von seiner Tochter ‚Fee' unterstützt.

Ich selbst bin einmal nach Lugano gefahren, um ihn als Rechtsanwalt vor einem überhöhten Ärztehonorar in Schutz zu nehmen."

So schwer dem Ehepaar Petznek das Leben in ihrem Ausweichquartier auch fiel, es mußte darin weiter ausharren. Die Zeit der Heimsuchungen war noch nicht vorüber. Elisabeth Petznek, die Lieblingsenkelin des Kaisers Franz Joseph und einzige Tochter des Kronprinzen Rudolf, die in jungen Jahren ein Glanzlicht des Wiener Hofes gewesen war, mußte – grausames Besatzungsschicksal – ihren siebzigsten Geburtstag in einer kriegsbeschädigten, baufälligen Villa am Rande ihres Besitzes zubringen, während in ihrem Palais französische Offiziere Feste feierten. Der Mitarbeiter einer Wiener Wochenzeitung, der ihr aus Anlaß ihres Geburtstages am 2. September 1953 einen Besuch abstattete, berichtet: „Der Besucher, hinter dem die rostige Gittertür des Hauses Wolfersberggasse 3 ins Schloß fällt, bleibt zunächst ratlos stehen. Er muß sich erst buchstäblich einen Weg durch einen völlig verwilderten Garten bahnen, bis er den kaum noch sichtbaren Hofeingang findet. Der kleine Villenbau, der im Krieg durch einen Bombentreffer schwer beschädigt wurde, macht einen unsagbar verwahrlosten Eindruck. Und hier, in dieser traurigen Ruinenwohnung haust die ehemalige Erzherzogin Elisabeth von Habsburg-Lothringen, die Enkelin eines Kaisers, der über ein Reich mit mehr als fünfzig Millionen Untertanen regierte . . . Nur einige Gehminuten entfernt liegt das wunderschöne Biedermeier-Palais mit dem prachtvollen Park, aus dem sie vor acht Jahren von den Besatzungstruppen vertrieben wurde und das heute dem französischen Hochkommissär als Residenz dient.

‚Sehen Sie sich nur ruhig um', lädt die große, schwarzgekleidete Dame ein, während der Blick des Besuchers die abgeschlagenen Mauern und vor Feuchtigkeit triefenden Wände

An den Rollstuhl gefesselt verbrachte Elisabeth Petznek die letzten Jahre ihres Lebens

streift. ‚Viel Komfort werden Sie in dieser Behausung nicht mehr finden. Es sind, wie Sie sehen, zwei kleine Zimmer, in denen man sich kaum umdrehen kann. Es gibt weder eine Bademöglichkeit, noch eine intakte Gasleitung. Fließendes Wasser ist lediglich an den Wänden vorhanden. Es sollte für mich und meinen Mann nur eine vorübergehende Ersatzwohnung sein – und nun kämpfen wir seit acht Jahren vergeblich darum, daß man uns unser beschlagnahmtes Heim wieder gibt. Inzwischen habe ich mir hier einen schweren Rheumatismus zugezogen, so daß ich mich kaum noch aus eigener Kraft bewegen kann.'

Tatsächlich bereitet es der alten Dame viel Mühe, sich aus dem schäbigen alten Fauteuil zu erheben. Sie muß sich beim Gehen auf ihren Krückenstock stützen. Aber das Gesicht der Siebzigjährigen zeigt noch immer Spuren einstiger Schönheit und die Stimme hat einen tiefen, melodischen Klang. Sie kann noch heute in Haltung und Sprache die Prinzessin aus kaiserlichem Geblüt nicht verleugnen . . ."

Nach der Schilderung ihres abwechslungsreichen Lebens schließt der Reporter den Artikel mit der resignierend-unmutigen Bemerkung der Fürstin:

„So müssen wir nun Jahr für Jahr in dieser entsetzlichen Behausung verbringen, obwohl sich für den Hochkommissär in der französischen Gesandtschaft oder in einem der zahlreichen anderen beschlagnahmten Objekte leicht eine ebenso komfortable Wohnung finden ließe."

Er selbst zieht aus dem Besuch einen über das Einzelschicksal hinausgehenden Schluß: „Trauer und Bitterkeit klingen in der Stimme der Frau, die einmal zu den verwöhntesten Königskindern Europas gezählt hat. Und während sich der Gast wieder über die steile und verfallene Treppe ins Freie hinaustastet, fällt es ihm unwillkürlich ein, wie sehr das Schicksal dieser Habsburgerin heute symbolisch für die Lage Österreichs ist – jenes Österreichs, das sich nun schon seit fünfzehn Jahren vergeblich danach sehnt, wieder Herr in seinem Haus zu sein und nach seinem eigenen Willen leben zu dürfen."

Ein halbes Jahr später war ein Mitarbeiter der „Neuen Illustrierten Wochenschau" in der Wolfersberggasse 3 zu Besuch. Sein Bericht, der am 23. Mai 1954 erschien, deckt sich hinsichtlich der Beschreibung des „Heimes", in dem die Petzneks zu hausen gezwungen waren, vollkommen mit jener aus dem Jahre 1953. Es klingt in ihm jedoch ein menschlich-tragischer Ton an, dem sich selbst der strengste Kritiker der ehemaligen Erzherzogin nicht verschließen kann. „Ich habe in diesen neun Jahren in den feuchten Räumen hier einen schweren Rheumatismus bekommen", klagt die Kronprinzentochter. „Seit Dezember 1953 habe ich dieses Zimmer nicht verlassen, weil ich nicht mehr über die Stiege komme. Der französische Hochkommissär hat mir seinerzeit brieflich zugesagt, daß er die Absicht habe, mir unser Haus zurückzugeben. Ich habe bis heute nichts mehr davon gehört. Mein Heim war ein Museum, viele wertvolle Bilder und die große Bibliothek der Kaiserin mußte ich dort zurücklassen. Ich weiß, daß man dort inzwischen manche Wände hat niederreißen und neue Türen hat durchbrechen lassen. Mein Mann ist heute 73, ich selbst bin 70 Jahre alt. Wie lange haben wir denn noch zu leben? Wir würden gerne über alle Unbill hinwegsehen, wir ersehnen uns nur die Befreiung aus dieser Umgebung hier, um in unserem eigenen Heim wenigstens noch den letzten Teil unseres Lebensabends beschließen zu können . . ."

Die Kronprinzentochter hat in ihrer Jugend und als reife Frau gewiß viele Fehler gemacht. Sie war exaltiert, anmaßend, zügellos, unnachgiebig und hart. Aber sie hat dafür gesühnt. Das Leben hat ihr im Alter schwere Prüfungen auferlegt. Sie ist mit ihnen fertig geworden, sie hat sie ertragen bis zum bitteren Ende. Wir werden davon noch zu sprechen haben. Dazu gehörten ein eiserner Wille und menschliche Größe. Das mögen alle jene bedenken, die noch heute hinter vorgehaltener Hand mit scheinheiliger Moral immer nur von den Skandalen und Provokationen reden, die sie bewußt heraufbeschworen hat, um jene Kreise zu schockieren, denen sie entstammte.

10. Gichtgeplagt dem Tod entgegen

Am 11. April 1955 kletterten vier österreichische Politiker, Bundeskanzler Ing. Julius Raab, Vizekanzler Dr. Adolf Schärf, Außenminister Ing. Leopold Figl und Staatssekretär Dr. Bruno Kreisky, von zwei Beamten begleitet, auf dem Vöslauer Militärflughafen in eine sowjetische Transportmaschine. Ihr Ziel war Moskau, wo sie in mehrtägigen Verhandlungen mit der Sowjetführung die letzten Hindernisse für den Abschluß des Staatsvertrages beseite räumten. Das Ende der zehnjährigen Besatzungszeit war in greifbare Nähe gerückt. Schon wenige Wochen später, am 15. Mai 1955, wurde der Vertrag im Großen Saal des Belvedere, des imposanten Barockschlosses, das sich Prinz Eugen hatte erbauen lassen, feierlich unterzeichnet. Zehntausend Menschen jubelten nach der Unterzeichnung des Vertrages im Park des Schlosses den fünf Außenministern zu, die auf dem Balkon die Ovationen der Volksmenge entgegennahmen. Österreich hatte seine Freiheit wiedererlangt.

Auch Elisabeth Windisch-Graetz und ihr Gemahl, die draußen in Hütteldorf noch immer in der bombenbeschädigten Wohnung in der Wolfersberggasse 3 hausten, hatten Grund zum Jubeln. Die französische Besatzungsmacht mußte die Villa in der Linzer Straße räumen. Sie durften wieder in ihr Heim zurückkehren, ihr Eigentum stand ihnen wieder zur Verfügung. Die endgültige Rückkehr in ihr geliebtes Haus nahm freilich einige Zeit in Anspruch. Paul Mesli, der um diese Zeit zunächst als Gärtner in die Dienste der Fürstin trat und später jahrelang in der Linzer Straße als Portier tätig war, erinnert sich: „Der riesige Park war ungepflegt, der Rasen durch die abgestellten Panzer und Militärautos arg zugerichtet. Die Blumenbeete waren unbetreut, wohin man blickte, wucherte Unkraut. Fünf bis sechs Gärtner, die Frau Petznek bei einer Gartenbaufirma engagiert hatte, waren monatelang damit beschäftigt, den Park wieder in Ordnung zu bringen, Stauden, Sträucher, Bäume und Blumen neu zu pflanzen. Später wurde eine Hausgärtnerei eingerichtet, die für die Pflege der gesamten Anlage zu sorgen hatte. Die Fürstin, die eine ausgesprochene Blumenliebhaberin war und hervorragende botanische Kenntnisse besaß, war an der Neugestaltung des Parkes maßgeblich beteiligt.

Aber auch das Haus selbst war reparaturbedürftig. Die Räume mußten frisch geputzt, zum Teil neu adaptiert und wieder eingerichtet werden. Das wichtigste Inventar, Möbel, Gemälde, Vasen, Gedecke usw., das verlagert gewesen war, kam wieder an seinen alten Platz zurück. Von Herrn Petznek assistiert, gab die ‚Gnädige Frau‘ Anweisung, wohin jedes Bild gehängt, jede Vase, jeder Einrichtungsgegenstand gestellt werden mußte. Sie erinnerte sich genau, wie jedes Zimmer eingerichtet war, ehe sie gezwungen wurde, das Haus zu verlassen. Es sollte alles wieder so sein wie früher."

Natürlich fehlte manches. So konnte der Brautschleier der Kaiserin Elisabeth, eines der schönsten Erinnerungsstücke der Kronprinzentochter, nicht wieder aufgefunden werden. Aber sosehr der Verlust so manchen wertvollen Gegenstandes auch schmerzte, die Petzneks waren glücklich, wieder in ihrem alten Heim zu sein. Die Übersiedlung war, wie aus einem Glückwunschschreiben Petzneks anläßlich der Weihnachtsfeiertage an Lina Dittelbach hervorgeht, im Spätherbst 1955 abgeschlossen. „Wir hoffen beide", teilte er der langjährigen Freundin des Hauses mit, „daß es uns im Neuen Jahr bald wieder möglich sein wird (nach den Anstrengungen der Einrichtung des Hauses!) unsere alten Freunde zu sehen . . ."

Ob Petzneks Wunsch in Erfüllung gegangen ist, läßt sich nicht sagen. Er konnte sich des neuen Lebens in der alten Umgebung nicht mehr lange erfreuen. Am 30. Juni 1956 feierte er seinen 75. Geburtstag. Aus diesem Anlaß widmete ihm die Arbeiter-Zeitung einen kurzen Artikel. „Dem verdienten Mann entbietet die Sozialistische Partei", so heißt es darin abschließend, „zu seinem Geburtstag die herzlichsten Glückwünsche und hofft, ihn noch recht lange körperlich und geistig frisch in ihrer Mitte zu sehen." Vier Wochen später mußte die Zeitung dem verdienten Funktionär, der für seine politische Überzeugung im Gefängnis und im KZ gelitten hatte, einen Nachruf halten. Leopold Petznek schied am 27. Juli 1956 aus dem Le-

> Wir geben im tiefen Leid die Nachricht, daß Herr
>
> # Leopold Petznek
> ## Präsident des Rechnungshofes i. R.
>
> Freitag den 27. Juli 1956 im 76. Lebensjahr nach kurzem Leiden
> unerwartet von uns gegangen ist.
> Dem Wunsche des Verstorbenen entsprechend, fand die Beisetzung
> in der Familiengruft im Friedhof Hütteldorf in aller Stille statt.
>
> **Dr. Otto Petznek,** Sohn   **Elisabeth Maria Petznek,** Gattin
> im Namen aller Verwandten
>
> Wien, 31. Juli 1956   14, Linzer Straße 452

Leopold Petzneks Todesanzeige in der Arbeiter-Zeitung

ben. Sein Herzleiden, an dem er seit vielen Jahren laborierte, hatte seinen plötzlichen Tod herbeigeführt. „Die Sozialisten", so schrieb die Arbeiter-Zeitung, „stehen trauernd an der Bahre dieses Mannes. Das Begräbnis wird, dem Wunsche des Verstorbenen entsprechend, in aller Stille stattfinden. Am Grab wird Innenminister Helmer für die Sozialistische Partei von dem Toten Abschied nehmen.

Der Witwe, die viele Jahre an seiner Seite ein Leben gemeinsamen Glücks und verständnisvoller Zusammenarbeit geführt hat, wendet sich die herzlichste Sympathie und Anteilnahme zu. Bundespräsident Körner hat Elisabeth Petznek anläßlich des Hinscheidens ihres Gatten telegraphisch den Ausdruck seiner wärmsten Anteilnahme übermittelt."

Leopold Petznek wurde im Wintergarten der Villa aufgebahrt. Er fand auf dem Hütteldorfer Friedhof seine letzte Ruhestätte. Es wurde keine Rede gehalten. Die gichtkranke Gattin, die von zwei Bediensteten im Rollstuhl an das Grab ihres Gatten herangeschoben werden mußte, verbat es sich. Beileidskundgebungen nahm sie nur ungern und unwirsch entgegen. Selbst Innenminister Helmer, der ihr allerdings unsympathisch war, mußte das zur Kenntnis nehmen. „Gehen Sie weg", fuhr sie ihn an, als er ihr kondolieren wollte. Selbst im Angesicht des Todes blieb die Kaiserenkelin hart und kompromißlos. Dr. Otto Petznek hat sich später für das Verhalten seiner Stiefmutter beim Minister entschuldigt.

Mit dem Tod ihres geliebten Gatten brach für Elisabeth Petznek der letzte Abschnitt ihres Lebens an. Sie kapselte sich nun fast völlig von der Welt ab, hielt nur noch den Kontakt zu ihren Kindern und zu einigen Freunden aufrecht. Ihr ältester Sohn Franz Joseph, der nach dem Zweiten Weltkrieg nach Kenia ausgewandert war, um dort als Großwildjäger zu leben, kam von Zeit zu Zeit auf Besuch. Paul Mesli: „Er durfte höchstens eine Stunde bei der Mami bleiben. Kam er nicht zur vereinbarten Zeit, wurde er nicht vorgelassen. Einmal", erinnert sich der langjährige Portier, der der „Gnädigen Frau" bis zu ihrem Tod die Treue hielt, „war Franz Joseph für 15.00 Uhr zu einem Besuch angemeldet. Aus irgendeinem Grund hatte er sich um drei Minuten verspätet. Als er in die Portierloge kam, sagte er zu mir: ‚Fragen Sie bitte, ob ich noch kommen darf.' Die Gnädige Frau sagte nur: ‚Drei Minuten zu spät.' Franz Joseph erhielt die Erlaubnis, den Park zu besichtigen und verließ nach einer Dreiviertelstunde wieder den mütterlichen Besitz."

Stephanie, das jüngste der vier Windisch-Graetz-Kinder, kam ebenfalls nur selten zu Besuch. Sie lebte in Belgien und hatte in zweiter Ehe den schwedischen Kaufmann Carl Axel Björklund geheiratet, den die Fürstin aus irgendeinem Grund nicht mochte. Er durfte seine Gattin nie in das Haus begleiten und mußte geduldig warten, bis die Visite zu Ende war. Hingegen kam ihr Stiefsohn, Dr. Otto Petznek, den sie sehr liebte, wöchentlich einmal nach Hütteldorf. Mit den übrigen Verwandten und ihren ehemaligen aristokratischen Standesgenossen stand die habsburgische „Aussteigerin" längst nicht mehr in Verbindung. Nach dem Tod ihres Mannes erloschen auch die Kontakte zu den sozialdemokratischen Freunden. Lediglich Rosa Jochmann besuchte sie noch ein paarmal draußen in ihrem der Welt entrückten „kleinen Schönbrunn". „Ich bin dann noch einige Male bei ihr gewesen", schrieb sie mir, „und das letzte Mal, da saß sie in ihrem Salon ganz in schwarze Trauer gehüllt, und da fragte sie mich, ob ich an einen Himmel glaube und ob ich der Meinung bin, daß sie ihren Leopold wiedersehen wird.

„Ich bin zwar sehr katholisch erzogen", fährt sie fort, „aber ich bin mit 20 Jahren ohne daß irgend jemand mich dazu bewogen oder überredet hat aus der Kirche ausgetreten, das ist ein eigenes Kapitel. Das habe ich der Fürstin damals aber nicht gesagt, denn ich sah ihre ängstlichen Augen auf mich gerichtet und da sagte ich zu ihr, daß das natürlich kein Mensch wisse, aber daß ich es um ihretwillen heiß wünsche, daß sie ihren Leopold wiedersehen soll."

In diesen letzten Jahren lebte die Kronprinzentochter nur noch für ihre Schäferhunde. Ihnen gehörte ihre ganze Liebe, sie waren außer den Blumen ihr ganzer Trost. Solange sie dazu körperlich imstande war, hat sie die Hunde selbst gebürstet und gepflegt (Frau Schirl), und sie hat sie natürlich auch, als sie 1945 das Haus verlassen mußte, in das Kloster und in das Notquartier in die Wolfersberggasse mitgenommen. Die Aufzucht und Zuchtwahl überließ sie Dresseuren. Marianne Ehrenberg dazu: „Ich habe von 1954—1963 die Hunde der Fürstin betreut. Ich bekam die Hunde mit drei Monaten, dressierte sie und führte sie aus. Ich besorgte das Futter, legte die Rechnungen vor, die dann beglichen wurden. Ich hatte die Aufgabe, sie auch decken zu lassen und Hundeausstellungen zu besuchen. Wenn ich erste Preise machte, und ich machte sehr viele – sie zeigte mir stolz die Pokale, die sie in ihrem Heim aufbewahrt hatte –, erhielt ich von der Fürstin einen Tausender. Die Fürstin besaß den Zwinger: ‚Von der Tiergartenhöhe.' Ich wurde oft beneidet, weil ich die Hunde der Fürstin aufziehen durfte."

Über die Fürstin sprach sich Frau Ehrenberg folgendermaßen aus: „Ich sah sie nur im Rollstuhl im Park oder im Bett. Einmal sagte sie zu mir vor einer Wahl, ich solle ‚rot' wählen, aber sonst hat sie einen Habsburgerschädel gehabt. Sie hat mich ein paarmal hinausgeschmissen, weil ich frech war. Ich habe immer in einem Zimmer gewartet, bis ihre Hoheit kam und ihre Anordnungen gab."

„Die Hunde", wußte mir Herr Mesli zu erzählen, „fungierten gewissermaßen als Hauspolizei. Einer von ihnen, der auf den Namen Lido hörte, war der Leibwächter der ‚Gnädigen Frau'. Er schlief neben ihr in einem $2^{1}/_{2}$ m breiten Bett und ließ niemanden in ihre Nähe. Selbst das Hauspersonal, das er doch gut kannte, mußte sich vor ihm in acht nehmen. Es kam nicht selten vor, daß er jemanden biß."

Natürlich kosteten die Hunde eine Menge Geld. Sie verschlangen täglich zirka fünf Kilogramm Fleisch, das vom Koch des Hauses besorgt und von der Fürstin auf seine Qualität überprüft wurde.

*Elisabeth Petznek knapp vor ihrem Tod.
Einer der Schäferhunde spielte den Leibwächter*

Die ärztliche Betreuung der Tiere lag in den Händen von Dr. Andreas Schirl, der mehrmals pro Woche die etwa fünfzig Kilometer weite Strecke von Groß-Rußbach nach Hütteldorf zurücklegte, um nach dem Rechten zu sehen. Er mußte gewissermaßen Tag und Nacht zur Verfügung stehen. Nicht selten wurde er per Telegramm herbeigeholt. „Bitte sofort kommen. Mutti krank, Elisabeth Petznek", lautete einer dieser seltsamen SOS-Rufe an ihn, der am 19. August 1957 die Post beschäftigte. Daß die Kronprinzentochter in ihrem Testament für jeden der Hunde eine Verfügung traf, versteht sich nach dem Gesagten beinahe von selbst.

Der Gesundheitszustand der einsamen, nur mehr von ein paar Bediensteten umsorgten, schwer gehbehinderten, gichtkranken Frau, deren Altersstarrsinn groteske Formen annahm, verschlechterte sich von Jahr zu Jahr. Lina Dittelbach schrieb am 12. Juli 1959 an ihre in Schweden weilende Tochter, Frau Ada Chlup: „Sonntag rief ich W. G. an, die den ganzen Tag liegen muß. Sie bekommt jeden 2. Tag 6 Injektionen, Kreislauf, Herz und weiß ich für was noch alles. Die Füße verlassen sie schon ganz, die Ärzte erhalten sie scheinbar nur noch mit Injektionen am Leben . . ."

Mit den Ärzten und der ärztlichen Betreuung der kranken Erzherzogin hatte es freilich seine Bewandtnis. Sie wollte nichts davon wissen, sie hielt nicht viel von der Medizin. „Der Tierarzt ist mir am liebsten, lieber als alle Ärzte", pflegte sie zu ihrem Stiefsohn zu sagen. Sie war eine ausgesprochen schwierige, eigenwillige Patientin.

Zweifellos hätte sie gegen ihre schwere Arthrose etwas tun können, tun müssen. Sie hätte ihr Leiden lindern, ihren Gesundheitszustand bessern können. Sie tat nichts oder kaum etwas dafür. Frau Elisabeth Dornfeld, die Sekretärin von Dr. Nikolaus Schlitter, dem Rechtsanwalt der Fürstin, dazu: „Sie hat nie etwas für ihre Gesundheit getan. Sie ist in jungen Jahren nie gewandert, sie hat nie eine Kur gemacht, sie ist in kein Spital gegangen. Sie hat in ihrer eigenen Welt gelebt und sie war auf ihre eigene, eigenwillige Weise weltfremd. Zum Geld hatte sie zum Beispiel überhaupt keine Beziehung. Wenn ich etwas besorgte, was in ihren letzten Lebensjahren häufig der Fall war, gab sie mir den Kassaschlüssel, den sie an der Halskette trug, und sagte: ‚Gehen Sie zur Schreibtischlade und nehmen Sie sich das Geld heraus.' Und wenn ich ihr dann das Wechselgeld geben wollte, meinte sie wegwerfend: ‚Was, mit so einem Blech kommen Sie mir?'"

Frau Dornfeld, die die Fürstin in den letzten Jahren vor ihrem Tod zwei- bis dreimal pro Woche besuchte, antwortete mir auf meine Frage, wie Frau Petznek ihre Tage verbrachte: „Sie hat stundenlang telefoniert (wir mußten in der Kanzlei ein eigenes Telefon für sie installieren lassen) und sie las sehr viel. Sie brauchte zum Lesen keine Brille. Sie hatte scharfe, durchdringende Augen. Gelegentlich hörte sie Radio, das Fernsehen verabscheute sie. Und natürlich bestimmte sie bis zuletzt noch vom Bett aus, was in ihrem ‚Reich' zu geschehen hatte."

Dr. Kurt Rambauske, der die Fürstin in ihren letzten Wochen betreute, ihr Vitamin- und Kalziuminjektionen verabreichte – eine Placebo-Therapie, wie er es nannte –, stimmt in diesen Chor ein: „Ich hatte den Eindruck, daß es in ihrem Haus wie am kaiserlichen Hof zuging. Ich mußte pünktlich sein. Der Zeitpunkt meines Kommens wurde telefonisch vereinbart, wenn ich vom Spital wegfuhr. Ich wurde von einem Diener am

Eingangstor erwartet und in ihr Schlafzimmer geleitet. Die Hunde, prächtige Tiere, wurden vorher angekettet, denn sie hätten jeden Besucher zerrissen. Ich traf Frau Windisch-Graetz stets im Bett an. Das Hauspersonal wurde im Befehlston behandelt, sie ging mit ihm nicht gerade zimperlich um." Und auf die sozialdemokratische Überzeugung von Frau Petznek anspielend, sagte der Arzt mit einem leisen sarkastischen Nebenklang: „Der Ton paßte nicht recht zu ihrer Gesinnung, sie war da in einem echten menschlichen Dilemma."

Frau Primaria Edeltraut Herzog, die der ehemaligen Erzherzogin herzstärkende Injektionen verabreichte, bestätigte im wesentlichen die Aussage ihres Berufskollegen. „Sie war eine ausgeprägte Persönlichkeit", meinte sie, „eine sehr schwer zu behandelnde Patientin."

Pepi Steghofer, Helmut Feltrini und Paul Mesli machten sich nicht viel aus dem Befehlston der Fürstin. Sie waren daran gewöhnt, sie hielten der „Kaiserlichen Hoheit" die Treue.

In den letzten zwei Jahren war die Erzherzogin nach einem Schlaganfall beidbeinig gelähmt. Sie wurde tagsüber von Krankenschwestern betreut.

Paul Mesli, der letzte lebende Bedienstete, der sie umsorgte, erinnert sich an diese letzte Zeit: „Sie war an das Bett gefesselt, hilfsbedürftig, hilflos. Sie mußte gelegt und gehoben werden. Das war eine große Plage. Die Beine waren verschwollen, jedes Umbetten verursachte Schmerzen. Aber sie hat nie geklagt. Ihre Haut war vom Liegen wund, aber sie ertrug ihr Leiden tapfer. Sie war von einer eisernen äußerlichen Stärke, aber von einer großen inneren Demut. Kurz vor ihrem Tod, als ich sie einmal aufhob, ergriff sie meine Hand und sagte: ‚Herr Mesli, Sie kommen einmal in den Himmel, weil Sie so gut sind.‘"

Anfang März 1963 verschlechterte sich der Zustand der Kronprinzentochter zusehends. Paul Mesli schrieb am 13. März 1963 in sein Tagebuch: „Gnädige Frau sehr krank. Selbstmordgedanken." Trotzdem mußte er wie immer um 9.00 Uhr die Blumenvasen in ihrem Schlafzimmer arrangieren, und sie gab noch mit leiser Stimme ihre Anweisungen. „Rücken Sie diese Vase ein wenig weiter nach rechts. Ja so, so ist es gut."

Am 15. März notierte der getreue Portier in seinem Tagebuch: „Milder, sonniger Tag. Das Leben der ‚Gnädigen Frau‘ geht zu Ende."

Über den Tod der Fürstin erzählte er mir: „Am Abend dieses Tages rief mich die Fürstin in der Portierloge an und verabschiedete sich von mir. Sie dankte mir für alles, was ich für sie getan habe und wies mich an, am nächsten Tag, wenn ich um 9.00 Uhr anklopfe, um die Hunde auszuführen, in das Zimmer einzutreten, falls ich ihre Stimme nicht vernehmen sollte. Am folgenden Morgen war sie wohl schwach, aber klar bei Sinnen. Ich verrichtete, wie üblich, meine Tätigkeit. Gegen Mittag rief mich Pepi Steghofer in der Portierloge an und bat mich, hinaufzukommen. Als ich das Schlafzimmer betrat, lag die Fürstin bereits im Koma. Ihr Atem ging nur noch ganz schwach. Wir verrichteten ein halbstündiges Sterbegebet. Um 14.30 Uhr ist sie dann friedlich entschlummert. Sie schied einsam und verlassen aus der Welt." „Hat sie priesterlichen Beistand gehabt?" fragte ich den rüstigen Mann, der am Stadtrand von Wien mit seinen Kindern und Enkelkindern in einem kleinen, eigenen Haus lebt. „Nein", antwortete Herr Mesli, „sie hatte keinen. Sie war, wie ich glaube, gläubig, aber ohne Kirche. Wenn ich mich richtig erinnere, hatte sie ein Kruzifix und ein Gebetbuch auf dem Nachtkästchen. Sie hat dem Tod mutig in die Augen geschaut und noch im Sterben majestätische Haltung bewahrt."

Ein starkes Herz hatte aufgehört zu schlagen, ein wechselvolles, von Freud und Leid erfülltes Leben war zu Ende. Die Beschauärztin, Frau Dr. Marie Rosak, stellte am Abend die Todesursache fest: „Mycardiopathie und Arteriosklerosis."

Obwohl die Fürstin in ihrem Testament alle Verfügungen für die Zeit nach ihrem Tod getroffen hatte, hinterließ sie ein paar Zettel mit letzten Anweisungen. Die handschriftliche Wiedergabe lautet:

„An
Pepi, ~~Fany, Feltrini!~~
Wer da ist wenn ich sterbe soll alles gleich veranlassen was ich aufgeschrieben habe.
Wenn ich sterbe bitte sofort Dr. Otto Petznek verständigen. Kanzlei R. 29.1.82 Mödling R. 33.5.70. Wohnung 2538.
Sofort Frau Dornfeld verständigen Kanzlei Dr. Pieta A. 23.0.67. Wohnung A 12.1.12
Von der Familie *niemanden* das soll Dr. Pieta machen.
Ich wünsche *nicht* das Parten ausgegeben werden.

An
Pepi, Fany, Fellnini!

Wer da ist wenn ich sterbe
soll alles gleich veranlassen
was ich aufgeschrieben habe.

Wenn ich sterbe bitte sofort
Dr Otto Peyrer verständigen
Kanzlei R. 29.1.82. Wohnung
Mödling R 33.5.70. Wohnung
2538.

sofort Frau Dornfeld ver-
ständigen Kanzlei Dr Piela
a.23.0.67. Wohnung a.12.1.12.

Von der Familie niemanden
das soll Dr Piela machen.

Ich wünsche nicht das Papier
ausgegeben werden.
Begräbniss in aller Stille.

Die letzten handschriftlichen Anweisungen

Begräbniss in aller Stille.
Ich will neben meinen Mann liegen.
Aufgebart im Wintergarten mit den Blick auf unseren geliebten Garten so wie mein Mann.

Elisabeth Petznek"

Über die bedrückende Atmosphäre in der Villa nach dem Tod der Fürstin, die Ereignisse, die sich, unbemerkt von der Öffentlichkeit, darin abgespielt haben, hat Herr Mesli einen Bericht hinterlassen.

Herr Mesli, ein Batschka-Deutscher, der keine Schule besuchen konnte und der sein Analphabetentum im Selbststudium bezwang, beschwört in seinem Gedächtnisprotokoll mit einfachen, schlichten Worten die Stimmung im Hause, erinnert sich an vergangene Tage und zeichnet demütig und ehrfurchtsvoll, aber mit einem möglicherweise ungewollten, doch unüberhörbaren kritischen Unterton die Persönlichkeit der Verstorbenen. Die Niederschrift trägt das Datum vom 18. März 1963.

„Gestern hatte ich meinen freien Tag. Ich weiß somit nicht was in der Villa in der Linzerstraße vor sich ging", beginnt Herr Mesli seine Ausführungen. „Umso gespannter nähere ich mich der Tür. Gleich nach dem Morgengruß an College Sepp (der 2. Portier, Anmerkung des Verfassers), war die Frage, ist die gnädige Frau noch hier? Ja sie ist noch da. Erst am nachmittag wird sie weg geholt werden. Sonst herrscht Friede über der Villa. Frau Prinzessin Stephanie, die *leibliche Tochter* der gnädigsten Frau, wird im Laufe des Tages noch hier eintreffen und will *ihre Mutter* noch einmal sehen. Um 11 Uhr kommt Dr. Schierl (Tierarzt) dann wird die Beerdigung der Hunde sein. Das ist für heute unser Tagesprogramm, die Vorbereitung des Grabes für die Hunde und die Erwartung von Frau Prinzessin Stephanie von Belgien.

Um 8 Uhr ging ich aufs Sterbezimmer zur gnädigsten Frau ich fand sie noch auf ihrem Plätzchen ganz alleine. – sie war auch noch nicht umgezogen, dies machte die Bestattung vor dem weg holen. Doch hatte Frau Pepi dafür Sorge getragen, das sie mit einem weissen Tuch zugedeckt wurde u. mit Clivien u. Azaleenblüten schön überlegt wurde. An ihrer Seite auf dem Nachtkastl stand ein Kreuz mit zwei brennenden Kerzen und ein Weihwasserbecken um die Tote zu besprengen. Es war rührend. – – Umsomehr, weil die Liebe Tote so einsam u. verlassen dalag. Ich mußte etwas still für ihre Seelenruhe beten u. es ward mir in diesem Augenblick – als sah ich durch diese liebe Tote ein großes Reich untergehen. – Ihre k. u. k. Hoheit die durchlauchtigste Frau Fürstin zu Windisch-Grätz geborene Erzherzogin von Österreich, Ungarn, Böhmen, Mähren e. c. t., lag in diesem Augenblick vereinsamt tot vor mir und niemand war in dem Moment um mich. Sie lag noch hier auf dem selben Fleck, von wo sie mir viele Jahre hindurch ganz lebhaft alle Anordnungen für jede Arbeit im Garten, im Haus u. s. w. gab. Ein großer Lebenswille und überaus starke Energie ging von diesem Plätzchen aus u. es ward immer so, – als erteile ein Kaiser von seinem Trone die Befehle.

Widerrede oder einer anderen Meinung sein, oh – dies gab es hier überhaupt nicht. – Jeder von uns im Hause, war der ergebenste Diener, dieser hohen Person, die das regieren gelernt hat u. auch zum teil angeboren war. – Wie oft sagte sie mir von dieser Stelle ganz energisch: Auf dieser Welt war noch kein

Die getreue Pepi Steghofer im Schlaf- und Sterbezimmer der Kaiserenkelin. „Hoheit ist nicht mehr da", lamentierte sie fassungslos nach dem Tod ihrer Herrin

Mensch der mich jemals unterkriegt hätte und es wird auch keiner auf die Welt kommen. Sie war eine Machtperson ohne Gleichen u. sie machte aus ihrer Macht auch großen Gebrauch, wenn gleich ihr Machtbereich bis auf einen kleinen Personalkreis zurück geschraubt war. Und nun kam *einer* ob gewollt oder ungewollt, gegen den ihre Macht ohnmächtig war und legte ihr Herrscherzepter still hier unter diese schlichte, weiße Decke, – es war d. Tod. Der Tod, dem keiner entgehen kann, auch wenn er Kaiser, König oder eine Person mit vielen Reichtümern auf dieser Erde war ... Der Tod war es nun, der auch diesem starken Leben ein Ende bereitet hat u. dieses Haus in einen stillen Frieden versetzt hat. Ich sage Frieden, – schon weil es hier so notwendig gewesen wäre. Er ist nun eingetreten u. ist da. – Hier am *Sterbelager* fand ich ihm bei dieser einstmals so großen, toten Frau. Alles ist nun vorüber. – – Voll tiefer Ehrfurcht neigte ich mein Haupt noch einmal vor dieser einstmals so starken Frau und ging dann behutsam zu ihren Blumen, welche ihr Sterbezimmer voll eingetaucht schmückten. – Ihr Sterbezimmer ist groß und ein Meer von Blumen umringt die liebe Tote. Immer war sie besorgt, daß jedes Platzerl hier im Zimmer mit einem Blumentopf ausgefüllt war und so geschah es bis zu ihrem letzten Augenblick des Lebens. – Inzwischen kam Fr. Steghofer bei der Tür herein geschlichen u. ging emsig ihrer Arbeit nach, sie hatte ja so viel zu tun, die Tote hinterließ ihr eine Menge Arbeit. Ich selbst gießte langsam einen Blumentopf nach dem andern und verließ nach meiner getanern Arbeit das Sterbezimmer.

Dann ging ich gleich in das Hundezimmer, hier fand ich alle drei tot am Boden liegend . . . Zwischen gnädigsten Frau, ihnen und uns, spielte sich vieles ab. Auch viel Unheil. – Auch wenn es nur die Hunde waren, umso mehr, waren sie doch die Götter des Hauses . . .

Um 11.55 traf Prinzessin Stephanie mit ihrem Gemahl u. Herrn Dr. Otto Petznek ein. Die Herren blieben draußen u. Prinzessin Stephanie begleitete ich in den 1. Stock und übergab sie der Frau Steghofer, es war eine herzliche Begrüßung. – Sie war bis 12.49 Uhr hier und fuhr mit den Herren dann weg. Inzwischen kam auch Herr Dr. Schlitter und Frau von Dornfeld an, er war der Rechtsanwalt und sie seine Sekretärin, ihnen oblag auch die amtliche Angelegenheit anheim und das Begräbnis. – Sie waren nur eine Stunde da – nachher waren wir wieder allein. – Kein Mensch kümmert sich mehr um die Tote, sie ist fremden Leuten ganz überlassen. Es ist 17.30, ich bin in der Loge auf der Lauer. – Ein eleganter Leichenwagen fährt vor, die Bestattung. Ich öffnete ihnen das Tor u. ließ sie herein fahren, sieben starke Männer stiegen aus dem Wagen, die gut gekleidet und einen vornehmen Auftritt hatten. Die sterblichen Überreste der verstorbenen kaiserlichen Hoheit wollen wir in die Leichenhalle zum Hütteldorfer Friedhof überführen, gaben sie mir ihren Auftrag bekannt. Die Umkleidefrau war noch nicht eingetroffen u. sie mußten noch eine Zeit warten. Unterdessen schauten sich die Herren einige Räume mit den schönen Bildern an u. waren darüber sehr erstaunt. Die Ankleidefrau war gekommen u. nahm die Arbeit bei der Leiche vor, es war alles vorbereitet u. Fr. Steghofer ging ihr zur Hand. Alle mußten im Salon warten, wo schon der schöne Metallsarg auf seinen hohen Inhalt wartete, er war 2,20 m lang u. innen mit einem weißen Spitzentuch ausgelegt u. einem weißen Polster, der Sarg hatte ein Glasfenster. Dann kam der Augenblick, wo die Herren gerufen wurden, ich folgte ihnen, ich wollte alles sehen, die

Aufbahrung der Fürstin auf dem Hütteldorfer Friedhof

Leiche war schwarz gekleidet u. trug auf dem Kopf ein schwarzes Häubchen, in den Händen lag das Kreuzchen aus Jerusalem. Man griff zu und trug die tote Frau Elisabeth Marie Petznek, geborene Erzherzogin von Österreich, in den harten Sarg. Sie richteten alles zurecht u. wir umringten die liebe Tote und betrachteten still und gerührt, ihre letzte Ruhestätte. Vollkommen verlassen lag sie da, nur von ihrem Personal umgeben. Vollkommen verlassen von der Welt. Wo sind jetzt alle Deine Verehrer? – Die Menschen, die Dir gehuldigt haben? Die Dich verführt haben? Wo ist die Welt, die Dir Dein Leben war? oder wenigstens Deine Kinder? – Sie alle ließen Dich allein, halten sich weit in der Welt auf, nur Dein armes Gesinde mit dem Du täglich gehadert hast, blieb Dir treu und stand Dir bis zur Stunde an Deiner Seite. Das Ende dieser Toten sagt uns so viel! – Ja, so vieles. Und doch geht sie uns so nah, – weil sie so arm u. verlassen ist. Dann wurde der Sarg geschlossen. Für immer. Hier an dieser Stelle, wo sie einmal täglich auf ihrer Chaisloung gelegen war und von wo aus sie das Zepter geschwungen hat. – Oft war ich hier neben ihr gestanden und lauschte ihren Worten. Die Stunde ist nun da, wo sie nicht mehr redet, wo sich ihre Hände nicht mehr schwingen u. die Hunde nicht mehr um sie bellen, sie ist tot. Nun muß sie gehen aus ihrem Reichtum und Besitz und alles blieb hier der Welt zurück. Wir schalteten nochmals alle Lichter des Hauses ein, zum Abschied aus ihrem Eigentum u. man ergriff behutsam den Sarg u. der letzte Weg durch ihr Haus wurde angetreten. –

Über die Stiege ging es hinunter, ich voraus, Frau Steghofer, Frau Schreckenstein, H. Melzer u. H. Billensteiner, folgten dem Sarg, durch die Halle in den Hof. Es war $1/_2 7$ Uhr am abend. Inzwischen war es düster geworden u. über der Villa breitete sich ein düsterer Schleier . . . Man schob den Sarg in den Wagen überdeckte ihn mit einem Trauertuch. Die Türe wurde geschlossen. Die Männer bestiegen den Wagen u. mir wurde es zur Aufgabe, das Tor zu öffnen und den Wagen abfahren zu lassen. Langsam setzte sich der Wagen in Bewegung und tief gerührt standen wir Hinterbliebenen unter dem Toreingang und blickten voll tiefer Wehmut und Tränen dem Wagen nach. Es war ein armes Weggehen von uns und wir konnten nur noch das eine sagen: Gott . . . Hab Erbarmen mit ihr und gib ihr den Frieden, den die Welt ihr nicht geben konnte.

Der Wagen war unseren Augen entschwunden u. ich schloß das Tor. – Der Vorhang war hinter einen langen und schweren Vergangenheit gefallen. Es war für mich bis zur Stunde lehrreich und manches ‚Drama' konnte ich hier erleben. Es war oft hart und schwer, sich unter diesen dramatischen Umständen zu halten, aber Gott wollte es, daß ich es bis zur Stunde erlebte. – Die Außenwelt weiß nur ganz wenig, was sich alles in dieser Einsamkeit abgespielt hat. Es ist auch gut so. Nur paar Menschen war es vergönnt alles mit zu erleben, was sich hinter diesen Wänden abgespielt hat. Fast jeden Tag ein anderes Ereigniß, ein anderes Erlebniß. Und es wurden manche Menschen zu heroischen Helden hinter diesen Türen. Der größte Held von allen, war Frau Marie Degout, – sie hat sich hier die Lorbeeren verdient. – Dann Frau Josefine Steghofer – ihre treueste Person bis zu ihrem Lebensende. – Wir haben alles überstanden, – Der Tod schuf ein Ende. Die Nacht senkt sich, trotz all dem, schwer über dieses Haus nieder und betaut uns mit seinem zarten Frieden. – Ohne der gnädigsten Frau – ohne die Hunde man kann dies alles so schwer fassen, weil wir alle so sehr an dem Vorgang im Haus gewohnt waren. Es gibt also von nun an keine Hemmungen mehr! Die Taktik hat aufgehört, – Bald, ja bald werden auch wir aus diesem Hause gehen müssen, auch für immer. Dies wird für uns sehr schwer sein . . . Es war hier schwer. – aber trotz allem schön, ja doch so schön. Diese Zeit macht ein Stück unseres Lebens aus . . .

Es ist 10.20 Abends, ich gehe zur Ruhe u. alles nahm ich in den Schlaf mit.

Niedergeschrieben von Paul Mesli,
        langjähriger Gärtner und Portier zugleich."

Der Tod der „roten Erzherzogin" fand in den Tages- und Wochenzeitungen ein breites Echo. Man schrieb spaltenlange Berichte über das bewegte Leben der Kaiserenkelin, hielt ihr kritisch-distanzierte bis begeisterte Nachrufe. Selbst in der Aprilnummer 1963 der Zeitschrift „Unsere Hunde" gedachte man „ihrer bleibenden Verdienste um die österreichische Zucht des deutschen Schäferhundes".

Bei der Geburt der Kronprinzentochter waren Geschützsalven abgefeuert und Kirchenglocken geläutet worden. Es gab Fackelzüge, die staatlichen Gebäude waren beflaggt.

In einer Gruft mit einem Kreuz ohne Aufschrift ließ sich die Kronprinzentochter auf dem Hütteldorfer Friedhof bestatten. Es war die letzte Eigenwilligkeit dieser extravaganten Persönlichkeit

Das Begräbnis auf dem Hütteldorfer Friedhof in der Samptwandnergasse am 22. März 1963 verlief still und unzeremoniell. Nicht viel mehr als fünfzig Menschen folgten dem Sarg, unter ihnen die nächsten Angehörigen, ein paar Freunde und Bedienstete, SPÖ-Abordnungen aus dem Triestingtal. Die Einsegnung nahm der Kapuzinerprovinzial Pater Cusin vor. Unter den Trauergästen war auch Rosa Jochmann. „Beim Begräbnis hat es mich erschüttert", schrieb sie mir, „daß es einen großen Kranz der Kinderfreunde unserer Partei gegeben hat und daneben lag der Kranz eines Offiziers aus der k. u. k. Österreichisch-Ungarischen Monarchie. Das hat mich tief bewegt."

Die Gruft der „roten Erzherzogin" im alten oberen Teil des Hütteldorfer Friedhofes an der rechtsseitigen Friedhofsmauer ziert ein großes weißes Steinkreuz. Kein Name, keine Inschrift weist darauf hin, wer unter der marmornen Grabplatte begraben liegt. Die Lieblingsenkelin des Kaisers Franz Joseph wollte auf dem Friedhof unauffindbar sein. Es war der letzte Gag, die letzte Eigenwilligkeit, die sich diese extravagante Frau den Menschen, der Nachwelt gegenüber geleistet hat.

11. Nachbeben und Nachklänge

Elisabeth Marie, die einzige Tochter des Kronprinzen Rudolf, sorgte über ihren Tod hinaus für Überraschungen und aufregenden Gesprächsstoff. Ihr Ableben verursachte im sensationslüsternen Tages- und Wochenblätterwald ein geheimnisumwittertes Rauschen. Man erwartete sich von der Testamentseröffnung und vom Nachlaß „Enthüllungen" über die Mayerlingtragödie, da man annahm, die Erzherzogin sei im Besitz wertvoller, darauf bezüglicher Dokumente gewesen. Die hochgespannten Erwartungen wurden bitter enttäuscht. Das Wort „Mayerling" wird im Testament der Kaiserenkelin im Zusammenhang mit einem Legat nur ein einziges Mal erwähnt. Und auch die vermuteten wertvollen Dokumente wurden im Nachlaß nicht gefunden.

Das Vermächtnis der Kronprinzentochter, das bereits am 1. Juni 1956, also knapp vor dem Tod ihres geliebten zweiten Mannes erstellt wurde, enthält zahlreiche Nachträge (Kodizille), die ihre Launenhaftigkeit und ihren Altersstarrsinn widerspiegeln. An einer Verfügung, die die hinterbliebenen Familienmitglieder zweifellos überraschte, wenn nicht erschütterte, hielt sie allerdings mit eiserner Konsequenz fest: Sie vererbte alle Kunst- und Wertgegenstände, die aus dem Besitz des Kaiserhauses stammten und die einen auf viele Millionen taxierten Schätzwert darstellten – vom ideellen Wert ganz zu schweigen – der Republik Österreich. Die diesbezügliche Verfügung im Artikel III des Testaments lautet: „Ich habe veranlaßt, daß sämtliche Kunstgegenstände und Bücher, die in kaiserlichem Besitz waren, gegen den Willen meines Mannes, der sie den Kindern erhalten wollte, an Museen oder an ihre alten Plätze zurückgestellt werden, da ich der Ansicht bin, daß kaiserlicher Besitz nicht Ausländern zukommen soll und nicht in Auktionen versteigert werden darf.

Soweit ich daher über meine Bilder, Kunstgegenstände und Bücher nicht schon zu Lebzeiten verfügt habe, vermache ich die in der beiliegenden Liste angeführten Bilder, Kunstgegenstände und Bücher als Legat der ‚Albertina' Graphische Sammlung, Wien, I. Augustinerbastei 6. Sie soll hiebei den Wünschen Rechnung tragen, die ich in der beiliegenden Liste hinsichtlich Unterbringung, sei es in der ‚Albertina' selbst, sei es anderswo, geäußert habe. Diese Wünsche sind meinem Gatten Leopold Petznek, ebenso auch meinem langjährigen Rechtsanwalt Dr. Ernst Pieta, sowie seiner langjährigen Angestellten, Frau Elisabeth Dornfeld, bekannt und ist jeder für sich selbständig berechtigt, zu entscheiden, wie die wiederholt von mir geäußerten Wünsche zu erfüllen sind."

Die erwähnte Liste umfaßte rund ein halbes tausend Gegenstände. In einem Testamentszusatz vom 1. August 1957 ging die Fürstin noch einen Schritt weiter. „Ich ordne ausdrücklich an", so liest man da unter Punkt 2, „daß meine Tochter Stephanie und mein Schwiegersohn Axel Björklund, ferner meine beiden Schwiegertöchter Ghislaine und Eva Windisch-Graetz, sowie sämtliche Enkelkinder, nach meinem Ableben solange das Haus nicht betreten dürfen, bevor nicht die der Republik Österreich geschenkten Sachen, Bilder und Kunstgegenstände aus dem Hause entfernt sind. Als Verwahrerin trage ich für diese der Republik Österreich geschenkten Gegenstände die volle Verantwortung. Die gleiche Verantwortung tragen nach meinem Ableben auch meine beiden Testamentsexekutoren."

Die Bestimmung wurde von den Testamentsexekutoren, den Rechtsanwälten Dr. Nikolaus Schlitter und Dr. Karl Haberl, im Auftrag der Fürstin und „über Wunsch des Prinzen Franz Joseph Windisch-Graetz", der somit davon informiert gewesen sein muß, Josefine Steghofer zur Kenntnis gebracht (Schreiben vom 26. April 1962). Die langjährige Bedienstete ihrer „Kaiserlichen Hoheit" wurde darin angewiesen, die Kopie des Briefes zu bestätigen, die darin enthaltenen Anweisungen zur Kenntnis zu nehmen und für ihre Einhaltung zu sorgen. Frau Steghofer sollte demnach den genannten Personen den Eintritt in das Haus verwehren. Es war ein seltsamer, unzumutbarer Auftrag, der da einer alten Frau, „einer noblen, treuen Seele" (Gräfin Happack) erteilt wurde.

Die getreue Pepi Steghofer brauchte dann, gottlob, nicht die Polizistin zu spielen. Über strikte Weisung der Erzherzogin erhielt der ärarische Sachverwalter, der damalige Ministerialoberkommissär im Unterrichtsministerium, Dr. Carl Blaha, sofort nach ihrem Tod den Auftrag, die dem Staat vermachten Gegenstände zu identifizieren, zu verpacken und abzutransportieren. Dr. Blaha dazu: „Ich erhielt vom Rechtsanwalt der Fürstin an derem Todestag den Anruf, die Polizei zu verständigen. Ich kam diesem Verlangen sofort nach. Die Villa wurde zwei bis drei Tage von einem Kriminalbeamten überwacht. Die Übernahme der Verlassenschaft machte dann keine Mühe." Letztere Feststellung ist nicht richtig. Stephanie Björklund, die Tochter der Fürstin, legte „gegen jede Veränderung im Haus und gegen den Abtransport der der Republik Österreich geschenkten Gegenstände" Protest ein, der jedoch von den Testamentsexekutoren zurückgewiesen wurde. Dr. Blaha hat davon wohl nichts gewußt. Als während des Verpackens der Kunstgegenstände, die am 19. März 1963 in Angriff genommen wurde, auch Franz Joseph Windisch-Graetz Protest einlegen ließ, beantragten Dr. Schlitter und Dr. Haberl die Versiegelung des Hauses. Die wohlgeordneten Legate konnten nun von den Vertretern der einzelnen Bundesdienststellen anstandslos übernommen und abtransportiert werden.

Wohin die vielen Kunstgegenstände von unschätzbarem Wert gebracht werden sollten, hat Elisabeth Petznek in ihrem Testament mit penibler Genauigkeit festgehalten. Die Erinnerungsstücke der kaiserlichen Familie kamen in die „Neue Hofburg", das „Museum für Angewandte Kunst" erhielt die Goldhaube und die Elfenbeinspindel aus dem Besitz der Kaiserin Maria Theresia, weiters Fayencen, Porzellanstatuetten, Stickereien und Teppiche. Das „Kunsthistorische Museum" bekam Werke von Rudolf von Alt, Amerling, Defregger, Kriehuber, Kupelwieser und Waldmüller. Den Familienschmuck, darunter das russische St. Georgskreuz Franz Josephs, das Armband der Kaiserin Charlotte, Silberkrüge und Perlenketten überließ die Fürstin der „Weltlichen Schatzkammer", in das Schloß Schönbrunn gingen ein paar Bilder und Skulpturen. Ein Teil der Privatbibliothek der Kaiserin Elisabeth wurde der Fideikommißbibliothek der Porträtsammlung der Österreichischen Nationalbibliothek überantwortet. Durch dieses Vermächtnis hat die zur überzeugten Republikanerin gewordene Kronprinzentochter dem österreichischen Staat historisch wertvolle Kunstwerke erhalten.

Bezüglich ihres übrigen Besitzes verfügte sie folgendes (Artikel I des Testaments):

„Da mein Gatte Leopold mir wiederholt erklärt hat, auf sein gesetzliches Erbrecht mir gegenüber zu verzichten und sowohl er als auch mein Stiefsohn Dr. Otto Petznek ausdrücklich abgelehnt haben, irgendwelche Widmungen aus meinem Nachlaß anzunehmen, setze ich zum Universalerben meines Nachlasses meinen Sohn Franz Joseph Windisch-Graetz ein.“

Die Tochter Stephanie und alle Enkelkinder wurden von der Fürstin auf den gesetzlichen Pflichtteil gesetzt. Von dieser Verfügung ausgenommen blieb das Palais selbst, das sie mit Kaufvertrag vom 2. Juli 1962 um den Preis von 3 100 000 Schilling mit einer dazugehörigen Grundfläche von zirka 6 000 Quadratmetern an die Gemeinde Wien veräußerte. Sie behielt sich jedoch im Paragraph 5 des Vertrages das lebenslängliche alleinige Wohnungs- und Nutzungsrecht vor.

Prinz Franz Joseph Windisch-Graetz erbte den Rest des riesigen Parks im Ausmaß von 26 386 Quadratmetern, den er 1966 (Kaufvertrag vom 4. März) um den Betrag von 9 750 000 Schilling an die Gemeinde Wien verkaufte. Das Haus Friedrichstraße 4 in der Wiener Innenstadt, das die Fürstin im März 1918 erworben hatte, hat Prinz Franz Joseph um einen ansehnlichen Geldbetrag an die Österreichische Alpine Montangesellschaft verkauft, die seit Mai 1971 im Grundbuch als Eigentümer aufscheint.

Der Prinz, der am 1. Jänner 1981 in Nairobi im 77. Lebensjahr verstarb, hat sein ganzes Vermögen der Jagd geopfert. Gräfin Happack: „Als wir Schönau übernahmen, gab es auf dem ganzen Gut kein Wild. Er hat alles niedergeschossen, was ihm vor die Flinte kam. Zuletzt mußte ihm seine Frau auf dem Hochstand die zittrige Hand halten. Als er einmal bei mir zur Jagd war, hat er selbst während des Essens den Stutzen wie eine Geliebte in der Hand gehalten.“

Es scheint, daß sich die sprichwörtliche habsburgische Jagdleidenschaft von Generation zu Generation bis in alle möglichen Verästelungen vererbt hat.

Das bewegliche und unbewegliche Vermögen, das die Kronprinzentochter bei ihrem Tod hinterließ, belief sich nach Abzug der Passiva auf einen Schätzwert von 15 188 416 Schilling und 28 Groschen (das Legat an die Republik Österreich nicht mitinbegriffen).

Die „rote Erzherzogin" erwies sich in ihrem Testament den meisten ihrer Bediensteten und Bekannten gegenüber als dankbar und großzügig.

So vermachte sie der Kongregation der Dienerinnen vom hl. Herzen Jesu „in dankbarer Erinnerung an die gütige Aufnahme im Jahre 1945" eine Summe von zehntausend Schilling, der Kapuzinerorden wurde für die Instandhaltung der Gruft Kaiser Franz Josephs, der Kaiserin Elisabeth und des Kronprinzen Rudolf mit 50 000 Schilling bedacht, der Orden der unbeschuhten Karmelitinnen erhielt für die Instandhaltung der Kirche im ehemaligen Schloß Mayerling ein Legat von 20 000 Schilling. Dem Salesianerkloster vermachte sie „in dankbarer Erinnerung an die ihr Mutterstelle vertretende Erzieherin Elisabeth Gräfin Coudenhove" einen Betrag in gleicher Höhe. Diesem Kloster schenkte sie auch ein Elfenbeinkruzifix, das sich im Renaissancesalon ihres Hauses befand.

Die Bediensteten, ein paar Freunde und die beiden Rechtsanwälte erhielten Zuwendungen zwischen zehntausend und dreihunderttausend Schilling.

Dr. Otto Petznek durfte nach dem Ableben der Stiefmutter alle Sachen seines Vaters aus dem ehemaligen Wohn- und Schlafzimmer samt den im Zimmer befindlichen Möbeln, Kunstgegenständen, Bildern und Teppichen an sich nehmen, desgleichen die Gegenstände, die sie im Schreibtisch ihres Schlafzimmers verwahrt hielt. Er allein war berechtigt, „den Schreibtisch zu öffnen, zu ordnen und mit seinem Inhalt nach meinen Wünschen, die ich ihm ausdrücklich mitgeteilt habe, und seinem alleinigen Gutdünken zu verfahren" (Kodizill vom 18. April 1957).

Auch in ihrem Testament galt die besondere Fürsorge der Fürstin ihren Schäferhunden, die sie in guten Händen wissen wollte. Da sich niemand fand, dem sie ihre Lieblinge unbesorgt hätte anvertrauen können, ordnete sie zuletzt an, daß Tierarzt Dr. Andreas Schirl die Hunde unverzüglich nach ihrem Ableben töten sollte. Das ist auch geschehen.

Die Räumung des mit so vielen Dingen vollgestopften Hauses, das mehr einem Museum als einem Heim glich, nahm viele Monate in Anspruch. Paul Mesli verzeichnet in seinem Tagebuch den 11. Juli 1963 als seinen letzten „Dienst-Tag". Im Juni wurde er noch Zeuge einer seltsamen Aktion, die sich im Park der Windisch-Graetz-Villa abspielte. Im Nachlaß der Kronprinzentochter befand sich nach Meinung der Erben nur ein Teil des immens wertvollen Schmuckes. Man vermutete, daß der nicht auffindbare Rest im Park vergraben sei. Die Testamentsexekutoren entschlossen sich daher zu einem ungewöhnlichen Schritt. Sie wandten sich an den damaligen Verteidigungsminister Karl Schleinzer mit dem Ersuchen, Bundesheerpioniere mit amerikanischen Spezialminensuchgeräten nach dem verschollenen Schmuck suchen zu lassen. Der Minister billigte „im Hinblick auf den Ausbildungszweck" den Einsatz der Soldaten. Tatsächlich sprach das Gerät nach kurzer Suche an. Man grub die Erde auf und stieß in ungefähr 35 Zentimeter Tiefe nach Aussage von Paul Mesli auf fünf Dosen. Anderen Angaben zufolge sollen die Schatzsucher des Bundesheeres nur auf *eine* Kassette gestoßen sein. Ob darin die sagenumwobenen Juwelen enthalten waren, war nicht zu ergründen. Rechtsanwalt Dr. Nikolaus Schlitter, der den Fund gemeinsam mit seinem Kollegen Dr. Karl Haberl sogleich in Verwahrung nahm, verweigerte am Tatort nicht nur den zahlreich erschienenen Journalisten jeden Einblick, sondern auch mir jedwede Auskunft. So wird der Inhalt der Kassette(n) für immer geheimnisumwittert bleiben. Für die Geschichtsschreibung ist das gewiß nicht von Bedeutung.

Die Räumung der Villa dauerte bis in den Spätherbst hinein. Prinz Franz Joseph Windisch-Graetz übergab Mitte Oktober 1963 die Veräußerung der restlichen, im Haus verbliebenen Gegenstände einer bekannten Antiquitätenfirma, wie aus einem Schreiben von Frau Dornfeld an Pepi Steghofer hervorgeht. Dann senkte sich endgültig der Vorhang des Vergessens über die Villa. Das Spiel um den Nachlaß beschäftigte nach Einsprüchen der Erben gegen diverse Schätzungsgutachten sogar das Oberstgericht. Es klang am 30. Jänner 1968 mit der Zurückweisung eines Rekurses aus.

Inzwischen sah die Villa einer ungewissen Zukunft entgegen. Die Gemeinde Wien wußte nicht recht, was sie damit anfangen sollte. Sollte man sie niederreißen oder erhalten? Man fand für das palaisartige Gebäude keine passende Funktion. Die Umzäunung verfiel, die Fenster wurden von unbekannten Tätern eingeschlagen, Türen aufgebrochen, die Klosettmuscheln devastiert.

Schließlich siegte in der Wiener Gemeindeverwaltung die Vernunft. Man entschloß sich, die Villa mit einem Kostenaufwand von 5,8 Millionen Schilling zu renovieren und in ihren Räumen ein „Kommunalwissenschaftliches Dokumentationszentrum" einzurichten. Die Fassade wurde frisch gefärbelt, das Innere des Hauses mußte sich mancherlei Umbauten gefallen lassen, ohne daß allerdings an der Substanz etwas verändert worden wäre. Die Stuckplafonds in einigen Räumen, die schönen Parkettböden, die wunderbare Holzdecke im ehemaligen Terrassensalon, ein paar alte Kachelöfen blieben unangetastet. So wurde ein geschichtsträchtiges, ehrwürdiges Stück „Alt-Wien" vor dem Verfall gerettet. Die Eröffnung des neuen Institutes, das im 2. Stock untergebracht ist, fand im Oktober 1969 statt.

Auf dem riesigen Parkareal, das Prinz Franz Joseph Windisch-Graetz 1966 der Gemeinde Wien verkauft hatte, errichtete die sozialdemokratische Stadtverwaltung in den Jahren zwischen 1967 und 1969 eine Wohnhausanlage mit 29 Stiegen. Wo einst vom Frühling bis in den Herbst hinein Blumen und Sträucher aller Art in allen Farben blühten, exotische Pflanzen und Bäume wuchsen, die das Herz einer Frau aus kaiserlichem Geblüt erfreuten, haben heute hunderte Familien eine behagliche Wohnstätte gefunden. Die Welt der Fürstin Windisch-Graetz, der einzigen Tochter des Kronprinzen Rudolf, existiert nicht mehr. So wie sie sich selbst in rebellischer Auflehnung von ihrem Stand losgesagt hat, ist auch ihr Besitz nicht in aristokratischen Händen geblieben. Zweifellos lag das ganz in ihrer Absicht.

Elisabeth Petznek, geborene Erzherzogin von Österreich, hat in ihrem Leben so ziemlich alles erreicht, was sie sich in den Kopf gesetzt hat. Nur eines ist ihr nicht gelungen: ihre Lebensspuren so zu verwischen, daß sie niemand mehr nachziehen kann. Als „rote Erzherzogin", als habsburgische Renegatin wird sie der Nachwelt in Erinnerung bleiben. Sie steht damit in einer Reihe mit ihrer freiheitsliebenden, alle gesellschaftlichen

Schranken sprengenden Großmutter, der Kaiserin Elisabeth, und ihrem moralisch labilen, antimonarchisch gesinnten Vater, dem Kronprinzen Rudolf, die ihr ihren extravaganten, turbulenten Lebensweg in letzter Konsequenz genetisch und beispielhaft vorgezeichnet und vorgelebt haben.

Anhang

1. Verzeichnis der benützten Archive

Allgemeines Verwaltungsarchiv, Wien
Archiv der Bundespolizeidirektion, Wien
Archiv der Stadt Wien
Archiv des Standesamtes und des Bezirksgerichtes Hietzing
Bundesdenkmalamt, Wien
Dokumentationsarchiv des Österreichischen Widerstandes
Haus-, Hof- und Staatsarchiv, Wien: Ceremoniell-Protokolle, Separatakten der Kabinettskanzlei, Obersthofmeisteramt
Kriegsarchiv Wien
Niederösterreichisches Landesarchiv, Wien
Verein für Geschichte der Arbeiterbewegung, Wien
Zeitungsausschnittsarchiv der Kammer für Arbeiter und Angestellte, Wien

2. Personen, die mir Auskunft gaben und/oder Material zur Verfügung stellten

Dr. Isabella Ackerl, Wien
Manfred Ackermann, Wien
General Béthouart, Paris
Min.-Rat Dr. Carl Blaha, Wien
Ada Chlup, Wien
Elisabeth Dornfeld, Wien
Schwester Dorwina, Mödling
François Duschnitz, Paris
Marianne Ehrenberg, Wien
Marianne Emhart, Bischofshofen
Helmut Feltrini, Sattelbach, NÖ
Ing. Katharina Gall, Wien
Dr. Gertrude Gerhartl, Wien
Alexandrine Happack, Schönau an der Triesting, NÖ
Otto Haselbrunner, Mödling
Sekt.-Chef Dr. Erich Hausch, Wien
Dr. Edeltraut Herzog, Wien
Josef Holaubek, Wien

Rosa Jochmann, Wien
Hermann Lackner, Bruck an der Mur
Paul Mesli, Wien
Hofrat Dr. Rudolf Neck, Wien
Josef Neubauer, Wien
Dr. Wolfgang Neugebauer, Wien
Dr. Otto Petznek, Mödling
Josef Pleyl, Wien
Franz Popp, Wien
Dr. Kurt Rambauske, Wien
Franz Rauscher, Wien
Magdalena Schirl, Groß-Rußbach, NÖ
Elsa Schneider, Wien
Johann Schwing, Tattenbach, NÖ
Prof. Ernst Smetana, Linz
Franz Steghofer, Schönau an der Triesting
Prof. Herbert Steiner, Wien

3. Zeitungen und Zeitschriften, die ich eingesehen habe

Arbeiter-Zeitung: Oktober 1928, Juni 1956, 29. 7. 1956, 21. 3. 1963
Das interessante Blatt: Jänner 1900
Die Presse: 21. 3. 1963
Freiheit: März bis Juni 1932
Illustriertes Wiener Extrablatt: September 1883, September 1898, Oktober 1901, Jänner 1902, August 1915, November 1916, Jahrgänge 1919 bis 1922, Juli 1925
Kronen-Zeitung: Juni 1938, 24. März 1963
Neue Freie Presse: Juli 1925
Neue Illustrierte Wochenschau: Mai 1954, 31. 3. 1963

Neues Österreich: Juni 1945, Februar 1947, Dezember 1952
Neues Wiener Journal: März/April 1924, Juli 1925, 26. 11. 1925
Neues Wiener Tagblatt: Oktober 1901, Jänner 1902, Juli 1925, Juni 1929
Rathaus-Korrespondenz: 6. 10. 1969, Bl. 2799 ff.
Samstag: Oktober 1964
Stadt Wien: 18. 10. 1969 S. 11 ff.
Unsere Hunde: April 1963
Weltpresse: Februar 1948
Wiener Salonblatt: Jahrgänge 1895, 1900, 1901, 1902, 1904, 1909, 1914, 1916, 1919, 1924
Wiener Sonn- und Montagszeitung: März 1921, Jg. 1924, 19. April 1927
Wiener Zeitung: September 1883

4. Benützte Literatur (Auswahl)

Andics, Hellmut: Die Frauen der Habsburger, Wien 1969
Béthouart, General: Die Schlacht um Österreich, Wien 1967
Bourgoing, Jean de: Briefe Franz Josephs an Frau Katharina Schratt, Wien 1949
Brandl, Franz: Politiker und Menschen. Erinnerungen eines Wiener Polizei-präsidenten, Wien 1936
Corti, Egon Caesar/Hans Sokol: Franz Joseph, 4. Auflage, Wien 1979
Corti, Egon Caesar: Elisabeth, Salzburg, o. J.
Croy, Otto R.: Wien 1945, Eisenstadt 1975
Die Gemeinde Schönau an der Triesting und ihre Ortsteile in Vergangenheit und Gegenwart, Schönau 1979
Eisenmenger, Viktor: Franz Ferdinand, Wien 1930
Flesch-Brunningen, Hans: Die letzten Habsburger in Augenzeugenberichten, Düsseldorf 1967
Fugger, Nora Fürstin: Im Glanz der Kaiserzeit, 2. Auflage, Wien 1980
Gopčevič, Spiridion: Österreichs Untergang – Die Folge von Franz Josephs Mißregierung, Berlin 1920
Hainisch, Michael: 75 Jahre aus bewegter Zeit. Herausgegeben von Friedrich Weissensteiner, Wien 1978
Hamann, Brigitte: Rudolf, Kronprinz und Rebell, Wien 1978
Hamann, Brigitte: Elisabeth, Kaiserin wider Willen, Wien 1982
Helmer, Oscar: 50 Jahre erlebte Geschichte, Wien 1957
Helmer, Oscar: Aufbruch gegen das Unrecht, Wien 1949
Herre, Franz: Kaiser Franz Joseph von Österreich, Köln 1978
Holler, Gerd: Mayerling. Die Lösung des Rätsels, Wien 1980
Lenz, Johann Maria: Christus in Dachau, Wien 1956
Margutti, Albert Freiherr v.: Vom alten Kaiser, Wien 1921
Nabl, Franz: Schichtwechsel, o. J.
Neck, Rudolf: Österreich im Jahre 1918, München 1968
Neuhäusler, Johann: Wie war das in Dachau?, München 1960
Nostiz-Rieneck, Georg: Briefe Kaiser Franz Josephs an Kaiserin Elisabeth, 2 Bde., Wien 1966
Polzer, Wilhelm: Licht über Mayerling, Graz 1954
Polzer-Hoditz, A.: Kaiser Karl, 2. Auflage, Wien 1980
Popp, Franz: Für ein besseres Niederösterreich, Wien 1976
Redwitz, Marie Freiin v.: Hofchronik 1888–1921, München 1924
Riepl, Hermann: 50 Jahre Landtag von Niederösterreich, 1. Band, Wien 1972
Salburg, Edith Gräfin: Das Enkelkind der Majestäten, Dresden 1929
Salburg, Edith Gräfin: Liesls Kinder, Dresden, o. J.
Schiel, Irmgard: Stephanie, Wien 1978

Schneidmadl, Heinrich: Über Dollfuß zu Hitler, Wien 1964
Stephanie von Belgien: Ich sollte Kaiserin werden, Leipzig 1935
Stockhausen, Juliane v.: Im Schatten der Hofburg, Wien 1952
200 Jahre Rechnungshof. Festschrift zum 200jährigen Bestand, hrsg. vom Präsidium, Wien 1961

5. Personenregister

Abd Al Hamid II., Sultan 91
Abele, Franz 154
Ackerl, Isabella 12
Adler, Victor 134
Aehrenthal, Aloys Lexa Freiherr von 94
Alt, Rudolf von 54, 154, 217
Amerling, Friedrich von 154, 217
Antoni 165
Auchenthaler, Franz 49
Auersperg, Adolf 14
Austerlitz, Friedrich 151

Baltazzi, Alexander von 49
Bärnat, Emilie, 1. Gemahlin Leopold Petzneks 141, 150
Bauer, Otto 152, 164, 167
Bell, Erwin 112, 120 f.
Bellegarde, Franz Graf 61, 74
Bernaschek, Richard 162
Béthouart, Émile 184 ff., 190
Billensteiner, H. 211
Björklund, Carl Axel 199, 215, 216
Blaha, Carl 217
Bombelles, Carl Graf 27, 47
Brandl, Franz 134
Bratfisch, Josef 42 f., 47
Braun, Carl 14
Braun, Peter von 125
Broucek, Peter 12

Caspar, Mizzi 38, 41
Charlotte, Kaiserin von Mexiko 217
Chlup, Ada 201
Choloniewski, Eduard Graf 73
Chotek, Bohuslav Graf 23, 25
Chotek, Sophie Gräfin 82
Chrobak, Rudolf 97
Corti, Egon Caesar 47
Coudenhove, Elisabeth Gräfin 56 f., 60, 74, 219
Coudenhove, Karl Graf 56, 92
Coumont, Eduard 122

Danneberg, Robert 160
Defregger, Franz von 217

Degout, Marie 212
d'Elvert, Friedrich 164
Demel, Christoph, Begründer der bekannten Hofzuckerbäckerei 69
Deutsch, Julius 160, 169
Dittelbach, Lina 180, 197, 201
Dollfuß, Engelbert 164
Dornfeld, Elisabeth 142, 202, 204, 209, 216, 220
Drasche, Heinrich 18
Duschnitz, François 185

Ehrenberg, Marianne 200
Eibl, Adolf 183
Eisenmenger, Viktor 135
Elisabeth, Kaiserin von Österreich 19, 25, 27 f., 38, 44, 47 ff., 52, 63, 154, 197, 217, 219, 222
Emanuele, Prinz von Savoyen 92
Emhart, Maria 168, 182
Eugen, Prinz von Savoyen 196

Feltrini, Rudolf 107, 160, 174, 179, 203 f.
Fendi, Peter 54
Ferdinand I., Kaiser von Österreich 96
Ferdinand II., röm.-deutscher Kaiser 83
Ferdinand Maximilia, Bruder Kaiser Franz Josephs 63
Ferenczy, Ida von 47
Festetics, Marie 27, 29 f., 37
Fey, Emil 162
Figl, Leopold 196
Fischer-Colbrie, Augustinus 58
Frank 166
Franz I., Kaiser von Österreich 77
Franz Ferdinand, Erzherzog von Österreich 71, 76, 82, 103, 135
Franz Joseph, Kaiser von Österreich 7−10, 16, 18, 25, 28 f., 40, 44, 47−52, 54 f., 60−64, 66 f., 75 f., 78 ff., 83, 86, 90, 92 f., 96, 102, 109 ff., 117 f., 134, 136, 147, 165 f., 169, 175, 217, 219

Franz Salvator, Erzherzog von
    Österreich   42, 93, 118
Freud, Sigmund   35
Friedjung, Heinrich   37
Früh, Eckart   12
Fuchs, Felix   163
Fugger, Nora   67

Gall, Katharina   157, 159
Gatterburg, Ferdinand Graf   80
Gatterburg, Juliana Gräfin   80
Geissler, Georg   130
Georg I., König von Griechenland
    91
Gisela, Erzherzogin von Österreich
    26, 63, 118
Glöckel, Otto   141
Goluchowsky, Agenor Graf   83
Gopčevič, Spiridion   76
Grimmeisen, Hermann   147
Gruscha, Anton   82
Günther, Gustav   60

Haberl, Karl   216 f., 220
Hainisch, Michael   132, 135
Happack, Alexandrine   102, 127,
    142, 216, 218
Hausch, Erich   186
Hawerda-Wehrlandt, Franz von
    110
Heine, Heinrich   64
Helmer, Oskar   152, 198
Herdegen, Helfried   187
Herzog, Edeltraut   203
Hitler, Adolf   170, 173 ff., 177
Hlawatsch, Rudolf   154
Hlubek   17
Holler, Gerd   45
Homer, griech. Dichter   47
Horthy, Miklós   131
Hoyos-Sprinzenstein, Josef Graf
    37, 43−47
Hyrtl, Josef   140

Innitzer, Theodor   172
Iswolskij, Alexander   94

Jerome, König von Westfalen   125
Jochmann, Rosa   160, 167, 170,
    175, 199, 214
Johann, Erzherzog von Österreich,
    später Johann Orth   37
Jonas, Franz   185

Karl I., Kaiser von Österreich   120,
    134 f.

Karl VI., röm.-deutscher Kaiser   80
Karwinsky, Carl   163
Kerekes, Tibor   128, 130
Kerzl, Josef Ritter von   97, 117
Khevenhüller-Metsch, Franz Fürst
    29
Köchert, Heinrich   82
Koessler, Ludwig   121
Körner, Theodor   160, 169, 183,
    198
Kraus, Alois   56
Kreisky, Bruno   196
Kunschak, Leopold   183
Kriehuber, Joseph   154, 217
Kupelwieser, Leopold   217

Lackner, Hermann   170
Lahmann, Johann Heinrich   100
Lamel   128 ff.
Larisch, Marie   38, 40 f.
Latour von Thurmberg, Josef   26,
    32
Leisching, Eduard   35
Leo XIII., Papst   27
Leopold, Prinz von Bayern   118
Leopold II., König von Belgien   23,
    27 f., 71 f.
Lerch, Egon   8, 103−109, 123
Liechtenstein, Rudolf Fürst   83
Lobkowitz, Georg Fürst   92
Lonyay, Elemer Graf   7, 71, 73 f.,
    80, 84, 92, 142
Loschek, Johann   43, 45 f.
Louis Philipp, König von
    Frankreich   32
Louise von Sachsen-Coburg,
    Schwester Stephanies   14, 26,
    32 f., 35, 57

Maria Theresia, Königin von
    Böhmen und Ungarn, Erzher-
    zogin von Österreich   19, 68
Marie Henriette, Königin von
    Belgien   14, 24
Marie Valerie, Erzherzogin von
    Österreich   19, 26, 42, 47 f., 63,
    85, 117 f.
Marx, Karl   145
Matschkal, Franz   157
Maux, Rose   82
Mayer, Laurenz   61, 86
Mayer, Wolfgang   12
Melzer, H.   210
Mesli, Paul   10, 196, 199 f., 203 f.,
    206 f., 212, 220

Miller-Aichholz, August Ritter von 154
Montenuovo, Alfred Fürst   113
Mravlag, Anton   121

Neck, Rudolf   12
Neurath, Konstantin von   170
Neubauer, Fanny   178 f., 204
Nopcsa, Franz von   47

Osternig   119
Otto, Erzherzog von Österreich, Bruder des Thronfolgers Franz Ferdinand   125

Paar, Eduard Graf   47, 109
Paltauf, Rudolf   132
Pamperl, Adalbert   162
Pater Cusin   214
Paul, Ernst   167
Payart, Jean   190
Pettenkofen, August Ritter von   54
Petznek, Leopold   9, 133, 138−142, 147, 149 f., 152 f., 156 f., 159−167, 169, 171 f., 174 ff., 179−184, 186−191, 197 f., 216, 218
Petznek, Otto   141, 150, 166, 177 f., 182, 184, 192, 198 f., 204, 209, 219
Pfeifer, Johann   188
Philipp von Sachsen-Coburg   26, 43, 46, 61
Pieta, Ernst   187, 190, 204, 216
Planker-Klaps, Sophie von   42
Pleyl, Josef   167
Popp, Franz   152, 169, 188
Prévost   82
Püchel, Rudolf   41

Raab   129
Raab, Julius   196
Rambauske, Kurt   202
Rauscher, Franz   160, 163, 167 f., 171
Rechberg, Gabriele   130
Rechtfelden, Theodor   81
Reither, Josef   162 f.
Renner, Karl   141, 152, 160, 169, 172, 183, 186
Rosak, Marie   204
Rothschild, Nathaniel   48
Rudolf, Erzherzog von Österreich   7, 16, 19, 23, 25 f., 28−57, 62 f., 72, 80, 147, 169, 219, 221 f.

Schächner   14
Schärf, Adolf   175, 196
Schigut, Eugen   112
Schindler, Jakob Emil   154
Schirach, Baldur von   177
Schirl, Andreas   201, 207, 219
Schirl, Magdalena   174, 200
Schlegel, Josef   187
Schleinzer, Karl   220
Schlitter, Nikolaus   190, 202, 209, 216 f., 220
Schmidt, Arnold   101
Schneider, Elsa   179
Schneider, Johann   82 f.
Schneidmadl, Heinrich   152
Schober, Johann   119 f., 151
Schöffel, Josef   140
Schratt, Katharina   55, 86, 117
Schreckenstein   211
Schuldes, Julius   49
Schürff, Hans   132
Schuschnigg, Kurt von   170 f.
Schwarzenberg, Friedrich Fürst   30
Schwester Dorwina   179
Schwing, Johann   180, 183
Seipel, Ignaz   152
Seydel, Eugen   164
Skrbensky, Leo   93
Slatin, Heinrich   49
Smetana, Johann   110
Speiser, Paul   169
Srb, Wladimir   92
Starhemberg, Ernst Rüdiger von   162
Stauffenberg, Claus Graf Schenk von   175
Steghofer, Franz   173
Steghofer, Pepi   10, 160, 174, 179, 187, 189 ff., 203 f., 207, 209, 211 f., 216, 220
Steinhardt, Karl   181
Stephanie, Kronprinzessin von Österreich   7, 15, 20, 23 f., 26−33, 35 f., 38, 40, 43 f., 48, 50, 52 f., 57 f., 60−63, 70−74, 76, 83, 92, 125 f., 138, 164, 186
Sternberg, Adalbert   136
Stockau, Georg Graf   49
Stoiber, Hugo   127
Straten, Gräfin von   136
Strauß, Eduard   30, 68
Strauß, Johann   125
Szeps, Moritz   34, 36 40

Tito, Josip   90

Tomaschek, Antonie 14
Tomor, Rosa 56
Touzet, Eugenie 58
Türk, Othmar von 58

Ugron, Stephan von 90

Vetsera, Helene 39
Vetsera, Mary 38−43, 45, 48−51
Vogt-Ferida 101

Waber, Leopold 132
Wagner, Otto 28
Waldmüller, Ferdinand 54, 154, 217
Weber, Ulrich 130
Wertheim, Ernst 100
Weyl, Joseph 16
Widerhofer, Hermann 48 f., 61
Wilhelm I., deutscher Kaiser 36
Wilhelm II., deutscher Kaiser 26
Windisch-Graetz, Alexandrine 130
Windisch-Graetz, Alfred Fürst 83, 113
Windisch-Graetz, Alfred, Linien-schiffsleutnant 102, 109
Windisch-Graetz, Camilla Fürstin, Mutter von Otto W. 77
Windisch-Graetz, Christiane Prinzessin 108
Windisch-Graetz, Ernst Ferdinand Prinz, Vater von Otto W. 77

Windisch-Graetz, Ernst Weriand Prinz, Sohn der Kronprinzentoch-ter 96, 98, 106, 123 f., 129, 187, 192
Windisch-Graetz, Eva 216
Windisch-Graetz, Franz Joseph Prinz, ältester Sohn der Kron-prinzentochter 93, 98, 106, 123 f., 165, 199, 216 ff., 220
Windisch-Graetz, Gabriele 108
Windisch-Graetz, Ghislaine Prinzessin 216
Windisch-Graetz, Otto Fürst 7 ff., 70, 75−80, 90−93, 99−102, 105 ff., 110−116, 119, 121−133, 150, 160, 164, 166, 187, 192
Windisch-Graetz, Rudolf Prinz, jüngster Sohn der Kronprinz-entochter 96, 123 f., 129, 173
Windisch-Graetz, Stephanie Prinzes-sin, Tochter Erzsis 96, 98, 123 f., 129, 199, 207, 209, 216 ff.
Witrofsky, Egon 169

Zach, Johann 130
Zedtwitz-Liebenstein, Olga 127, 153
Zuckerkandl, Emil 37
Zuckerkandl-Szeps, Berta 40
Zwerger, Alois 49

Bildquellenverzeichnis

Allgemeines Verwaltungsarchiv, Wien 143
Bildarchiv der Österreichischen Nationalbibliothek, Wien 21, 51, 55, 59, 87, 103, 104, 115
Friedrich Weissensteiner, Wien 95, 126, 139, 148, 155, 158, 161, 193, 201, 208, 210, 213

SERIE PIPER

Biographien

Brigitte Hamann
Elisabeth
Kaiserin wider Willen. 660 Seiten mit 57 Fotos. SP 990

Das übliche süße Sisi-Klischee wird man in diesem Buch vergeblich suchen: Elisabeth, Kaiserin von Österreich, Königin von Ungarn, war eine der gebildetsten und interessantesten Frauen ihrer Zeit; eine Königin, die sich von den Vorurteilen ihres Standes zu befreien vermochte. Häufig entfloh sie der verhaßten Wiener »Kerkerburg«, weil sie nicht bereit war, sich von den Menschen »immer anglotzen« zu lassen. Statt dessen war sie monatelang auf Reisen, lernte Sprachen und trieb – im Rittersal der Hofburg! – Sport. Schon vor dem Attentat war sie eine legendäre Figur geworden.

Meine liebe, gute Freundin!
Die Briefe Kaiser Franz Josephs an Katharina Schratt aus dem Besitz der Österreichischen Nationalbibliothek. Herausgegeben und kommentiert von Brigitte Hamann. 560 Seiten mit zahlreichen Abbildungen. SP 2228

Rudolf
Kronprinz und Rebell. 534 Seiten mit 35 Abbildungen. SP 800

»... ein Buch, das keineswegs nur historisch interessierte Leser fesseln kann, sondern auch eine reiche Fundgrube für psychologisch Interessierte bedeutet, weil Rudolfs späteres unglückliches Schicksal hier ganz klar und eindeutig aus den katastrophalen äußeren Umständen seiner Kindheit und Erziehung erklärt wird.«
Wochenpresse, Wien

Kronprinz Rudolf »Majestät, ich warne Sie...«
Geheime und private Schriften. Herausgegeben von Brigitte Hamann. 448 Seiten. SP 824

Diese Schriften geben einen aufschlußreichen Einblick hinter die Kulissen der k.u.k. Monarchie.

»Hier kommt der Kronprinz unmittelbar zu Wort... Es spricht ein erschütternd wirkender Zeuge für eine sich ausweglos abzeichnende Lage, die der sensible Prinz offenbar schon sehr früh erkannt hatte und nicht ändern konnte.«
Die Presse, Wien

Biographien

Dirk Van der Cruysse
»Madame sein ist ein ellendes Handwerck«

Liselotte von der Pfalz – eine deutsche Prinzessin am Hof des Sonnenkönigs. Aus dem Französischen von Inge Leipold. 752 Seiten. SP 2141

Ein unvergleichliches Bild ihrer Zeit hat Liselotte von der Pfalz in ihren 60 000 Briefen hinterlassen. In diesen Universalreportagen beschreibt sie ihr Leben am Hof ihres Schwagers, des Sonnenkönigs Ludwig XIV., freimütig, spöttisch, oft derb. Die Intrigen und Ränkespiele, die politischen Krisen und die glänzenden Feste bei Hof fanden in »Madame«, der Tochter des Kurfürsten Karl Ludwig von der Pfalz, eine kluge und geistreiche Beobachterin.

»Van der Cruysses Werk berichtet so frisch, wie es seinem Objekt zukommt.«
Die Zeit

»Dirk Van der Cruysse gelang es in bravouröser Weise, diese ungewöhnliche Frau zu rehabilitieren.«
Die Welt

Friedrich Weissensteiner
Franz Ferdinand
Der verhinderte Herrscher. 246 Seiten mit 77 Abbildungen. SP 1532

Eine bekannte Figur auf der geschichtlichen Bühne ist Franz Ferdinand vor allem durch seinen Tod. Die Schüsse von Sarajewo haben den Plänen ein gewaltsames Ende gesetzt, die dieser markanteste Kopf der ausgehenden Donaumonarchie für sein Land entworfen hatte.

Die rote Erzherzogin
Das ungewöhnliche Leben der Tochter des Kronprinzen Rudolf. 228 Seiten mit 27 Abbildungen. SP 1527

Große Herrscher des Hauses Habsburg
700 Jahre europäische Geschichte. 384 Seiten mit zahlreichen Abbildungen. SP 2549

SERIE PIPER

SERIE PIPER

Biographien

Thea Leitner
Habsburgs verkaufte Töchter
272 Seiten mit 16 Abbildungen.
SP 1827

Thea Leitner bringt in ihrem Bestseller eine unbekannte Seite der europäischen Geschichte zur Sprache, nämlich die Biographien Habsburger Prinzessinnen, die schon im Kindesalter der Politik verschrieben wurden. Ihre Wünsche und Gefühle hatten keinen Platz. Obwohl von Kindesbeinen an über sie verfügt wurde, waren sie als erwachsene Frauen keineswegs passive Opfer ihrer Herkunft. Im Gegenteil, unter ihnen gab es eine Reihe brillanter Politikerinnen, teils klüger und geschickter als die Herren des Hauses Habsburg.

Habsburgs vergessene Kinder
288 Seiten mit 34 Abbildungen.
SP 1865

Thea Leitner verfolgte die Spuren von Nachkommen des Erzhauses, die von der Geschichtsschreibung bislang kaum beachtet wurden. Dabei stieß sie auf Menschen »mit ihren Ängsten und Leidenschaften und Verstrickungen, ihren heroischen Höhepunkten und ihren abgrundtiefen Nöten«.

Skandal bei Hof
Frauenschicksale an europäischen Königshöfen. 320 Seiten. SP 2009

Vor dem Hintergrund europäischer Politik eröffnen diese erschütternden Tragödien ein Gesellschaftsbild, das die Skandale heutiger gekrönter Häupter als harmlose Geschichten erscheinen läßt.

Fürstin, Dame, Armes Weib
Ungewöhnliche Frauen im Wien der Jahrhundertwende. 352 Seiten mit 38 Abbildungen. SP 1864

Die sechs hier porträtierten Frauen aus dem Wien der Jahrhundertwende stammen aus höchst unterschiedlichen sozialen Kreisen. Kennzeichnend für sie ist jedoch die Tatsache, daß jede dieser Frauen das ihr vorgezeichnete Lebensmuster modifizierte oder sogar sprengte – auch um den Preis der Gefährdung der eigenen Person.

Biographien

Burkhard Nadolny
Louis Ferdinand
Das Leben eines preußischen Prinzen. 332 Seiten. SP 1741

Louis Ferdinand, kunstsinniger Liebling der Frauen und weitblickender Politiker, fiel 1806 im Alter von 34 Jahren im Krieg gegen Frankreich. Laut Nadolny war der schöne Prinz der erste Star der neuen Geschichte. Eine überzeugende Deutung des Lebens und Wesens Louis Ferdinands.

Heinz Ohff
Der grüne Fürst
Das abenteuerliche Leben des Hermann Pückler-Muskau. 327 Seiten mit 30 Abbildungen. SP 1751

Ein luxusverwöhnter, exzentrischer Snob, der Duelle focht und mehr Liebschaften hatte als Casanova; ein Abenteurer, der zu Pferd halb Afrika durchquerte, von höchstem Adel, aber republikanisch gesinnt, begabter Autor, genialer Gartenarchitekt: So jemanden wie den Fürsten Pückler-Muskau hat es im Deutschland des 19. Jahrhunderts nicht noch einmal gegeben.

Heinz Ohff
Ein Stern in Wetterwolken
Königin Luise von Preußen. Eine Biographie. 493 Seiten mit 34 Abbildungen. SP 1548

Zahllose Legenden ranken sich um das Leben Königin Luises von Preußen, die schon zu ihren Lebzeiten außergewöhnliche Popularität genoß: Schön und lebenslustig, charmant und wenig gebildet mußte sie bereits als junge Frau zusammen mit ihrem Mann, Friedrich Wilhelm III., in schwierigen Zeiten den Thron besteigen und starb mit vierunddreißig Jahren in der Blüte ihres Lebens. Bedeutende Zeitgenossen wie Kleist und von Arnim waren ihre Bewunderer, und Napoleon nannte sie respektvoll seine »ärgste Feindin«. Heinz Ohff zeichnet in seiner Biographie das Bild einer Frau zwischen Legende und Historie und vermittelt zugleich einen lebendigen Eindruck der damaligen Zeit.

»Ein lesenswertes, kluges Buch.«
Die Presse

SERIE PIPER

SERIE PIPER

James Cleugh

Die Medici

*Macht und Glanz einer
europäischen Familie. Aus dem
Amerikanischen von Ulrike von
Puttkamer. 489 Seiten mit
149 Abbildungen. SP 2321*

Die Chronik einer Familie, die
wie keine andere die Kultur
der Renaissance verkörperte.

Die Medici gehören zu den
großen Familien, die die europäische Geschichte und Kultur
entscheidend geprägt haben.
Sie waren Bankiers, Feldher-
ren, Päpste, Herzöge, Königinnen, Despoten, aber auch
geniale Förderer von Kunst
und Wissenschaft. Unter ihrer
Führung wurde Florenz zum
kulturellen Mittelpunkt Europas.

Unter den großen Familien,
die den Lauf der europäischen
Geschichte prägten, hat wohl
kaum ein Name helleren
Glanz als jener der Familie
Medici. Ob als Bankiers, Feld-
herren, Päpste, Herzöge, Despoten oder geniale Förderer
von Kunst und Wissenschaft –
die Medici haben auf vielen
Gebieten Weltruhm erlangt.
Sie gaben der römischen Kirche zwei Päpste und Frank-

reich zwei Königinnen. Der
Welt schenkten sie als großzü-
gige Mäzene der Kunst unvergleichliche Meisterwerke. Im
Mittelpunkt dieser Familien-
chronik steht deshalb auch die
strahlende Gestalt Lorenzos
des Prächtigen, des Staats-
mannes und Dichters – die
ideale Verkörperung des Re-
naissance-Menschen. Er war
Förderer von Leonardo, Botti-
celli und Michelangelo. Unter
seiner Führung wurde Florenz
zum intellektuellen Zentrum
Europas. James Cleugh er-
zählt von den Verwicklungen
der Renaissance-Politik, den
Intrigen, Liebschaften, Krie-
gen und Morden der Medici,
und er befreit die Überliefe-
rung von Legenden und halben Wahrheiten. Das Ergebnis ist eine einzigartige Chronik einer Familie, die dreihun-
dert Jahre in Florenz herrschte
und deren Vermächtnis den
menschlichen Geist noch jahr-
hundertelang bewegt hat.

Vincent Cronin

Katharina die Große

Biographie. Aus dem Englischen von Karl Berisch. 423 Seiten.
SP 2319

Vincent Cronin porträtiert die schillernde Persönlichkeit der russischen Kaiserin, ihr ereignisreiches Privatleben und ihre großen Leistungen als Regentin – gerade auch bei der Verwirklichung weitreichender Sozialreformen.
Im Jahre 1762 bestieg die deutsche Prinzessin Sophie Friederike von Anhalt-Zerbst in Moskau den Thron der russischen Zaren und wurde Katharina II. Die Geschichte verlieh ihr den Beinamen »die Große«. Bis zu ihrer Thronbesteigung hatten erschreckende Brutalität, derbe Ausschweifungen und Günstlingswirtschaft das Leben am Zarenhof geprägt. Doch dann lenkte Katharina während einer glänzenden Regierungszeit von mehr als dreißig Jahren ihr Land mit politischem Weitblick. Das russische Volk verdankt ihr Reformen in Justiz und Verwaltung, die Verbesserung der sozialen Wohlfahrt

und die Neuordnung des Bildungswesens. Katharina die Große war es auch, die 32000 deutsche Bauern an der Wolga ansiedelte und ihnen je 142 Morgen Land gab. Unter Verwendung neuer Quellen korrigiert Vincent Cronin ein falsches Geschichtsbild und läßt vor dem Hintergrund von Katharinas widerspruchsvollem Leben die bewegte Epoche der europäischen Aufklärung und des höfischen Rokoko lebendig werden.

»Cronins Werk ist *das* Musterbeispiel einer geglückten Lebensbeschreibung überhaupt.«
Die Welt

Prinz Roman Romanow
Am Hof des letzten Zaren

1896–1919. Herausgegeben von Prinz Nikolai und Prinz Dimitri Romanow. Aus dem Dänischen von Lothar Schneider. 480 Seiten mit 32 Seiten Abbildungen.
SP 2460

Eine interessante Innenansicht der prächtigen, streng abgeschirmten, fast mystischen Welt der Zarenfamilie.

SERIE PIPER

SERIE PIPER

Martin Green

Else und Frieda

Die Richthofen-Schwestern.
Aus dem Amerikanischen von
Edwin Ortmann.
416 Seiten. SP 2323

Die Schwestern Else und Frieda von Richthofen, Töchter aus altem preußischem Offiziersadel, imposante Schönheiten von hoher Intelligenz und rebellischem Freiheitsdrang, stehen für zwei entgegengesetzte Ausbruchsversuche aus der patriarchalischen Welt ihrer Zeit. Else, Muse der kritischen Intelligenz, lebte ihre verschwiegene Liebesgeschichte mit Max Weber als geistige Partnerschaft aus. Frieda, Idol erotischer Imagination, heiratete D. H. Lawrence. Und für beide war der radikale Freud-Schüler Otto Groß, der gegen die bürgerliche Sexualität, Ehe und Monogamie zu Felde zog, der erste befreiende Liebhaber gewesen. Vor dem Hintergrund der Lebens- und Emanzipationsgeschichte der Richthofen-Schwestern gelingt Martin Green eine der »scharfsinnigsten Analysen der deutschen Sozial- und Geistesgeschichte der letzten hundert Jahre.«

Merkur

Wolfgang Leppmann

Rilke

Sein Leben, seine Welt, sein Werk.
484 Seiten mit 20 Abbildungen.
SP 2394

Rilkes Leben war lange in ein fast mystisches Dunkel gehüllt. Mit seinem Hang zur Isolation und gleichzeitig seinem Umgang mit Fürstinnen, Gräfinnen, Herzoginnen, die ihn auf ihre Schlösser einluden und aushielten, gab der »unbehauste Salondichter« viele Rätsel auf. Wolfgang Leppmann verbindet die Stationen und Ereignisse von Rilkes Leben zu einem fast romanhaftem Fresko und ergründet auch seine viel beredten Schwächen, darunter seinen pubertären Snobismus, seinen Mutterkomplex, verbunden mit der Fälschung der Vaterfigur, sein Versagen als Ehemann und Vater, seine Schnorrer-Allüren.

»Farbigkeit und Anschaulichkeit der Darstellung, die breite und stets sorgfältige Wiedergabe des Zeithintergrunds und nicht zuletzt die hohe Lesbarkeit zeichnen das Buch dieses gelehrten, aber gelassenen Erzählers aus.«

Marcel Reich-Ranicki

Richard Ellmann

Oscar Wilde
Biographie. Aus dem Amerikanischen von Hans Wolf. 868 Seiten mit 63 Abbildungen. SP 2338

Wer, wie Oscar Wilde, bekundet: »Ich habe mein ganzes Genie in mein Leben gesteckt, in meine Werke nur mein Talent«, der ist in der Tat dazu bestimmt, eine Lebensgeschichte zu hinterlassen, die ein gutes und umfangreiches Buch wert ist. Der amerikanische Literaturwissenschaftler Richard Ellmann hat die berühmt-berüchtigte Inszenierung eines künstlerischen Lebens aufs genaueste recherchiert. Das Ergebnis ist eine »glänzende, eine meisterliche Biographie« (Sigrid Löffler), ein ungeheuer spannendes Buch, das nicht nur als ein Plädoyer für den großen Dandy zu lesen ist, sondern auch an geschliffenem Witz und stilistischer Eleganz mit seinem Gegenstand mithalten kann.

»Eine Biographie, wie sie in diesem Jahrhundert wohl kaum mehr geschrieben werden wird.«
Der Spiegel

Heinz Ohff

Theodor Fontane
Leben und Werk. 463 Seiten mit 26 Abbildungen. SP 2483

In der zweiten Hälfte des 19. Jahrhunderts hat die deutsche Literatur nur einen Romancier von Weltrang hervorgebracht: Theodor Fontane. Er allein kann einem Balzac, Dickens, Flaubert oder Tolstoi ebenbürtig genannt werden, vor allem mit seinen beiden Meisterwerken »Effi Briest« und »Der Stechlin«.
Theodor Fontane ist in seinem journalistischen Kollegen Heinz Ohff endlich der Biograph erwachsen, der ihm gerecht wird. Denn weder ist Fontane ein märkischer Heimatdichter noch ein einsames Genie: Diese längst überfällige Biographie zeigt den weltoffenen Preußen hugenottischer Prägung als hart arbeitenden Schriftsteller, der sich seinen Rang in der Weltliteratur schwer erkämpft hat.

»Diese wunderbare Biographie macht neue Lust auf den Autor Theodor Fontane.«
Brigitte

SERIE PIPER

SERIE PIPER

Janet Frame

Ein Engel an meiner Tafel
Der Gesandte aus der Spiegelstadt
Die vollständige Autobiographie in einem Band. Aus dem Englischen von Lilian Faschinger. 592 Seiten. SP 2281

Der Band vereint alle drei Teile von Janet Frames Autobiographie: Die ersten beiden Teile – »Zu den Inseln« und »Ein Engel an meiner Tafel« – erzählen von ihrer Kindheit und Jugend, ihren Studienjahren, die keine Zeit der Freiheit, sondern bedrückende Einsamkeit waren. Nach einem Selbstmordversuch wird die sensible Frau in eine Nervenklinik eingeliefert. Erst als ihr erstes Buch einen Literaturpreis erhält, kann sie ins Leben zurückkehren. Im dritten Teil – »Der Gesandte aus der Spiegelstadt« – schildert Janet Frame, wie sie nach dem Alptraum der Psychiatrie eine Reise nach Europa unternimmt, wo sie die künstlerische Avantgarde der fünfziger Jahre kennenlernt und zum erstenmal eine Begegnung mit der Liebe hat. Befreit vom Stigma der Schizophrenie, bleibt sie jedoch immer der »Spiegelstadt« nahe, der Welt der Vorstellung, die sie vom »wirklichen Leben« trennt.

»Mit steigender Unruhe liest man dieses Buch, in dem sich scheinbare Nebensächlichkeiten zu der einen großen Katastrophe summieren. Und man erkennt, daß die Nebensächlichkeiten, die kleinen Verletzungen, von denen die Autorin mit einem gespenstischen Gleichmut erzählt, zur völligen Abgeschlossenheit von einer Umwelt führen, in der Janet nur noch bis zu einer gewissen Grenze funktionieren kann.«
Deutsches Allgemeines Sonntagsblatt

Gesichter im Wasser
Roman. Aus dem Englischen von Kyra Stromberg und Monika Schlitzer. 292 Seiten. SP 2330

Istina Mavet, eine psychisch labile junge Lehrerin aus Neuseeland, erleidet einen Nervenzusammenbruch. In eine psychiatrische Klinik eingeliefert, wird sie mit Elektroschocks behandelt. Man diagnostiziert bei ihr Schizophrenie. Mitten im 20. Jahrhundert erlebt sie die Psychiatrie als Folterkammer.

Susanna Agnelli

Wir trugen immer Matrosenkleider

Aus dem Italienischen von Ragni Maria Gschwend.
244 Seiten. SP 726

Fünf Geschwister, meist in Matrosenkleidern (blau im Winter, weiß im Sommer), in einem goldenen Käfig, umgeben von Kindermädchen und Gouvernanten – wir blättern in einem Familienalbum der Fiat-Dynastie im Italien Mussolinis – und erfahren doch mehr: die ungewöhnliche Lebensgeschichte einer höchst ungewöhnlichen Frau. Susanna Agnelli erzählt von rauschenden Festen mit Galaroben und Ordensgepränge und der High Society der damaligen Zeit, von einer behüteten Kindheit voller Verbote und Ängste, von dem strengen patriarchalischen Großvater, dem Fiat-Gründer, der schönen, lebenslustigen Mutter, dem Vater, der früh bei einem Flugzeugunglück starb, von den Verbindungen zu Mussolini, Ciano – und zum Widerstand; von der Freundschaft der Mutter mit Malaparte, ihrem Kampf um die Kinder, von Familienstreitigkeiten und Freundschaften.

Obwohl der Name Agnelli auch in der Zeit des Faschismus und während des Zweiten Weltkriegs dafür sorgte, daß das Leben beinahe ungestört weitergehen konnte, emanzipierte Susanna sich von den Privilegien, die ihre Herkunft mit sich brachte. Sie wird zunächst Rot-Kreuz-Schwester an der vordersten Front des Krieges am Mittelmeer, dann macht sie das Abitur nach und studiert in Lausanne Medizin, bis ihr Bruder Gianni sie 1945 nach Italien zurückruft.

»Ein gescheites und bezauberndes Buch, knapp und genau die Zeit damals schildernd, das Highlife der schönen Mutter, die Leere der römischen Gesellschaft, die Schrecken des Faschismus, das ziemlich arme Leben reicher Kinder.«
Stern

»Ein überragendes, köstliches Buch mit einer ganz eigenen Vielfalt von Stimmungen, in dem Partien von duftiger Leichtigkeit mit dunklen, satten Pinselstrichen abwechseln.«
The New York Times Book Review

SERIE PIPER